잠의 사생활

관계, 기억,
그리고
나를 만드는 시간

Dreamland

잠의 사생활

데이비드 랜들 지음 | 이충호 옮김

해나무

우리가 지금보다 더 병들거나 미치지 않는 이유는
자연이 우리에게 준 은총 중 가장 고마운 잠 때문이다.

—올더스 헉슬리

차례

1

나는 어젯밤에
네가 한 일을 알고 있다

● 어느 날 밤, 한 남자가 복도에서 쓰러져 부상당한 곰처럼 다리를 부여잡았다. 평상시라면 쥐 죽은 듯 고요해야 마땅할 화요일 밤에 자신의 욕설과 울부짖는 소리가 아파트 벽을 통해 메아리쳐 가는 걸 들을 때 남자의 머릿속에 어떤 생각이 퍼뜩 스쳐 지나갔다. 이건 필시 뭔가 잘못된 거야……. 그도 그럴 것이 자정을 훌쩍 넘은 이 시간에 여기서 단단한 목재 바닥에 등을 대고 이러고 있을 까닭이 없었다. 그리고 이렇게 심한 고통을 겪을 이유도 전혀 없었다. 그는 부상을 입은 채 무슨 일이 일어났는지 몰라 혼란스러워하며 그렇게 누워 있었다. 거기서 9m 떨어진 침실에서 베개에 머리를 누인 게 맨 마지막 기억이었다.

그 남자는 바로 나였다. 그 순간 이전까지는 잠을 자다가 다칠 수 있다는 생각은 한 번도 한 적이 없었다. 하지만 나는 분명히 복도에서 사각 팬티 차림으로 누워 있었다. 범행 현장에 늦게 도착한 부스스한 탐정처럼 내 삶의 마지막 몇 시간을 꿰맞추려고 애쓰면서. 세 가지 사실은 금방 분명하게 확인할 수 있었다. 1) 나는 잠결에 걸어 다니다가 벽에 부딪쳤다. 2) 불행하게도, 나는 잠결에 걸을 때 좀비처럼 팔을 앞으로 뻗은 채 걷지 않았다. 3) 잠결에 걷다가 벽에 부딪치면 크게 다칠 수 있다.

내가 잠결에 걸은 것은 이번이 처음이었다. 적어도 잠결에 걷다가 뭔가에 이렇게 심하게 부딪친 것은 분명히 처음이었다. 하지만 잠이 내 삶에서 평화롭지 않은 부분이 된 것은 꽤 오래되었다. 어릴 때

나는 종종 눈을 뜬 채 잠을 잤는데, 부모님은 이 때문에 걱정을 하셨고, 함께 잠을 자던 친구들은 겁을 먹었다. 대학 시절에는 밤늦게까지 잠을 자지 않고 앉아 있다가 나도 모르게 잠이 들어서는 "모두 바리케이드를 지켜라! 베이컨이 쳐들어온다!" 같은 소리를 질러 친구들을 한바탕 웃게 만들었다. 결혼을 하고 나서는 잠자면서 말을 하거나 노래를 하거나 콧노래를 흥얼거리거나 낄낄거리거나 투덜거리거나 콩콩 튀거나 발로 차는 등의 나이트 쇼를 벌여 아내를 즐겁게 한다. 아내는 잘 자라고 인사를 한 뒤 널찍한 침대에서 멀찌감치 떨어진 한쪽 구석으로 가 귀마개를 하고 자는 방법을 찾아냈다. 널찍한 침대는 아내가 내 발차기에 제대로 맞은 뒤에 꼭 사야겠다고 부득부득 우겨서 샀다.

떠들고 발로 차는 거야 아내가 얼마든지 대처할 수 있었다. 하지만 내가 잠을 자면서 돌아다니자, 아내는 단호한 행동을 취했다. 아무도 왜 다쳤느냐고 이유를 묻지 않길 바라면서 며칠 동안 절뚝이고 걸어다니다가 나는 뉴욕의 한 병원에 있는 수면 연구소에 입원했다. 침대 머리판처럼 보이는 것 위에 핑크색 야자수 수채화가 걸려 있는 그 방은 얼핏 보면 마치 플로리다 주의 호텔 방처럼 장식되어 있었다. 자세히 살펴보았더니 침대 머리판은 표준적인 병원 침대 위쪽 벽에 붙어 있는 목재 조각이었다. 벽은 크림색으로 칠해져 있었고, 구석의 책상 위에는 비디오 녹화기가 딸린 텔레비전이 놓여 있었다. 목제 나이트스탠드 위에는 의료 장비가 흰색 조가비와 함께 놓여 있었다.

그날 밤 내가 자는 동안 내 뇌파를 기록했다가 신경과 의사가 그것을 분석할 예정이었다. 전체적으로 상세한 사정을 파악하기 위해 심장 박동과 호흡 속도, 팔다리 움직임, 체온, 턱의 압력 등도 재기로 돼 있었다. 관자놀이에서 발목에 이르기까지 모두 16개의 전극이 붙었다. 한 직원이 끈적끈적한 흰색 반죽 같은 것을 내 이마의 각 지점에 문지르면서 내 머리카락을 현대적인 아인슈타인처럼 만들었다. 콧구멍 안쪽에도 갈래진 모니터를 접착 테이프로 붙였고, 양 뺨에는 타원형 감지기를 붙였으며, 집게손가락에는 빨간색으로 빛나는 빨래집게처럼 생긴 것을 감았다. 내 목 주위에는 많은 전선이 연결된 파란색 플라스틱 상자를 매달았다. 이 모든 것을 내 몸에 붙이고 감는 데에만 45분이 걸렸다. 이 일이 끝나자, 직원은 자신은 천장에 설치한 비디오카메라를 통해 다른 방에서 나를 지켜볼 것이라고 말하면서 침대를 가리켰다. "평소처럼 정상적으로 자도록 노력하세요."라고 말하고 나서 그녀는 방문을 닫고 나갔다. 그녀는 그 말이 역설적이라는 사실을 아는지 모르겠지만, 적어도 겉으로 그것을 드러내진 않았다.

나는 마음을 편하게 먹으려고 노력했다. 몇 분이 지난 뒤, 오른쪽으로 돌아누웠다. 그때, 침대 머리판에 숨겨져 있던 한 쌍의 스피커에서 목소리가 흘러나와 작은 방 안에 메아리쳤다.

"선생님, 옆으로 돌아누워서는 안 됩니다. 똑바른 자세로 주무셔야 합니다.”

그 여자 직원의 목소리였다. 천장에서 깜박이는 빨간색 불빛이 나를 지켜보는 카메라의 위치를 드러냈다. 그래서 나는 그곳에서 그렇게 널빤지처럼 누워 있었다. 이 모든 일이 도대체 언제쯤 끝날까 생각하면서. 그날 밤, 나는 감옥에 갇힌 꿈을 꾸었다.

며칠 뒤, 나는 그 검사를 지시한 신경과 의사를 만나러 갔다. 호리호리하고 키가 큰 남자였는데, 지나치게 큰 안경 때문에 몸에 비해 얼굴이 너무 작아 보였다. 그는 내가 수면 연구소에서 잠을 잘 때 얻은 데이터가 300쪽이 넘는 문서를 뒤적이면서 살펴보았다. 그 중에는 주가 등락 곡선처럼 굽이치는 뇌파 차트도 있었다. 자신이 찾던 요약 부분에 이르자 손이 멈췄다. 그는 몇 분 동안 그것을 들여다보고 나서 마침내 입을 열었다.

“음, 선생님은 확실히 발을 많이 차는군요.”

나는 더 기다렸다. 건강 보험 회사가 2000달러나 지원해준 검사에서 분명히 뭔가 더 중요한 결과가 나왔을 것이라고 기대하면서.

“하지만 그것 말고는 우리가 할 수 있는 게 뭐가 있을지 모르겠군요. 호흡도 정상이므로 수면무호흡 증후군도 없어요. 자는 동안 발작도 일어나지 않아요. 잠에서 쉽게 깨긴 하는군요. 그건 분명하지만, 의학적으로 별 문제는 없어요. 수면제를 드릴 수는 있지만, 솔직하게 말해서 그게 도움이 될 거라는 확신은 없어요.”

나는 그 약이 자신에게 적합한 것인지 물어보라는 광고에 나오는 배우와 비슷한 기분이 들어 의사에게 갑자기 이렇게 물었다.

"하지불안 증후군(주로 휴식 중에, 특히 누워 있거나 앉아 있을 때 다리를 움직이고 싶은 충동을 억제하지 못하는 대표적 수면 질환 — 옮긴이)은 없나요?"

"다리를 떨지 않으면 다리가 불편합니까?"

"꼭 그렇진 않아요."

"그렇다면 하지불안 증후군은 아닙니다. 경미한 형태의 주기성 사지운동장애일 수도 있지만, 거기에 대해서는 우리가 해줄 수 있는 일이 별로 없습니다."

나는 '경미한'이라는 단어가 무척 마음에 들었다.

"그렇다면 저는 어떻게 해야 하나요?"

"솔직하게 말하죠. 우리는 잠에 대해 많은 것을 알지만, 모르는 것도 많아요. 만약 잠결에 걸어다니는 일이 계속 일어난다면, 진정제를 투여해보기로 하죠. 하지만 저는 선생님이 필요 없는 약을 복용하길 원치 않습니다. 스트레스를 줄이도록 노력하면서 어떻게 되는지 경과를 지켜보기로 하죠."

나는 그곳에서 나오면서 속았다는 느낌이 약간 들었다. 나는 제대로 작동하지 않으면 우리가 살아갈 수 없는 소화나 그 밖의 신체 기능을 과학이 밝혀낸 것과 마찬가지로, 수면에 대해서도 과학이 완전히 알고 있을 것이라고 기대했다. 대신에 나는 의사에게서 무슨 일이 일어나는지도 모르고, 그것을 멈추려면 어떻게 해야 하는

지도 모르겠다는 불안한 고백을 들었다. 마치 내 몸은 잠결에 걸어서 과학의 경계를 넘어간 것처럼 보였다.

21세기 초만 해도 잠은 우리의 걱정 대상이 아니었다. 그것 말고도 신경 써야 할 큰 문제들이 많았다. 갈수록 기술은 세상을 더 작게 만들었고, 지구촌 경제는 오늘과 내일 사이의 경계를 모호하게 만들었으며, 일상 생활은 정상적이라고 생각하는 것들에 대한 의문이 넘쳤다. 많은 사람들은 잠에 대해 깊이 생각하지 않았고, 생각하더라도 바쁜 일상에서 잠깐 쉴 필요가 있을 때 우리 몸이 조작하는 우아한 온/오프 스위치에 불과한 것으로 여겼다. 물론 우리는 잠을 좀더 많이 자고 싶어하고, 최근에 기묘한 꿈을 한두 번 꾸었을 테지만, 그런 것 말고는 잠의 중요성은 대부분의 사람들에게 치실질의 중요성(즉, 우리가 더 자주 해야 마땅하지만 실제로는 그러지 못하는 것)과 비슷한 정도에 지나지 않는다.

대부분의 사람들은 평생의 전체 시간 중 약 3분의 1을 잠자면서 보내지만, 잠이 우리 몸과 뇌에 어떤 일을 하는지는 잘 모른다. 연구 결과들이 내놓은 답도 놀랍도록 적다. 잠은 알려지길 원치 않는 과학의 비밀 중 하나이다. 신경과 의사가 잠에 대해 모르는 게 많다고 한 말은 농담이 아니다. 왜 우리는 나머지 모든 동물과 마찬가지로 잠을 자야 하는가라는 가장 기본적인 질문에조차 확실한 답을 내놓지 못하고 있다.

자원이 한정돼 있어 모든 생물이 살아남기 위해 서로를 잡아먹으려고 하는 세계에서 잠을 잔다는 게 얼마나 어리석은지 한번 생각해보라. 잠든 동물은 오랫동안 꼼짝도 않고 잠에 빠져 있어 포식 동물에게 손쉬운 먹이가 될 수 있다. 하지만 잠에는 뭔가 중요한 이점이 있는 게 분명한데, 진화가 일부 동물에게 비상한 방법을 사용해서라도 잠을 꼭 자게 만든 것을 봐도 그렇다. 예를 들면, 돌고래는 잠을 잘 때 뇌 반쪽이 깨어 있어 숨을 쉬기 위해 수면 위로 올라가기도 하고, 반쪽이 꿈을 꿀 때 나머지 반쪽은 포식자가 다가오지 않는지 경계한다. 새도 뇌 전체가 잠을 잘지 절반만 잠을 잘지 결정할 수 있도록 진화했다. 호숫가에서 잠자고 있는 오리 떼를 상상해보라. 무리 중 가장자리에 있는 오리들이 뇌 반쪽만 잠자면서 주변을 경계하는 동안 무리 가운데에 있는 오리들은 잠에 완전히 빠질 수 있다.

그렇다면 잠은 먹이사슬에서 위로 올라갈수록 많이 누릴 수 있는, 즉 발톱이 날카로울수록 꿈을 더 오래 꿀 수 있는 호사가 아닐까 하는 생각이 들 수 있다. 그러나 그렇지 않다. 사자와 저빌(게르빌루스쥐 또는 모래쥐라고도 함)은 모두 하루에 약 13시간을 잔다. 호랑이와 다람쥐는 약 15시간을 잔다. 스펙트럼의 반대편에서는 코끼리가 한 번에 3시간 반 정도 자는데, 이마저도 매일 밤 1시간 반 정도 눈을 붙이는 기린에 비하면 호사스럽다고 할 수 있다.

잠의 필요는 생물학적으로 더 시급한 필요, 예컨대 생식이나 먹이 구하기, 보금자리 만들기, 그리고 자신의 유전 계통을 살아남게 하는 데 필요한 그 밖의 모든 일을 방해한다. 잠은 이토록 중요하지만 제대로 알려지지 않은 게 너무나도 많아 한 생물학자는 "만약 잠이 정말로 중요한 기능을 하지 않는다면, 그것은 진화가 만들어낸 가장 큰 실수가 될 것이다."라고 말했다. 그 기능은 아직도 수수께끼로 남아 있다. 잠은 그저 몸이 쉬는 시간에 불과하다고 말하면 편할 것 같지만, 이마저도 정확한 설명이 아니다. 원한다면 해변에서 하루 종일 해먹에 누워 쉴 수 있지만, 잠자지 않고 20시간 동안 그 상태로 쉰다면 컨디션이 매우 좋지 않을 것이다. 사람은 깨어있는 시간 2시간당 약 1시간의 잠이 필요하다. 이 비율에서 벗어나면 우리 몸이 그것을 귀신같이 알아챈다. 어느 날 밤에 잠을 덜 잤다면, 다음 날 밤에는 잠을 더 잠으로써 우리 몸은 잠의 빚을 깨끗이 청산하려고 한다.

잠을 자야 할 필요보다 더 이상한 게 하나 있는데, 그것은 바로 그 필요를 무시할 때 일어나는 일이다. 1965년, 샌디에이고의 랜디 가드너Randy Gardner라는 고등학생은 264시간 동안 잠을 자지 않고 계속 깨어 있는 기록을 세웠다. 그가 그런 시도를 하려 한다는 이야기를 지역 신문에서 우연히 읽은 스탠퍼드 대학의 연구팀은 가드너가 11일 동안 보여준 묘기를 지켜보고 기록했다. 첫날은 아무 자극없이도 깨어 있었다. 하지만 상황은 금방 악화되었다. 가드너는 머릿속으로 간단한 수들을 더하는 능력을 금방 상실했다. 그 다음에는 점점 피해 망상이 심해져 사전에 그가 잠들지 않게 도와주겠다고 약속한 사람들에게 왜 자신을 그토록 심하게 괴롭히느냐고 물었다. 마침내 잠이 들었을 때, 그는 15시간 동안 계속 잤다. 하지만 몇 주일이 지나자, 평소처럼 생생한 모습을 되찾았다. 지금도 가드너는 일본에서는 유명인으로 통한다.

가드너는 수면 박탈 실험에 참여했던 대부분의 실험 참여자보다는 훨씬 행복한 결말을 맞이했다. 1980년대에 시카고 대학 연구자들은 동물이 오랜 시간 동안 잠을 자지 못할 때 어떤 일이 일어나는지 알아보기로 했다. 수면 연구 역사에서 기묘한 실험 중 하나인 이 실험에서 과학자들은 쥐들을 작은 단에 올려놓고 그 단을 찬물 위에 매달아둠으로써 잠을 자지 못하게 했다. 그 단은 쥐가 계속 움직여야만 편평한 상태를 유지하도록 균형이 잡혀 있었다. 만약 잠이 든다면 쥐는 물 속으로 떨어졌고, 헤엄을 쳐서 안전한 곳으로 돌아가야 했다(혹은 익사할 수도 있었는데, 연구자들은 기묘하게도 여기에 대해서는 별로 흥미를 느끼지 않은 것 같았다).

2주일 뒤, 실험에 참여한 쥐는 모두 죽었다. 이 결과에 연구자들은 혼란을 느꼈다. 다만, 사전에 뭔가 좋지 않은 일이 일어날 것 같다는 조짐은 몇 가지 있었다. 잠을 자지 않은 시간이 점점 길어질수록 쥐들의 몸에는 자기 파괴가 일어나기 시작했다. 기묘한 반점과 궤양이 생겨나 계속 곪으며 낫지 않았고, 털이 뭉텅이로 빠지기 시작했으며, 먹이를 아무리 많이 먹어도 몸무게가 줄어들었다. 그래서 연구자들은 부검을 하기로 결정했는데, 놀랍게도 그렇게 급작스러운 건강 악화가 나타난 쥐들의 기관은 아무 이상이 없었다. 이것은 아주 곤혹스러운 수수께끼였기 때문에, 20년 뒤에 다른 팀이 같은 실험을 반복해보기로 결정했다. 다만, 이번에는 더 나은 장비를 사용했다. 이번에는 죽음을 낳는 수면 박탈이 일어나는 동안에 쥐의 신체 내부에 어떤 일이 일어나는지 조사하기로 했다. 이번에도 쥐들을 2주일 이상 잠을 못 자게 했는데, 전과 마찬가지로 쥐들은 울퉁불퉁한 궤양이 생긴 뒤에 죽었다. 하지만 시카고 대학의 연구자들과 마찬가지로 이 연구팀도 쥐들이 왜 죽는지 분명한 이유를 찾아내지 못했다. 수면 부족 자체가 죽음의 원인임은 확실했다. 최선의 추측은 오랫동안 잠을 자지 않는 것은 쥐의 신체를 이루는 계 System들을 고갈시키고 체온 조절 능력을 잃게 한다는 것이었다.

오랫동안 잠을 자지 못하게 한 사람들 역시 불운한 쥐들과 같은 징후가 일부 나타난다. 극단적인 수면 박탈로 사람이 죽을 수 있는지 과학적 연구를 한 사람은 아무도 없는데, 그 이유야 명백하다. 하지만 정부가 자발적 혹은 비자발적으로 실험에 참여한 사람들을 대상으로 그 단계에 아주 근접한 실험을 한 적은 있다. 예를 들면, 관타나모 만의 CIA 심문자들은 적국 전투원 수십 명을 사슬로 함께 묶어 하루 이상 서 있게 함으로써 잠을 자지 못하게 했다. 법무부 담당자들은 훗날 쓴 메모에서 "놀랍게도, 그들은 신체적으로 아무 이상이 없는 것처럼 보였다."라고 기록했다.

수면 부족이 신체에 어떤 영향을 미친다는 징후는 분명히 나타났을 가능성이 높지만, 맨눈에는 보이지 않았다. 수면 박탈 상태에서는 24시간이 지나기 전에 혈압이 오르기 시작한다. 그리고 얼마 지나지 않아 대사에 이상이 생기기 시작하여 탄수화물을 섭취하고 싶은 욕구가 아주 강렬해진다. 체온이 떨어지고, 면역계도 약해진다. 수면 박탈 상태가 너무 오래 지속되면, 마음이 스스로에게 등을 돌려 마치 마약을 복용한 것처럼 환각과 환청을 경험한다. 그와 동시에 간단한 판단을 하거나 명백한 사실을 떠올리는 능력이 크게 떨어진다. 이것은 아주 묘한 하강 소용돌이인데, 그저 두어 시간 잠을 푹 자는 것만으로 이 모든 것이 멈추고 모든 효과가 싹 사라지기 때문에 더욱 기묘하다.

내가 지금 이 모든 것을 아는 이유는 신경과 의사의 방에서 나올 때 답보다 의문이 더 많이 생겼기 때문이다. 나는 만약 또 잠결에 걸어다니다가 뭔가에 부딪쳐 크게 다치면 어떻게 하나 하고 혼란에 빠져 고민하다가 결국 어떤 계획을 결심하기에 이르렀다. 만약 의사가 잠에 대해 더 자세히 말해줄 수 없다면, 내가 직접 나서서 해결책을 찾아보기로 마음먹은 것이다. 내 인생의 3분의 1이 제대로 조사도 설명도 되지 않은 채 지나가고 있었는데, 그러면서도 여전히 수수께끼로 남아 있었다.

내가 기묘한 잠의 과학을 향해 발을 내딛는 모험에 나선 것은 이 때문이었다. 나는 추상적으로만 생각할 수 있는 그 시간에 대해 알 수 있는 것이라면 모두 다 찾아보기로 마음먹었다. 우리가 그런 신체 상태에 빠진다는 걸 알긴 하지만 잠이 들었기 때문에 실제로 경험하지는 못하는 그 시간 말이다. 잠에 대해 처음으로 진지하게 생각하자마자 질문들이 파도처럼 밀려왔다. 남자는 여자와 잠을 자는 방식이 다를까? 꿈은 왜 꿀까? 새로 부모가 된 사람들에게 아이를 잠재우는 게 왜 아주 어려운 일이며, 전 세계의 모든 사람들이 왜 똑같은 어려움을 겪을까? 왜 어떤 사람은 코를 골고, 어떤 사람은 골지 않을까? 내가 잠결에 걸어다니는 원인은 무엇이며, 왜 나는 그것을 멈출 수 없을까? 친구와 가족에게 잠에 대한 질문들을 던져보았지만, 한결같이 수업 중에 갑자기 받은 질문에 답을 몰라 당황한 학생처럼 화들짝 놀란 표정을 지으며 "잘 모르겠는데……."라고 말했다. 우리 인생의 보편적 요소인 잠은 이렇게 거대한 수수께끼로 남아 있었다. 솔직하게 말해서, 나는 이것은 말도 안 되는 상황이라고 생각한다.

잠은 우리 인생에서 그토록 중요한 부분을 차지하는데도 불구하고, 잠을 연구하는 과학은 생긴 지 얼마 되지 않았다. 20세기 중엽까지만 해도 과학자들은 잠은 아무 변화가 일어나지 않는 상태이며, 잠자는 동안에는 뇌가 활동을 멈춘다고 생각했다. 하지만 1950년대에 렘 수면REM sleep(빠른 눈 운동 수면 또는 급속 안구 운동 수면이라고도 함)이 발견되면서 그 생각이 뒤집혔다. 연구자들은 잠이 서로 뚜렷이 구별되는 다섯 단계로 이루어져 있으며, 대략 90분마다 다섯 단계가 주기적으로 반복된다는 사실을 알아냈다. 첫 번째 단계는 아주 가벼운 잠에 빠진 상태로, 잠에서 깨어나면 잠을 잤다는 사실조차 모를 수도 있다. 두 번째 단계는 특유의 수면 뇌파가 나타나는데, 이 뇌파는 한 번에 겨우 몇 초만 지속된다. 전체 수면 사이클에서 이 지점에 이르렀을 때에는 자다가 깰 경우 자신이 잤다는 사실을 알 수 있다. 이 단계는 뇌가 의식에서 멀리 여행을 떠나기 전에 마지막으로 경유하는 정류장에 해당한다. 세 번째 단계와 네 번째 단계는 깊은 수면에 해당한다. 세 번째 단계에서는 델타파라는 파장이 길고 리드미컬한 뇌파가 나온다. 네 번째 단계는 이때 나오는 뇌파의 속도 때문에 흔히 느린 파형 수면slow wave sleep(서파 수면徐波睡眠이라고도 함)이라 부른다. 느린 파형 수면은 가장 깊은 수면으로, 뇌가 의식적 사고에서 가장 멀리 여행한 단계에 해당한다. 네 번째 단계에서 잠이 깬 사람은 방향 감각이 없고, 기본적인 질문에 제대로 답을 하지 못하며, 도로 자고 싶은 생각 외에는 딴 생각이 없다. 연구자들은 이 상태를 '잠에 취한 상태sleep drunkenness'라 부른다. 마지막 단계는 렘 수면으로, 안구가 아주 빠른 속도로 움직이기 때문에 이런 이름이 붙었다. 이 단계에서 뇌는 깨어 있을 때와 똑같이 활발하게 활동한다. 꿈은 대부분 이 단계에서 일어난다.

우리 몸은 뇌가 만들어내는 줄거리를 팔다리가 실행에 옮기지 않도록 하기 위해 사실상 스스로를 마비시키는 호르몬을 분비함으로써 렘 수면에 대비한다. 자기를 보호하기 위한 이 노력이 항상 완벽하게 성공하는 것은 아닌데, 그런 일이 일어날 경우 그 결과는 결코

유쾌한 것이 못 된다. 때로는 뇌가 그 메시지를 못 받을 때도 있다. 그러면 한밤중에 잠이 깨었다가 아무리 애를 써도 몸을 옴짝달싹도 할 수 없는 공포스러운 체험을 할 수 있다. 중세에는 가위눌린 상태를 인큐버스incubus라는 악마가 가슴 위에 올라타기 때문에 일어난다고 생각했다. 하지만 사실은 이 상태는 수면 사이클에 생긴 단순한 결함 때문에 일어난다. 즉, 뇌의 기능을 조절하는 안무에서 스텝이 꼬이는 바람에 몸은 뇌가 아직 꿈을 꾸고 있다고 생각하여 스스로 마비시키고 있을 때 의식이 깨어나기 때문에 일어난다.

그런가 하면, 몸이 자신을 완전히 마비시키지 못하는 경우도 있다. 사건 수면parasomnia이라 부르는 일련의 문제는 바로 이 때문에 생겨나는데, 나의 경우처럼 잠결에 걸어다니는 것은 가장 경미한 형태의 사건 수면이다. 예를 들면, 렘 수면 행동 장애가 있는 사람은 꿈에서 하는 동작을 그대로 하면서 창문 밖으로 뛰어내리거나 나이트스탠드를 붙잡고 씨름을 하기도 한다. 이런 장애가 있는 환자들 중에는 혹시나 자기도 모르게 자살을 하지 않을까 하는 두려움 때문에 매일 밤 침대 기둥에 스스로 자신의 몸을 묶고 자는 사람도 있다.

렘 수면이 발견되기 전까지 잠에 대한 우리의 이해는 2000년 이상 극적인 진전이 일어난 적이 전혀 없었다. 고대 그리스인은 뇌가 피로 가득 차면 우리가 잠을 자고, 피가 다시 다 빠져나가면 깨어난다고 믿었다. 그것 말고는 그들은 잠을 유령과 비슷한 것으로 여겼다. 잠은 살아 있는 사람이 죽음에 가장 가까이 다가가는 상태로 간주했으며, 거기서 무사히 돌아오면 그것에 대해 이야기할 수 있다고 생각했다. 신들의 족보는 이 점을 분명히 보여준다. 그리스 신화에서 잠의 신으로 나오는 히프노스Hypnos는 죽음의 신인 타나토스Thanatos와 쌍둥이 형제이며, 그들의 어머니는 밤의 여신인 닉스Nyx이다. 어두운 밤에 홀로 방 안에 누워 있다면 이것에 대해 너무 깊이 생각하지 않는 편이 좋을 것이다. 2400여 년 뒤, 의사들은 머릿속으로 흐르는 피가 뇌에 압력을 가해 잠을 유발한다는 이론을 내놓았는데, 플라톤이 들었다면 적극적으로 지지했을 것이다. 19세기에 철학자들은 뇌에서 자극적인 생각이나 야심이 사라지면 잠이 든다는 개념을 내놓았다. 잠과 텅 빈 머리 사이에 어떤 관계가 있다는 이 개념은 잠을 너무 많이 자거나 잠을 즐기는 것처럼

존 워터하우스, 〈잠의 신 히프노스와 그의 쌍둥이 형제인 죽음의 신 타나토스〉, 1874년

보이는 사람을 의심스럽게 바라보는 분위기를 조장했다. 오늘날에도 스트레스가 많은 일부 직업에서는 하루에 대여섯 시간 이상 잔다고 이야기하면 진지하지 못하다는 취급을 받기 쉽다.

우리 중 누구에게 수면 문제가 있건 없건 간에, 오늘날 잠은 과거그 어느 때보다 편안해졌지만, 그 실체는 더욱 아리송해졌다는 사실만큼은 분명하다. 미국에서 가장 초라한 기숙사 방의 매트리스조차도 불과 얼마 전까지 보편적으로 사용하던 잠자리보다 훨씬 호사스럽다. 예를 들면, 빅토리아 시대에 구빈원(17~19세기의 영국에서 극빈자에게 숙식과 함께 일자리를 제공한 곳. 물론 제공하는 일자리는 지저분하고 힘든 일이었다.─옮긴이)에서 살던 노동자들은 벤치에 앉은채 앞에 팽팽하게 친 밧줄 위에 팔을 걸치고 잤다. 이 특권을 누리기 위해 돈을 지불한 걸 보면, 다른 방식으로 잠을 자는 것보다 이렇게 자는 게 훨씬 나았던 게 분명하다. 산업 혁명 시대까지도 각가정에서는 밤마다 단칸방에 숨어 사는 쥐와 진드기를 잡느라 한바탕 난리를 치렀다. 현대에 들어오면서 생활 수준이 극적으로 개선되었지만, 그와 함께 따라온 전깃불과 텔레비전, 그 밖의 엔터테인먼트는 우리의 수면 패턴을 혼돈에 빠뜨렸다.

노동은 24시간 내내 계속 돌아가는 삶의 현실이 되었고, 이런 상황은 잠에 대해 나름의 기준과 기대를 제시했다. 월스트리트의 직원이 두바이와 도쿄, 런던에서 일어나는 투자를 동시에 추적해야하는 것처럼 잠을 잊고 세상의 추이를 주시하지 않으면, 경쟁자들에게 뒤처지고 만다. 잠은 우리의 문화적 가치에서 뒤로 미루거나 커피로 잠재우거나 무시할 수 있는 것으로 자리를 잡게 되었다. 하지만 예방의학에서는 잠을 규칙적으로 건강하게 자는 것을 최선의 방법 중 하나로 꼽는다.

세계적으로 손꼽는 수면 연구 센터가 있는 스탠퍼드 대학은 1970년에 수면 장애를 치료하기 위한 목적으로 최초의 대학 연구 센터를 만들었다. 이 연구 센터의 개설은 의학계가 잠에 접근하는 방식에 혁명을 가져왔다. 그때까지만 해도 대부분의 의사들은 매일 밤 환자가 잠이 들면 자신의 책임을 다했다고 생각했다. 2011년 당시에 알려진 수면 장애는 75가지가 넘었고, 그 수는 계속 증가했다. 수면무호흡 증후군처럼 일부 장애는 너무나도 흔해서, 만약 여러분의 침실에서 나타나지 않는다면 옆 침실에서 나타날 가능성이 매우 높다. 도저히 이해하기 힘든 수면 장애도 있다. 치명적 가족성 불면증이라 부르는 아주 희귀한 종류의 프리온병은 환자가 40세가 넘어야 발병한다. 이 유전병은 전 세계에서 몇몇 가족에게서만 발견되었다. 주요 증상은 점점 잠을 자기가 힘들어지는 것이다. 환자는 대개 만성 편두통과 탈진으로 시달리며 몇 달 동안 고통의 시간을 보내다가 증상이 처음 나타난 지 일 년 안에 죽는다. 죽는 순간까지 정신은 멀쩡하다.

하지만 잠에는 의학적으로 진기한 이야기보다 더 많은 것이 숨어 있다. 이 책은 우리의 삶에서 간과돼온 가장 큰 부분을 살펴보는 동시에, 설사 한밤중에 자기도 모르게 벽에 부딪치는 것과 같은 수면 문제가 없다 하더라도, 잠이 여러분에게 어떤 영향을 미치는지 파헤친다. 나는 장래에 또다시 그렇게 큰 고통을 안겨줄지도 모를 충돌을 피하는 방법을 찾으려는 개인적 목적에서 잠에 대한 연구를 시작했다. 하지만 나는 잠의 과학을 조사하느라 시간을 많이 보낼수록 이 기묘한 밤 시간이 우리 삶의 거의 모든 순간에 중요한 영향을 미친다는 사실을 알게 되었다. 예를 들면, 경찰관, 트럭 운전사, 응급실 당직자는 잠이 뇌의 의사 결정 과정에 미치는 효과를 알기 위해 수면 연구자에게 도움을 청한다. 만약 여러분이 밤중에 비행기를 타거나 병원에 입원하거나 차를 타고 고속도로를 달린다면—혹은 장래에 그럴 계획이 있다면—피로처럼 충분히 관리할 수 있는 요소 때문에 발생하는 치명적이고 값비싼 사고를 방지하기 위해 기업과 조직이 얼마나 노력하느냐에 여러분의 안녕과 이해가 달려 있다. 한편, 미국의 전국 학교들은 등교 시간을 조정했는데, 등교 시간을 조금 늦추는 것만으로도 SAT 점수가 상당히 높아진다는 연구 결과가 나왔기 때문이다. 그리고 새로운 연구 결과에 따르면, 새로운 기술을 배우거나 문제에 대한 답을 찾을 때 매일 밤 꿈을 꾸는 데 보내는 시간이 그 결과를 좌우할지 모른다고 한다.

아주 짧은 기간에 새로운 발견이 많이 쏟아져 나왔기 때문에, 오늘날의 수면 연구자들은 황금기를 맞이했다고 믿는다. 이제 그들은 잠을 법 체계에서부터 아기를 키우는 방법과 전쟁에서 돌아온 병사를 트라우마에서 회복시키는 방법에 이르기까지 모든 것에 영향을 미치는 복잡한 과정으로 간주한다. 또, 잠은 행복에서도 중요한 역할을 담당하는 것으로 알려져 있다. 여러분이 알건 모르건, 어젯밤에 잠을 어떻게 잤느냐가 음식과 소득과 사는 곳보다도 여러분의 인생에 훨씬 큰 영향을 미친다. 여러분 자신을 이룬다고 생각하는 모든 것—창조성, 감정, 건강, 새로운 기술을 빨리 배우고 문제에 대한 답을 빨리 생각해내는 능력—이 사실은 매일 밤 여러분의 머리가 베개 위에 놓여 있을 때 뇌 속에서 일어나는 일의 부산물에 불과한 것이라고 간주할 수 있다. 그것은 우리 모두가 거기로 들어가면서도 아직 제대로 이해하지 못한 세계의 일부이다.

잠은 얼핏 보아서는 연구하기에 아주 모험적인 주제로 보이진 않는다. 사실, 잠을 자는 사람들은 대개 그냥 자리에 누워 있을 뿐이어서 면담하기조차 매우 어렵다. 그러니 잠의 연구에서 흥미로울 것이 무엇이 있겠는가? 하지만 나는 기묘한 잠의 세계에서 일어나는 종종 기이하고 때로는 불안하고 그리고 항상 흥미로운 것들로 여러분을 안내함으로써 이 생각이 틀렸음을 보여주려고 한다. 이 세계는 해당 분야의 과학이 아직 걸음마 상태에 있고, 문화적 태도가 끊임없이 변한다. 나는 여러분을 밤에 관한 이야기로 안내할 것이다. 이 이야기는 여러분이 잠들 때 침실에 작용하는, 여러분이 몰랐던 힘들에 대한 이야기부터 시작하여 잠을 편안하게 자려면 무엇이 필요한지에 대한 최신 연구 결과를 소개하면서 끝맺을 것이다.

이 책은 완벽한 수면을 보장하는 열 가지 비법 따위를 소개하는 일반적인 실용서가 아니다. 하지만 이 책을 읽고 나면, 여러분은 잠을 잘 때 몸에 어떤 일이 일어나며, 잠을 충분히 자지 않으면 어떤 일이 일어나는지 새로운 사실을 알게 될 것이다. 이 책이 여러분이 장래에 건강에서부터 재정에 이르기까지 모든 것에 관한 결정을 내릴 때 조금이나마 도움이 되길 바란다. 내 말을 곧이곧대로 믿지 않아도 좋다. 이 책을 다 읽을 때까지 여러분은 꿈 연구자, 전문 스포츠 트레이너, 결혼 상담사, 소아과 의사, 헌법학자, 도박사, 수면 범죄를 연구하는 대학 교수를 두루 만날 테니 이들 전문가의 이야기에 귀를 기울여보라.

나는 잠결에 걸어다니는 버릇을 치료하는 방법을 애타게 찾았지만, 그 방법은 결국 발견하지 못했다. 하지만 약에 전혀 의존하지 않고도 그런 일이 덜 일어나도록 하는 방법은 찾아냈다. 그래도 내가 어떤 단계들을 따르건, 잠들기 전에 심신을 안정시키기 위해 요가를 얼마나 하건, 한밤중에 잠이 깨어 방향 감각을 잃은 채 침대에서 벗어난 곳에 있을 가능성은 충분히 있다. 반면에 내가 잠결에 걸어다니는 일이 다시는 일어나지 않을지도 모른다. 잠의 기묘한 아름다움은 바로 여기에 있다. 얼핏 보기에는 잠은 인생의 단순한 일부처럼 보이지만, 매일 밤 우리가 상상할 수 있는 것보다 훨씬 많은 결과를 가져다준다. 나는 시간을 내어 제대로 연구한다면 이 흥미롭고도 보편적인 인생의 진실에서 무엇을 배울 수 있는지 알아내기 위해 군사 기지와 기업 본부, 대학 연구소, 컨벤션 센터를 두루 방문했다.

잠은 삶에서 단절된 순간이 아니다. 그것은 인생이란 무엇인가라는 전체 퍼즐에서 빠져 있는 3분의 1이다.

2

사라진
두 번째 잠

● 1980년대와 1990년대에 로저 이커치Roger Ekirch를 만나고 싶다면, 버지니아 공과대학 도서관의 회색 돌벽들 사이를 먼저 찾아보는 게 좋았다. 젊은 역사학 교수인 이커치는 초기 미국인의 생활사를 가르쳤는데, 대학생에게 초기의 노예 무역이나 한때 성장 가도를 달렸던 대서양의 해적 경제에 대해 강의하면서 대부분의 시간을 보냈다. 하지만 틈만 나면 희귀본이 소장된 서가로 달려가 그곳에 파묻혀 지냈다. 거기서 그는 대학원생 시절부터 큰 흥미를 느꼈던 주제를 파고들었는데, 그것은 바로 밤의 역사였다.

그 당시 대부분의 역사학자는 해가 진 후의 인간 활동은, 셰익스피어Shakespeare의 친구였던 극작가 토머스 미들턴Thomas Middleton이 웅변적으로 묘사한 것처럼, "자고 먹고 방귀 뀌는 것 외에는 아무 할 일이 없었다는" 데 기꺼이 동의했을 것이다. 하지만 이커치는 곰팡이가 핀 책들을 뒤적이며 고독한 연구를 계속했는데, 하루 일과가 끝난 뒤에 일어난 흥미로운 일을 시사하는 단서를 모조리 찾으려고 했다. 자신의 연구가 사람의 뇌가 잠을 위해 어떻게 만들어져 있는지 우리가 알고 있던 개념을 획기적으로 바꾸어놓으리라고는 꿈에도 몰랐다. 그는 어디까지나 역사학 교수였기 때문에, 잠에 대해 아는 것이라곤 자신이 그것을 좋아한다는 것뿐이었다. 하지만 지난 1000년간 유럽에서 축적된 희곡과 유언을 비롯해 일상 생활의 온갖 잡다한 인공물을 샅샅이 훑어본 결과, 해가 서산 너머로 넘어가고 나면 기괴한 12시간을 위한 새 무대가 나타난다는 사실을 알아챘다.

중세 유럽의 마을 주민들은 해가 지고 나면, 오늘날의 우리로서는 도저히 이해하기 힘들 정도로 큰 두려움을 느꼈다. 해가 서산에 가까워지면, 농부들은 밤이 되어 성문이 닫히기 전에 도시 안으로 들어가기 위해 성벽을 향해 달음질쳤다. 제시간에 도착하지 못한 사람은 황야에서 홀로 도적과 늑대, 그리고 도처에 도사리고 있는 유령과 악마와 맞서 싸우면서 어둠의 시간 동안 살아남아야 했다.

그렇다고 도시가 반드시 더 안전한 것도 아니었다. 밤중에 거리로 나선다면, 맞닥뜨리는 사람은 모두 다 자신을 도적질하거나 죽이려는 사람으로 보는 것이 합리적인 가정이었다. 그런 상황에서 최선의 선택은 먼저 공격하는 것이었다. 이커치는 어둠이 깔리면, "마음은 극도로 조급해지고 두려움은 최대로 커지고 시력은 매우 약해져 온갖 종류의 충돌이 일어나기 쉬웠다."라고 썼다. 그는 "아무 이유 없이" 서로의 겨드랑이를 찌른 하인들, 런던 거리에서 이웃과 칼부림을 벌인 상인들, 시체를 베네치아 운하로 내던질 때 나는 소리 등에 관한 이야기도 읽었다. 이 모든 것은 어둠이 깔린 뒤에 일상적으로 일어나는 일들이었다. 그 시절에는 밤중에 밖으로 나가는 사람은 반드시 최소한 칼 한 자루를 품고 나갔으며, 정중한 인사는 예절을 차리기 위해서라기보다는 살아남기 위한 방편에 가까웠다.

밤은 낮과 너무나도 달라서 나름의 문화적 리듬까지 있었다. 낮 동안에 스스로 지킬 능력이 있다고 자부하던 도회지 주민도 기꺼이 통행금지를 따랐고, 밤이 되면 문자 그대로 자기 집 안에 틀어박혀 지냈다. 평생 바다를 볼 일이 전혀 없던 농촌 지역의 농부는 뱃사람처럼 별을 보고 시간과 방향을 아는 법을 터득했다. 군주와 주교는 수백 개의 횃불을 환하게 밝힌 가운데 정교한 의식과 춤을 보여주어, 불쾌한 냄새와 연기가 나는 촛불로 작은 집을 희미하게 밝히던 농부들의 눈을 부시게 함으로써 자연을 지배하는 힘을 과시했다.

그런데 부동산 소유권 기록에서부터 유령을 찾아내는 방법에 관한 지침서에 이르기까지 광범위한 양피지를 훑어보던 이커치는 반복적으로 나타나는 이상한 이야기에 의아한 생각이 들었다. 그것은 바로 잠에 관한 언급이었다. 예를 들면, 『캔터베리 이야기*The Canterbury Tales*』 중 '기사의 종자 이야기The Squire's Tale'에서 한 등장 인물은 "첫 번째 잠"을 자다가 이른 아침에 잠이 깬 뒤 다시 잠을 잔다고 나온다. 한편, 15세기의 한 의학 서적은 독자들에게 "첫 번째 잠"은 오른쪽으로 돌아누워 자다가 그 다음에는 왼쪽으로 돌아누워 자라고 권한다. 그리고 영국의 한 학자는 "첫 번째 잠"과 "두 번째 잠" 사이의 시간은 진지한 연구를 하기에 가장 좋은 시간이라고 썼다. 이 두 가지 잠에 대한 언급이 계속 반복해서 나오자, 이커치는 그것을 그저 단순히 호기심을 자극하는 이야기로만 무시할 수 없었다. 이 진술들을 종합하면, 옛날에는 잠이 오늘날 우리가 생각하는 것처럼 처음부터 끝까지 죽 이어진 하나의 긴 덩어리가 아니었던 게 분명하다.

버지니아 주의 도서관 아지트에서 이커치는 옛날 사람들 사이에서 한때 밥 먹는 것처럼 보편적이었던 삶의 한 측면을 재발견했다. 매일 밤, 사람들은 해가 지고 나서 얼마 지나지 않아 잠을 잤고, 자정을 지난 어느 시점까지 그 상태로 계속 잤다. 이것이 바로 옛날 이야기들에서 반복적으로 나오는 첫 번째 잠이다. 그리고 자정을 넘어서 잠이 깨면, 그 상태로 한 시간 정도 깨어 있다가 다시 아침까지 잠을 잤다. 이것이 바로 두 번째 잠이다. 이 두 가지 잠 사이에 깨어 있는 시간은 자연스러운 밤의 일부였고, 각자의 필요에 따라 기도를 하거나 독서를 하거나 꿈에 대해 생각하거나 소변을 보거나

얀 산레담, 〈밤〉, 1595년
로저 이커치는 이 판화가 첫 번째 잠과 두 번째 잠 사이에 일어난 밤의 활동을 보여준다고 말한다.

섹스를 하는 데 썼다. 아마도 맨 마지막 일이 가장 인기가 있었을 것이다. 16세기의 한 프랑스 의사는 노동자가 아이를 여럿 낳을 수 있는 이유는 첫 번째 잠에서 깰 때까지 기다렸다가 그동안 재충전한 에너지로 사랑을 나누었기 때문이라는 결론을 얻었다. 그는 아내들도 그것을 좋아했다고 말했다. 첫 번째 잠은 남자들에게 "그 일을 더 잘 하게" 했으며, 여자들은 "더 많은 즐거움을 얻었다."

여기서 이커치는 학자가 흔히 맞닥뜨리는 전형적인 위기에 봉착했다. 오늘날 우리가 잠을 자는 방식이 조상들의 방식과 전혀 다름을 보여주는 증거들이 바로 눈앞에 쌓여 있었다. 하지만 산업화 세계에 사는 사람들이 자연스러운 잠을 자지 않는다고 말하는 것은 지나친 비약이었다. 더군다나 자신은 신경과학보다는 아메리카 식민지의 농업 경제를 전공하는 교수가 아닌가! 세월이 한참 지난 뒤에도 이커치는 행운의 도움이 하나도 없는 상태에서 자신이 발견한 것을 그대로 발표하는 게 좋았을지 확신하지 못했다. 그는 내게 "나는 그 개념을 혼자서 주장할 수 있을 만큼 내 연구에 충분한 자신감을 갖길 바랐는지도 몰라요."라고 말했는데, 내 귀에는 말을 많이 함으로써 자신감을 얻으려고 노력하는 사람처럼 들렸다.

다행히도 이커치는 그러지 않아도 되었다. 약 500km 떨어진 곳에서 한 정신과 의사가 연구를 하다가 기묘한 것을 발견했다. 메릴랜드 주 베세스다의 국립정신건강연구소에서 일하던 토머스 웨르 Thomas Wehr는 매일 도처에서 보는 인공 조명이 우리의 수면 습관에 알려지지 않은 효과를 미쳤을지 모른다는 생각이 문득 들었다. 그래서 실험 참여자들에게 하루에 최대 14시간 동안 인공 조명을 경험하지 못하게 하는 실험을 해보기로 했다. 옛날 사람들에게 일상적이었던 조명 조건을 재현하려는 의도에서였다. 전구나 텔레비전, 가로등 등이 전혀 없는 상태에서 실험 참여자들은 처음에는 밤에 잠자는 것 말고는 아무것도 하지 않았다. 그들은 처음 몇 주일은 과

자점에 온 아이들처럼 행동했다. 즉, 밤늦게까지 자지 않거나 아침에 출근하기 위해 일찍 일어나느라 그동안 자지 못했던 잠을 보충하려는 것처럼 보였다. 몇 주일이 지나자, 푹 쉬면서 피로가 완전히 풀린 그들은 살아오는 동안 그 어느 때보다도 원기가 넘치는 것처럼 보였다.

그때부터 실험은 예상치 못한 방향으로 흘러갔다. 얼마 지나지 않아 실험 참여자들은 자정이 조금 지난 시간에 몸을 뒤척이거나 침대에서 일어나 한 시간 정도 앉아 있다가 다시 잠이 들었다. 그것은 바로 이커치가 역사 기록에서 발견했던 것과 똑같은 종류의 분할 수면이었다. 인공 조명을 차단하자, 실험 참여자들은 평생 몸에 붙여온 수면 습관에서 벗어났다. 그것은 마치 자신의 몸에 있는 줄도 몰랐던 근육을 움직이는 것과 같았다. 이 실험은 뇌의 선천적 배선을 드러냈는데, 그것은 신체를 현대 생활에서 격리시키자 비로소 나타났다. 웨르가 이 연구 결과를 논문으로 발표하고 나서 얼마 후 이커치는 웨르에게 연락하여 자신이 발견한 결과를 보여주었다.

웨르는 즉각 더 자세한 연구를 해보기로 결정했다. 이번에도 실험 참여자들을 인공 조명에서 격리시켰다. 하지만 이번에는 밤중에 실험 참여자들의 혈액을 채취했는데, 첫 번째 잠과 두 번째 잠 사이의 시간에 봉건 시대의 농부들이 섹스를 할 수 있었던 기회 외에 또 다른 것이 있는지 알아보기 위해서였다. 그 결과는 한때 사람들이 한밤중에 깨어나 보낸 시간이 아마도 그들의 삶에서 가장 편안한 시간이었음을 보여주었다. 화학적으로 신체는 스파에서 하루를 보낸 뒤와 비슷한 상태에 있었다. 두 가지 잠 사이의 시간 동안 실험 참여자의 뇌는 프로락틴 호르몬을 다량 분비했다. 프로락틴은 스트레스를 줄이는 효과가 있고, 오르가즘 이후에 찾아오는 편안한 느낌하고도 관계가 있다. 알 위에 앉아 몽롱한 만족 상태에 빠진 닭도 프로락틴 농도가 높다. 웨르의 실험에 참여한 사람들은 두 가지 잠 사이의 시간을 명상에 빠진 시간과 비슷하다고 묘사했다.

그 밖의 많은 연구들도 잠을 서로 대략 비슷한 시간의 두 단계로 나누어 자는 것은 기회만 주어진다면 우리 몸이 언제든지 실행에 옮기려고 하는 일임을 보여주었다. 인공 조명—그리고 그에 딸린 컴퓨터, 영화, 텔레비전 등—이 없는 곳에서 사는 사람들은 아직도 이런 식으로 잠을 잔다. 1960년대 중엽에 나이지리아 중부에서 티브족의 문화를 연구한 인류학자들은 구성원들이 단지 분할 수면을 할 뿐만 아니라, 첫 번째 잠과 두 번째 잠의 지속 시간도 대략 같다는 사실을 발견했다.

여러분은 현대인의 수면 습관이 자연적인 설계와 다르다는 것을 보여준 연구가 정말로 놀라운 연구라고 생각할 것이다. 하지만 웨르의 연구가 의학 학술지에 발표되고 나서 20여 년이 지났지만, 많은 수면 연구자들—평범한 의사들은 말할 것도 없고—은 그 연구를 들어본 적조차 없다. 매일 밤 자다가 비슷한 시간에 깬다는 환자의 호소를 들으면, 많은 의사들은 아무 생각 없이 수면제를 처방한다. 수천 년 동안 정상적인 것으로 간주돼온 상태에 대해 쓸데없이 약을 처방한다는 사실을 전혀 인식하지 못한 채 말이다. 한편, 환자는 밤중에 잠이 깨는 것을 뭔가가 잘못되었다는 신호로 받아들인다. 잠은 자연적으로 두 시기로 나누어져 있다는 사실을 모르고 그러는 것이니 그들을 탓할 수는 없다.

그렇다면 왜 전 세계에서 약 60억 명의 사람들은 수백만 년 동안 아무 탈 없이 이어져온 것에서 벗어나는 방식으로 잠을 잘까? 그것은 바로 한때 혁명적인 것으로 각광받았고 지금은 2000원도 안 되는 돈으로 살 수 있는 발명품인 전구 때문이다. 여러분의 침대 옆에 있는 램프에는 우리의 수면 습관을 돌이킬 수 없게 바꿔놓고, 과다한 빛으로 인한 건강 문제라는 새로운 세계를 연 장비가 들어 있다. 현대 생활의 거의 모든 것을 좌우하는 발명품이 탄생한 곳은 검은색 금속 울타리로 둘러싸여 있던 뉴저지 주 북부의 낡은 벽돌 건물이다. 실리콘 밸리보다 훨씬 앞서서 들어선 이곳 아이디어 공장에서 자기 홍보 능력이 탁월했던 토머스 앨바 에디슨Thomas Alva Edison이라는 발명가가 우리 몸이 잠을 자는 방식을 완전히 뒤집어놓을 장비를 발명했다.

물론 인공 조명은 에디슨 이전에도 있었다. 1736년, 런던 시가 거리에 가스등 5000개를 설치하자, 사람들은 오랫동안 지속돼온 어둠에 대한 두려움을 떨쳐냈고, 역사상 처음으로 밤 10시가 넘어서까지 가게들이 문을 열었다. 가스등이 국제적 도시의 위신을 상징

하는 표상이 되자, 다른 도시들도 속속 그 뒤를 따랐다. 남북 전쟁이 일어날 무렵에는 뉴욕 시 거리에 가스등이 하도 많이 들어서서 밤에도 낮처럼 거리낌없이 거리로 나서는 게 일상적인 생활 습관이 되었다. 가스등으로 불을 밝힌 극장, 오페라, 술집은 이른

작자 미상, 〈어두운 가스 회사에 발사하는 에디슨의 빛〉, 1878년

아침까지 문을 열었고, 새로운 조명으로 환해진 거리는 안전한 귀 갓길을 보장했다. 집들도 불빛으로 환했다.

하지만 에디슨이 전구를 발명한 이후에 사용된 인공 조명을 타임스 스퀘어의 밝기에 비교한다면, 그 이전에 전 세계에서 사용되던 인공 조명은 성냥 한 개비 정도의 밝기에 지나지 않았다. 에디슨은 십대 시절에 전신 기사로 일하다가 그 일에 싫증을 느껴 전신기로 보내는 메시지를 한 번에 하나가 아니라 그 이상 보내는 방법을 고안하면서 발명가의 길로 나섰다. 몇 년 뒤에는 축음기를 발명해 이름을 크게 떨쳤다. 처음에 에디슨은 자신이 만든 이 경이로운 기술이 대중적으로 큰 인기를 끌 수 있는 잠재력을 제대로 꿰뚫어보지 못했다. 이런 경향은 그 후 평생 동안 에디슨의 약점으로 남았는데, 축음기는 그것을 보여주는 첫 번째 사례였다. 그는 축음기가 바쁜 기업가들이 편지를 구술한 뒤, 비서가 축음기로 그것을 들으면

서 옮겨 적는 용도로 쓰일 거라고 보았다. 이 발명품은 장사꾼들이 고객들에게 한 곡당 5센트씩 받고 녹음된 음악을 들려주는 장소를 만듦으로써 비로소 상업적으로 경쟁력이 있는 제품이 되었다. 에디슨은 자신이 미국의 대중 엔터테인먼트 산업을 열었다는 사실을 전혀 알아채지 못했다. 자신이 거기에 참여할 수 없었던 게 한 가지 이유였는데, 청력을 잃어 음악을 즐길 수 없었기 때문이다.

비슷한 시기에 프랑스 발명가들은 리옹 거리에 아크등(전극 사이에 강한 전류를 흘려주면, 전극에서 열전자가 방출되면서 강렬한 빛을 내는데, 이 빛이 호$_{arc}$를 이루며 전극 사이를 건너뛰기 때문에 이런 이름이 붙었다. 이 현상을 아크 방전이라 한다.—옮긴이)을 설치했다. 하지만 이 불빛은 부엌에 들여놓기에는 적합하지 않았다. 집을 홀라당 태우고 싶지 않다면 말이다. 아크등은 제어하기 힘든 전류 덩어리로, 냉장고 전구에서 은은하게 흘러나오는 불빛보다는 용접공의 토치 램프에서 나오는 강렬한 백색광에 더 가까웠다. 아크등에서는 아주 많은 빛이 나왔지만, 아름답지는 않았다. 인디애나 주에서는 어느 도시의 법원 청사 위에 아크등을 4개 설치했는데, 얼마나 밝았던지 8km 떨어진 곳에 있던 소까지 환히 보였다고 한다. 캘리포니아 주의 새너제이(산호세라고도 함)에서는 20층 탑을 건설하고 그 꼭대기에 아크등을 설치했다. 그러자 아크등에 혼란을 느낀 새들이 그 탑과 충돌해 추락했고, 결국 도시의 레스토랑 테이블 위에 놓이는 신세가 되었다.

축음기로 얻은 약간의 명성과 돈으로 에디슨은 아크등보다 더 나은 인공 조명을 발명하는 일에 도전했다. 그의 목표는 빛을 길들이는 것이었다. 즉, 어린이도 쉽게 조작할 만큼 단순하고, 실수로 밤새도록 켜둔 채 내버려두더라도 불이 나지 않을 정도로 안전한 인공 조명을 만드는 것이었다. 에디슨은 진공 속에서 말굽 모양의 철사에 전류를 흐르게 함으로써 가열된 철사가 빛을 내도록 전구를 설계했다. 진공은 철사가 녹거나 불이 붙지 않도록 막아주었다. 그의 기술로 만든 전구는 그 당시 가장 훌륭한 설계는 아니었지만, 에디슨은 자신을 제품과 함께 묶어 홍보하는 기술이 아주 뛰어났다. 그는 뉴저지 주 멘로파크에 있던 연구소까지 애써 찾아와 자신을 띄우는 기사를 쓴 기자들에게 자기 회사의 소유 지분을 나누어주는 방법으로 발명의 천재라는 대중적 이미지를 암암리에 확산시켰다. 또한, 새로운 계획을 추진할 때마다 그것을 위해 세운 회사 이름에 반드시 자신의 성을 집어넣음으로써 일반 대중에게 자신의 이름을 자주 접하게 했다. 그중 하나인 에디슨 전기 회사는 훗날 합병을 통해 제너럴일렉트릭으로 탄생했다.

에디슨의 전기 조명은 값싸고 안전할 뿐만 아니라, 빛의 세기도 편안한 느낌을 주는 정도에 그쳤기 때문에 세상의 표준으로 자리잡았다. 아크등과 달리 전구의 아름다움은 그 작은 능력에 있었다. 그 빛은 수 km 밖에 있는 소를 비출 만큼 충분히 밝지 않았지만, 손님으로 가득 찬 거실을 환히 비출 만큼 고르고 안정적인 빛을 뿜어냈다. 전구가 발명된 지 몇 년 뒤, 머리에 전구를 단 남자들이 뉴욕 거리를 행진하면서 이제 빛이 더 이상 타오르는 불길에서만 나오는 게 아님을 보여주었다.

에디슨 자신은 완벽한 인공 조명을 발명하는 데 그쳤을지 모르지만, 그 결과로 그는 잠의 역사를 돌이킬 수 없게 바꾸어놓았다. 그런데 그는 거기서 그치지 않았다. 우리가 밤을 경험하는 방식을 확 바꾸어놓은 것만으로는 성이 차지 않았는지 에디슨은 엔터테인먼트 분야에 혁명을 일으키는 데에도 중요한 역할을 했다. 그는 축음기를 더 완벽하게 만들었고, 나중에는 영화 촬영 카메라도 발명했다. 이런 발명들을 통해 에디슨은 완전히 새로운 경험을 만들어냈다. 우리 앞에 있지 않고 다른 곳에 있는 사람을 보거나 들을 수 있는 경험을 선사한 것이다. 이제 사람들은 돈만 내면 녹화된 권투 시합이나 가수의 공연, 오케스트라를 볼 수 있었다. 에디슨은 5센트만 있으면 누구나 세계 최고 수준의 엔터테인먼트를 보거나 들을 수 있는 민주화 세계를 만들어냈다. 세계 최고 수준의 연주자와 연예인을 공연장에서 데려와 거실에서 보고 들을 수 있게 된 것이다.

에디슨 덕분에 이제 일몰은 더 이상 사교 생활의 끝을 의미하지 않았다. 오히려 일몰은 사교 생활의 시작을 알렸다. 밤은 그때까지 두려움을 연상시키며 남아 있던 요소들을 모두 떨쳐냈고, 즐겁고 재미있는 일들이 일어나는 시간으로 변했다. 일단 어둠이 장애 요소가 되지 않자, 사람들의 삶은 밤 11시에도 오전 11시와 마찬가지로 잘 굴러갔다. 세상은 이 여분의 시간에 대해 기숙사에서 첫 달을 보내는 대학생들처럼 반응했다. 잠은 밤의 유흥과 그 밖의 중요한 일들 때문에 뒷전으로 밀려났고, 다시는 예전의 위상을 되찾지 못했다. 제조업자들은 전구의 밝은 조명 아래로 야간 교대조를 투입함으로써 품질 저하 없이 생산량을 배로 늘릴 수 있다는 사실을 깨달았다. 전구는 에디슨의 연구소에서 처음 개발된 지 20년도 안 돼 조립 라인의 천장에 주렁주렁 매달려 최초의 야간 근무 노동자들이 졸음을 참으며 일하는 작업장을 환히 밝혀주었다. 이제 해가 졌다는 이유로 작업대를 놀릴 필요가 전혀 없었다. 이렇게 해서 24시간 노동력이 탄생했다.

에디슨은 잠의 자연 리듬이 이렇게 돌이킬 수 없게 변하는 것을 지켜보면서도 아무 문제를 느끼지 못했다. 분명하게 밝혀진 적이 없는 어떤 이유에서 에디슨은 잠을 나쁜 것으로 생각했다. 그는 글에서 이렇게 썼다. "하루에 8~10시간을 자는 사람은 결코 완전히 잠든 것도 완전히 깨어 있는 것도 아니다. 그는 단지 24시간을 각각 정도가 다르게 자는 것뿐이다." 그는 여분의 잠—에디슨 자신이 매일 잔다고 주장한 서너 시간 이상의 잠으로 정의되는—은 사람을 "불건강하고 비효율적으로" 만든다고 믿었다. 그는 자신의 전구를 일종의 양육 수단으로 보았고, "미발달된 사람을 인공 조명이 있는 환경에 집어넣기만 하면 개선될 것"이라고 믿었다.

그는 인생을 조립 라인과 같은 것으로 보았고, 따라서 가동하지 않는 시간은 낭비라고 생각했다. 에디슨이 다른 사람들보다 잠을 덜 잤던 것은 아니다. 그는 밤낮을 가리지 않고 잠깐씩 잠을 잤다. 때로는 연구소의 작업대 위에서 잠을 잤으면서도 다음 날에는 밤새도록 일했다고 주장했다. 오늘날 멘로파크에 있는 그의 연구소를 방문하는 사람들은 그가 쓰던 작은 침대와 베개가 한쪽 구석에 놓여 있는 걸 볼 수 있다.

전구와 함께 잠은 게으름의 증거일 뿐이라는 에디슨의 개념은 세상 사람들이 일하는 방식을 확 바꾸어놓았다. 미국에서 일어난 최초의 노동 쟁의 중 일부는 야간 근무 시간을 몇 시간으로 하느냐가 주요 쟁점이었다. 얼마 지나지 않아 전통적인 수면 일정을 고수하는 곳들은 산업화 세계에 적합하지 않은 사람들로 가득 찬 뒤떨어진 동네로 조롱받았다.

그로부터 100여 년이 지난 지금 우리는 인공 조명이 하도 휘황찬란하게 비치는 세계에 살다 보니, 1994년에 로스앤젤레스 지역에서 일어난 지진으로 정전이 되었을 때 일부 주민은 하늘에 "거대한 은빛 구름"이 나타났다고 경찰에 신고하는 일까지 일어났다. 그것은 바로 은하수였다. 하기야 그들은 이전에 그것을 하늘에서 본 적이 없었다. 로스앤젤레스는 밤이 되면 수많은 가로등, 광고판, 호텔, 자동차, 경기장, 주차장, 자동차 판매 대리점에서 나오는 불빛이 도시를 뒤덮기 때문에, 비행기에서 보면 300km 밖에서도 도시의 불빛이 보인다. 이런 사정은 로스앤젤레스 주민에게만 해당하는 게 아니다. 미국 주민 중 3분의 2, 그리고 유럽 주민 중 약 절반은 밤하늘이 너무 밝아서 맨눈으로 은하수를 볼 수 없는 곳에 살고 있다. 미국에서는 100명 중 99명이 광공해光公害(인공 조명의 불빛이 대기 중의 먼지 입자들에 산란되어 밤하늘을 희뿌옇게 밝혀 생태계를 어지럽히고 우리 건강에도 해를 끼치고, 별 관측에도 방해가 되는 공해―옮긴이) 기준에 해당하는 지역에 살고 있다. 천문학자들은 광공해의 기준을 인공 조명이 밤하늘을 자연 상태보다 10배 이상 밝게 할 때라고 말한다.

만약 인공 조명이 한 일이 밤에 사물을 더 잘 보이도록 한 것뿐이라면, 거기에 대해 수선을 피울 이유가 전혀 없다. 하지만 원래는 어두워야 할 시간에 갑자기 밝은 빛을 도입하자, 미묘하게 조정된 생명의 계가 혼란에 빠졌다. 밝은 조명 때문에 혼란을 일으켜 맨해튼 초고층 건물에 충돌해 죽는 새―새도 나방과 마찬가지로 밝은 빛에 끌린다―가 일 년에 약 1만 마리나 된다. 북아메리카 전역에서는 매일 밤 환하게 불을 밝힌 건물에 충돌하는 새가 1억 마리 이상이나 된다. 생물학자들은 이제 인공 조명이 바다거북, 개구리, 나무를 비롯해 다양한 생물들의 생활 환경에 위협이 된다고 지적한다.

그래도 우리하고는 상관없겠지 하고 안일하게 생각해서는 안 된다. 여러분이 가장 중요하게 여기는 동물은 바로 이 책을 읽고 있는 자신이다. 다른 생물들과 마찬가지로 우리도 가로등과 고층 건물의 밝은 불빛에 영향을 받는다. 밤중의 전기 조명은 오랜 시간에 걸쳐 우리 몸이 적응한 일주기 생체 리듬을 뒤죽박죽으로 만든다. 밤에 밝은 빛을 충분히 많이 보면 뇌는 그것을 햇빛으로 착각하는데, 뇌로서는 그것을 달리 해석할 방법이 없기 때문이다. 빛의 밝기를 나타내는 척도인 럭스lux가 이 점을 잘 보여준다. 1럭스는 촛불이 3m 떨어진 지점에 비치는 밝기와 대략 같다. 표준적인 100와트 전구의 조명도(빛이 도달하는 면적의 밝기를 나타내는 척도—옮긴이)는 190 럭스인 반면, 사무실 건물의 평균적인 조명도는 300럭스이다. 우리 몸의 생체 시계는 180럭스 이상의 빛이면 어떤 빛에도 재설정된다. 즉, 사무실에서 머무는 시간은 나중에 잠자는 능력에 직접적인 영향을 미치는데, 우리 몸은 햇빛에 반응하는 것과 똑같은 방식으로 밝은 빛에 반응하기 때문이다. 그래서 인공 조명은 우리 몸을 계속 깨어 있게 하고, 세포들의 정리와 재건처럼 잠잘 때 일어나는 야간 보수 유지 작업을 뒤로 미루라는 신호를 내보낸다. 인공 조명에 지나치게 노출되면, 우리 몸은 잠을 조절하는 호르몬인 멜라토닌을 분비하지 않을 수도 있다.

잠을 잘 자지 못하는 것은 태엽이 풀린 생체 시계에서 나타나는 한 가지 증상에 지나지 않는다. 일주기 리듬—이것에 대해서는 나중에 더 자세히 이야기할 것이다—은 우리 몸의 전체 유전자 중 최대 15%를 제어하는 것으로 추정된다. 인공 조명의 부산물 때문에 이 유전자들이 제대로 기능하지 않을 때, 그 효과는 온갖 건강 장애로 나타난다. 많은 연구에서 우울증, 심장혈관계 질환, 당뇨병,

비만, 심지어 암까지도 밤에 빛에 과도하게 노출되는 조건과 관계가 있음이 밝혀졌다. 다년간 야간 근무를 한 간호사들을 대상으로 한 연구 결과가 이 사실을 뒷받침한다. 한 연구에서는 간호사 12만 명을 조사한 결과, 야간 근무조로 일한 간호사들이 유방암에 걸릴 확률이 가장 높은 것으로 나타났다. 또 다른 연구에서는 한 달에 3일 이상 야간 근무를 한 간호사는 잘록창자암(결장암)에 걸릴 확률이 35% 더 높았다. 이러한 발병률 증가가 단순히 병원에서 일을 한 결과로 나타났다고는 설명할 수 없었다.

이스라엘 연구자들이 아주 흥미로운 연구를 했는데, 인공위성을 사용해 147개 지역 사회의 야간 조명 수준을 지도 위에 표시했다. 그런 다음, 이 위성 사진을 유방암 발병 분포 지도 위에 겹쳐보았다. 인구 밀도와 재산 수준, 건강에 영향을 미치는 그 밖의 요소들을 감안해 그 효과를 배제했더니, 밤에 인공 조명에 노출되는 정도와 유방암 발병률 사이에는 유의미한 상관관계가 나타났다. 한밤중에 밖에서 책을 읽을 수 있을 정도로 충분히 밝은 곳에서 사는 여성은 해가 진 후 어두운 곳에서 사는 같은 나이의 여성에 비해 유방암에 걸릴 확률이 73%나 더 높았다. 연구자들은 이러한 암 발병률 증가는 우리 몸에서 에스트로겐 생산에 영향을 미치는 멜라토닌 분비가 낮아진 결과라고 생각한다.

인공 조명이 건강에 미치는 부정적 효과를 보여주는 발견들은 앞으로 더 나올 것이다. 연구자들은 빛이 어떻게 우리를 계절 변화에 둔감하게 만들었는지에 흥미를 느낀다. 수면 연구자인 웨르는 "우리는 스스로를 계절 변화에 둔감하게 만들었다. 우리는 낮의 길이가 항상 여름날과 같은 환경에 노출되면 어떤 일이 일어나는지 알아보는 실험 속에서 살아가고 있다."라고 말했다.

긴 인공 조명 시간과 짧은 수면 시간은 오늘날 지구촌 경제의 대세로 자리잡았으며, 오랫동안 낮잠을 즐겨온 문화들을 에디슨이 환영할 노동 중시 세계에 순응하도록 강요한다. 낮잠은 흔히 에스파냐를 비롯한 라틴 문화권의 관습으로 간주되지만, 한때는 유럽과 아프리카, 아시아 전역에 널리 퍼진 관습이었다. 오늘날에도 중국에서는 국영 기업의 경우, 직원에게 점심 시간을 두 시간씩 주는데, 한 시간은 식사를 위한 것이고, 또 한 시간은 낮잠을 위한 것이다. 중국에서 급성장하는 다국적 기업 경영자들이 계속해서 제기하는 한 가지 불만은 직원들이 점심만 먹고 나면 책상 위에 머리를 댄 채 30여 분 동안 잠을 잔다는 것이다.

하지만 에스파냐에서 시에스타를 없애려고 시도한 것처럼 경제는 결국 중국인에게서 낮잠을 앗아갈 것이다. 2006년에 에스파냐 정부는 통상적으로 세 시간이던 공무원의 점심 시간을 한 시간으로 단축함으로써 낮잠을 자는 전통을 깨려고 시도했다. 그러면서 민간 기업도 그 뒤를 따를 것이라고 기대했다. 그 취지는 에스파냐 사람들이 나머지 유럽 사람들과 같은 시간에 사무실에서 일을 하도록 하기 위한 것이었다. 비록 일부 지역에서는 아직도 시에스타 시간이 되면 문을 닫지만, 예전에 에스파냐 문화의 특징처럼 여겨졌던 시에스타는 이제 관광객의 호기심을 끄는 상술에나 이용될 정도로 위축되었다. 예를 들면, 2010년에 마드리드의 한 쇼핑 센터는 파란색 소파들을 죽 늘어놓고는 전국 시에스타 챔피언 대회를 열었다. 지나가는 사람은 누구라도 파란색 파자마로 갈아입고 거기에 누워 낮잠을 잘 수 있었다. 참가자들은 얼마나 오래 자느냐와 얼마나 코를 크게 고느냐에 따라 점수를 평가받았다. 그 취지는 잠재적 관광객들에게 에스파냐가 살기에 아주 편안한 곳이어서 누구라도 즉시 잠에 빠져들 수 있음을 보여주려는 것이었다. 하지만 금융 위기 와중에 열린 이 대회는 의도한 목표를 달성하지 못했다. 한 영국인 방문객은 지역 신문에서 "우리는 유로화 붕괴 가능성에 대해 이야기하고 있습니다. 우리는 치솟는 부채에 대해 이야기하고 있는데, 나머지 세계가 일하는 동안 이곳 사람들은 아직도 낮잠을 자는 전통을 보존하길 원한단 말입니까?" 하고 거품을 뿜었다.

그것은 일리 있는 지적이지만, 잠의 필요성에 주의를 기울이지 않고 일만 하는 것은 결코 좋지 않다. 그중에서도 현명한 조언을 해주어야 할 병원은 최악의 가해자 중 하나이다. 2000년대 전반에 하버드 의학대학원과 보스턴의 브리검 여성병원 교수들은 근무 1년차인 인턴 2만여 명을 모아 직장 생활에 대한 설문지를 작성하게 했다. 이들 인턴은 모두 다 노동 시간이 무척 길었다. 많은 사람은 30시간 동안 계속 일을 하기도 했다. 일주일에 100시간을 일했다는 사람도 있었다. 이 의사들은 병원에서는 의심의 여지 없이 숙련된 전문가들이었고, 스트레스가 심한 상황에서도 자신의 직무를 제대로 수행했다.

하지만 집으로 가기 위해 병원 밖으로 나서면 이야기가 전혀 달라졌다. 연속으로 24시간 이상 일한 인턴은 더 짧은 시간 동안 일한 인턴보다 교통 사고를 일으킬 위험이 두 배나 높았다. 즉, 근무 시간이 길수록 도로에서 위험한 존재가 될 가능성이 더 높아졌다. 장시간 근무가 한 달에 최소한 5번 이상인 인턴은 더 적은 시간을 일한 동료에 비해 졸음 운전을 할 가능성이 두 배나 높았으며, 빨간색 신호등 앞에서 멈춰섰다가 졸 가능성은 세 배나 높았다.

회사가 24시간 내내 제대로 굴러가길 원하는 경영자는 직원들에게 연장 근무를 일상적으로 하게 하면, 그들 역시 졸다가 사고를 일으키는 의사들과 같은 상황에 빠진다는 사실을 깨달았다. 여기서 마틴 무어-이드Martin Moore-Ede가 등장한다. 하버드 의학대학원 교수를 지낸 무어-이드는 지금은 피로 관리라는, 새로 떠오르는 분야에서 큰 회사를 운영한다. 무어-이드의 회사인 서케이디언Circadian에 잠의 요구와 인공 조명 노출에도 불구하고 노동자의 신체가 높은 수준의 기능을 발휘할 수 있는 작업 환경을 개발해달라고 요청한 곳 중에는 〈포춘〉 선정 500대 기업 중 절반 이상과 슈퍼볼 우승을 차지한 한 미식축구 팀이 포함돼 있다.

나는 매사추세츠 주 케임브리지에 있는 무어-이드의 사무실로 찾아가 대화를 나누었다. 코 위에 안경을 걸치고, 뒤로 물러난 머리 선이 나이를 알려주는 그는 어느 모로 보나 전직 교수처럼 보였는데, 하기야 전직 교수가 맞다. 지난해는 그에게 아주 운이 좋은 해였다. 회사가 크게 성장하여 오스트레일리아, 일본, 영국, 네덜란드, 독일에서도 사무실을 운영하고 있다. 고객 명단에는 엑손-모빌, 셰브런, 아메리칸 항공 등이 포함되었다. 전 세계의 블루칩 회사들이 다국적 노동자들을 훈련시키기 위해 그에게 돈을 지불하는데, 그는 그저 "적은 액수는 아니다."라고만 말한다. 미국과 영국에서 2010년부터 발효된 정부 방침 때문에 더 많은 기업들이 그를 찾아오고 있는데, 이 방침은 특정 분야의 기업들에게 피로 관리 정책을 시행할 것을 요구한다. 오스트레일리아, 캐나다, 유럽 일부 국가에서도 이미 비슷한 방침이 시행되고 있다.

수면 부족에 시달리는 직원 문제를 해결하려면 피로한 직원에게 베개와 누울 곳을 제공하는 것은 분명히 도움이 되지만, 그보다 더 많은 노력이 필요하다. 피로 관리는 호텔을 운영하는 일처럼 직접 해보기 전에는 아주 쉬워 보인다. 우리 몸의 생체 시계가 작용하는 방식과 뇌가 인공 조명에 반응하는 방식 때문에 우리는 낮이나 밤이나 아무 때라도 항상 잘 잘 수 있는 것은 아니다. 가장 큰 이유는 십대의 몸과 달리 어른의 몸은 자정이 지난 뒤에 잠을 자도록 설계돼 있지 않기 때문이다. 스웨덴 연구자들이 한 연구에 따르면, 밤 11시에 자리에 누우면 평상시에 8시간을 자던 실험 참여자들은 새벽 3시까지 기다렸다가 눈을 붙이면 이상적인 수면 조건에서도 6시간밖에 자지 않는 경향을 보인다고 한다. 즉, 잠자는 시점의 선택이 피로보다 더 중요한 요소로 작용한다. 사전에 실험 참여자를 피로하게 만들어도 신체가 생체 시계를 인식하는 데에는 아무런 변화가 없다. 한 연구에서는 실험 참여자들에게 밤을 꼬박 새우게 한 뒤 오전 11시에야 잠을 자게 했다. 그러자 실험 참여자들 중 대부분은 단 4시간만 잤다. 비록 피로하긴 해도 그들의 신체는 그들을 꿈나라에 계속 머물도록 내버려두지 않았다.

무어-이드가 하는 일은 에디슨 시대 이후로 수정된 적이 없는, 작업장에 대한 개념에 도전하는 것으로 귀결될 때가 많다. 이 때문에 때로는 경영자들과 논쟁을 벌이기도 한다. 그들은 생산적으로 사용해야 할 근무 시간에 잠을 재우라는 주장을 도저히 받아들일 수 없기 때문이다.

"철도 산업에 종사하는 경영자들은 내가 엔지니어들에게 계속 일을 하게 하는 대신에 잠깐 눈을 붙이게 해야 한다고 제안하자, 나를 방에서 쫓아내려고까지 했지요."

이렇게 말하는 그의 목소리에는 자부심이 잔뜩 실려 있었다. 하지만 무어-이드는 기업가들에게 이야기할 때에는 그들이 잘 이해하는 숫자 언어를 자주 사용하는데, 그것은 바로 돈이다. 그는 한 운송 회사가 노동자와 장비가 100만 마일을 여행할 때마다 사고 비용으로 3만 2000달러씩 지불한다는 사실을 발견했다. 그 회사의 운송 차량들은 일 년에 수억 마일을 달리기 때문에, 이 비용은 결코 사소한 게 아니었다. 무어-이드는 장시간 근무를 줄이고, 노동자들에게 일하는 도중에 졸 위험이 없음을 입증하기 위해 인식 검사 통과를 요구하는 인력 배치 및 운용 모형을 개발했다. 몇 개월 이내에 사고 비용은 100마일당 8000달러로 크게 줄어들었다. 전체적으로 그 회사의 투자 수익률은 1000%(10배) 이상이나 되었다.

잠의 중요성과 인체의 제약 조건을 감안하여 작업 일정을 짜면 인명도 구할 수 있다. 휴스턴 교외에 위치한 텍사스시티에서 일어난 폭발 사고가 이 사실을 명백하게 보여준다. 이곳 길이 6.4km에 이르는 지역에 세계 최대 규모의 산업 단지가 들어서 있었다. 철제 탑들과 거대한 저장 용기들이 기다란 직사각형을 이루며 물가까지 뻗어 있었다. 2005년 3월 초에 텍사스시티 중심부를 방문한 사람이라면, 영국의 거대 석유 회사인 BP가 소유하고 운영하는 정유 공장을 보았을 것이다. 하루에 46만 배럴의 원유를 정유하는 이 공장은 미국 내에서 세 번째로 큰 정유 공장이었다. 같은 달에 폭발성이 높은 제트 연료를 제조하는 공장 한 구역에서 액체가 역류하기 시작했다. 오작동이 시작된 지 세 시간 후, 한 정유탑에 들어간 액체의 양이 정상치의 20배 이상으로 증가했고, 그러다가 갑자기 폭발했다. 15명이 그 자리에서 죽었고, 170여 명이 부상을 입었다.

현장을 둘러본 조사관들은 사상자가 많이 발생한 원인을 여러 가지 발견했다. 빈약한 조기 경보 시스템과 안전 수칙을 무시하기 일쑤였던 부실한 관리 정책도 일부 원인이었다. 하지만 무어-이드는 작업 일지를 살피다가 다른 원인을 발견했다. 그날, 텍사스시티에서 근무한 남자들과 여자들은 모두 많이 지친 상태였다. 어떤 작업자들은 하루 12시간씩 30일 동안 계속 일을 해왔는데, 수면 부족 때문에 그들의 뇌는 대형 참사가 다가오고 있다는 징후를 제대로 알아채지 못했다.

텍사스시티 폭발 사고는 전 세계의 석유 회사들이 잠에 대한 인식을 확 바꾸는 계기가 되었다. 석유 산업계의 과학 고문으로 일했던 무어-이드는 내게 이렇게 말했다.

"석유 산업계 사람들은 '우리가 선수를 쳐서 이 위기를 돌파해야 해. 그러지 않으면 우리가 결코 원치 않는 정부의 규제를 받게 될 거야'라고 말했지요."

2010년, 전 세계의 거대 석유 회사들은 모든 주요 공장에 피로 관리 시스템을 도입하기로 합의했다. 구체적으로는 의무적인 초과 근무를 줄이고, 직원이 잠들려고 하면 그 기미를 알아채도록 관리자들을 훈련시키고, 직원에게 일자리를 잃을 염려 없이 피로를 실토할 기회를 주는 방안 등이 포함되었다. 무어-이드는 전 세계 다국적 기업들의 인간 관계 부서에서 피로 관리 담당관이 보편적인 직책으로 자리잡을 것이라고 예측한다. 만약 그렇게 된다면, 그것은 에디슨의 발명이 낳은 많은 부산물 중 최신의 것이 될 것이다.

우리 몸이 잠을 자는 방식이 예전으로 되돌아갈 가망은 거의 없다. 옛날 생활 방식을 재현하면 현대의 많은 건강 문제가 해결될 것이라고 주장하는 사람들조차 첫 번째 잠과 두 번째 잠을 되살리려는 시도에 대해서는 분명한 선을 긋는다. 12월 어느 날, 나는 콜로라도 주립대학의 로렌 코데인Loren Cordain 교수와 대화를 나누었다. 코데인은 팔레오 다이어트Paleo Diet(일명 구석기 다이어트)를 만든 사람 중 하나로 알려져 있다. 코데인은 농업이 발달하기 이전 사람들처럼 음식을 섭취하면, 비만이나 당뇨병, 퇴행병 같은 건강 문제를 피할 수 있다고 믿는다. 그의 식단은 고기, 해산물, 달걀이 주를 이루며, 재배가 필요한 감자나 곡물은 포함하지 않는다. 코데인은 현대 생활 방식이 질병과 불편을 낳는다고 생각하지만, 수면 습관을 바꾸어 인공 조명이 없던 세상으로 돌아가는 것에는 반대한다. 그는 내게 이렇게 말했다.

"우리는 더 이상 수렵–채집인이 아닙니다. 우리는 그 세계를 절대로 복제할 수 없어요. 그러길 원치도 않고요. 질병과 곤충과 뱀이 득시글거리는 세계에서 사는 것은 매우 섬뜩한 경험이지요. 우리는 서구 문명의 조건 하에 서구 세계에서 살아가는 사람입니다."

물론 빛이 있건 없건, 서구 세계에서 잠을 자는 방법을 생각해내는 것은 결코 쉬운 일이 아니다. 다음 장에서 여러분은 남자는 아내와 같은 침대에서 잠을 자서는 안 된다고 한 말 때문에 저녁 뉴스에 자신이 나오는 것을 본 교수를 만날 것이다. 그런 발언을 했다는 이유로 무명의 수면과학자가 이름을 날릴 줄 누가 알았겠는가?

3.

침대를 따로 쓰는 게
좋을까?

● 영국 과학 페스티벌은 유럽 과학계에서 아주 큰 행사이다. 전쟁 기간을 제외하고 1831년부터 해마다 열린 이 페스티벌의 역사에는 최초로 '다이너소어dinosaur(공룡)'라는 용어 사용, 최초의 무선 통신 시범, 다윈주의에 대한 초기의 중요한 논의 등 의미 있는 사건이 많이 포함돼 있다. 2009년 9월 하순 일주일 동안 수천 명의 연구자들이 자신의 연구소를 떠나 런던에서 약 50km 떨어진 길드퍼드로 갔다. 그들이 그해의 영국 과학 페스티벌 개최 장소인 이곳에 모인 이유는 최신 연구 결과를 발표하고, 교수진 임용에 대한 정보와 잡담을 나누기 위해서였다. 그것은 타블로이드 신문 편집자들이 뭔가 대단한 일이 일어나리란 기대에서 달력에 동그라미를 칠 정도의 행사—예컨대 오스카상 시상식이나 칸 국제 영화제 같은—는 아니었다. 하지만 닐 스탠리Neil Stanley가 입을 연 순간, 박사들의 소박한 모임은 국제적인 뉴스거리로 변했다.

사랑하는 사람과 침대를 함께 쓰는 것은 섹스에는 좋지만, 그 밖의 점에서는 좋지 않다는 과학적 주장이 그 발단이 되었다. 서리 대학에서 존경받는 수면 연구자였던 스탠리(희끗희끗하게 변하고 많이 빠진 머리카락은 그가 이 분야에서 20년 이상 일해왔음을 말해주었다)는 청중에게 자신은 아내와 같은 침대에서 자지 않는다면서, 여러분도 무엇이 자신의 건강에 좋은지 안다면, 각자 자신의 침대에서 자는 방안을 신중하게 검토해야 할 것이라고 말했다. 그리고 그 증거로 한 동료와 함께 수행한 연구 결과를 내놓았는데, 여기에 따르면 다른 사람과 침대를 함께 쓰는 사람은 혼자 잘 때보다 밤중에 방해를 받을 가능성이 50%나 더 높았다. 그는 "잠은 이기적인 일이며, 어느 누구도 여러분의 잠을 함께 나눌 수 없습니다."라고 말했다.

무엇보다도 공간이 넉넉지 않다고 했다. 스탠리는 반박할 수 없는 비율 계산 논리를 바탕으로 "더블 베드에서 함께 자는 사람들은 싱글 베드에서 자는 아이보다 1인당 공간이 최대 23cm나 부족합니다."라고 말했다. "여기다가 상대방이 발로 차고 때리고 코를 골고 화장실에 가기 위해 일어나는 행동까지 추가해보세요. 우리가 잠을 푹 자지 못하는 것은 전혀 놀라운 일이 아닙니다." 그렇다고 스탠리가 섹스에 반대한 것은 아니다. 그는 그 점을 분명히 했다. 잠을 함께 자지 말라는 이야기는 순전히 문자 그대로 해석해야 한다고 했다. "우리는 상대를 포옹하면서 '이제 그만 잘게.'라고 말하고 침대 반대편으로 돌아눕는 게 무슨 의미인지 잘 압니다. 그렇다면 거기서 바닥을 좀 밟고 지나가 건너편 침대로 가는 게 무슨 문제가 있을까요?"

그리고 나서 스탠리는 이혼에서부터 우울증, 심장병에 이르기까지 불행한 결과들을 도표로 보여주면서 잠을 푹 자지 못한 밤이 야기하는 결과들을 이야기했다. 하지만 그래도 희망이 있다고 했다. 잠은 식사와 운동만큼 중요하기 때문에, 이 휴식 시간을 최대화하면 컨디션이 좋아질 뿐만 아니라, 더 똑똑해지고 건강해질 수 있다. 요컨대, 함께 포옹하고 싶은 사람이 되는 것이다. 스탠리는 "밤새도록 코를 골고 방귀를 뀌고 발길질을 하기보다는, 서로가 원할 때 껴안기 위해 복도를 살금살금 걸어오는 게 더 좋지 않을까요?"라고 물었다.

이것은 매우 실용적인 제안이었지만, 사회적으로 큰 파장을 일으켰다. 신문들은 그에게 논설을 써달라고 간청했다. 심리학자들과 결혼 상담사들은 텔레비전에 나와 각자 다른 침대에서 잠을 자는 것이 부부 관계에 대해 무엇을 의미하는지 이야기했다. 그의 발언이 이토록 폭발적인 반응을 초래했다는 사실로 미루어볼 때, 코골이와 이불, 온도 조절, 조명, 그리고 매일 밤 다른 사람 옆에서 잠을 자는 데 따르는 그 밖의 모든 불편을 놓고 계속되는 야간 전투에 넌더리가 난 사람은 스탠리뿐만이 아닌 게 분명하다. 그는 많은 사람들이 늘 생각하던 것을 과감하게 입 밖으로 꺼냈기 때문에 유명해졌다. 즉, 그는 세상에서 가장 사랑스러운 사람조차 일단 잠자는 시간이 되면 매트리스 위에서 나의 공간을 빼앗는 적으로 변할 수 있다고 말한 것이다.

이것은 낭만적인 것과는 한참 거리가 먼 이야기이다. 보통 사람들은 단점이 무엇이건 그런 것에는 개의치 않고 사랑하는 파트너 옆에서 잠을 자고 싶어하는데, 이것은 수면의 질을 조사한 연구들에서 확인된 사실이다. 스탠리의 동료는 실험을 통해 부부가 여러 밤 동안 잠을 자는 모습을 관찰했다. 실험 중 절반에서는 각 쌍을 분리시켜 각자 다른 방에서 잠을 자게 한 뒤에 공동의 침대로 돌아와 휴식을 취하게 했다. 깨어난 뒤에 수면의 질을 평가하게 했을 때, 실험 참여자들은 파트너 옆에서 잔 밤에 잠을 훨씬 잘 잤다고 응답하는 경향을 보였다. 하지만 그들의 뇌파는 딴 이야기를 했다. 그 데이터는 혼자서 잘 때 밤중에 깰 가능성이 더 낮을 뿐만 아니라, 깊은 수면 단계에 빠지는 시간도 약 30분 더 길다는 것을 보여 주었다.

이것은 마음이 뇌와 몸과 갈등을 빚는 것처럼 보이는 사례이다. 홀로 잘 때 수면의 질이 높아지는 이점에도 불구하고, 실험 참여자들은 일관되게 파트너 옆에서 자길 선택했다. 당연히 왜 그럴까 하는 질문이 나올 수밖에 없다. 뇌파 기록에는 나타나지 않지만, 다른 사람 옆에서 자는 데 본질적으로 만족스러운 요소가 숨어 있는 것일까? 아니면, 단순히 습관에 불과한 것일까?

이 질문에 대한 답은 얼핏 보기보다 복잡한데, 건강한 관계를 규정하는 것이 무엇이냐에 대한 개념이 계속 변한다는 점이 한 가지 이유이다. 여러분은 의아하게 여길지 모르겠지만, 침대는 일부일처제 역사에서 중요한 부분을 차지했다. 산업 시대 이전에는 매트리스와 침대 프레임은 평생 구입하는 물건 중 가장 값비싼 것일 경우가 많았는데, 거기에는 그럴 만한 이유가 충분히 있었다. 침대는 섹스, 탄생, 병, 죽음 등 일생에서 가장 중요한 사건들이 일어나는 장소였다. 매트리스—깃털로 채웠건, 짚으로 채웠건, 톱밥으로 채웠건 간에—는 사람이 세상에 나오는 장소이자, 무덤으로 가기 전에 마지막으로 머무는 장소였다. 가족 중 누가 어디서 자느냐 하는 것은 일상적인 가족 생활의 서열에 따라 결정되었다. 부모가 가장 안락한 장소(집 안에 하나뿐인 매트리스인 경우가 많았다)를 차지했고, 아이들은 찾을 수 있는 푹신한 물건을 이용해 잠자리로 만들었다. 그리고 밤마다 잠자기 전에 벌이는 의식이 있었는데, 모든 가족을 불러모아 쥐나 벌레가 없는지 샅샅이 확인하고 나서 촛불을 훅 불어 껐다. 자기 방이 따로 있는 사람은 거의 없었지만, 실외가 아니라 실내에서 자는 것만도 작은 호사로 여겼다. 특별한 호사를 누릴 수 있는 사람은 귀족에 한정되었다. 귀족은 종종 결혼한 쌍을 위해 별도의 침실을 마련했는데, 처음부터 사랑 때문에 결합한 쌍이 드물었기 때문이다.

그런데 빅토리아 시대에 접어들면서 이런 양상이 변하기 시작했다. 서양에서 근대가 시작된 시기로 간주되는 이 시대는 낡은 관습을 버리고 새로운 생활 방식으로 바꾸는 일이 도처에서 급속하게 일어났다. 영국과 그 밖의 장소들에서 과학은 새로운 권위자로 행세했고, 문화는 진보를 강조했다. 산업화의 혜택에 힘입어 도시들은 팽창했으며, 새로 부상한 중산층은 도시 생활의 더러움에 대응해 청결과 위생을 강조하는 수단을 손에 넣었다.

위생은 무엇보다 중요한 것으로 떠올랐다. 병균이 질병을 퍼뜨린다는 개념은 아직 과학계에 받아들여지지 않았지만, 전기와 전파의 힘을 보여주는 시범은 보이지 않는 세계의 힘을 시사했다. 그 결과,

콜레라에 대한 두려움을 묘사한 프랑스 일간지 〈르 프티 주르날〉, 1912년

영향력 있는 공중 보건 인사들은 독기설毒氣設이라는 이론에 따라 질병이 나쁜 공기 때문에 일어난다고 믿었다. 런던의 위생국장을 지내면서 하수 체계를 깨끗이 청소하는 작업을 지휘한 공로로 기사 작위까지 받은 에드윈 채드윅Edwin Chadwick은 죽을 때까지도 콜레라의 원인이 악취 때문이라고 믿었다. 그는 "모든 냄새는 질병이다."라고 썼다.

이 이론들은 곧 침실로 스며들어갔다. 그 시대를 연구한 랭커스터 대학의 힐러리 하인즈Hilary Hinds 교수는 "가정은 단순히 격랑이

이는 사회 생활의 바다에 내던져진 사람들이 돌아갈 수 있는 안전하고 평온한 안식처이기는커녕 실질적이고 잠재적인 위험이 도사리는 장소로 여겨졌다."라고 지적했다. 예를 들면, 1880년에 영국의 건강 전문가로 자처한 리처드슨Richardson 박사라는 사람은 국제적인 베스트셀러가 되어 큰 영향력을 떨친『좋은 말Good Words』이란 책에서 침실 위생을 청결하게 유지하는 문제에 대해 수천 단어를 할애했다. 그는 독자들에게 다른 사람 옆에서 자는 것은 잠재적인 죽음의 함정이라고 충고했다. 그는 이렇게 썼다.

"한 사람이 내쉬는 숨은 때때로 다른 사람에게 어느 정도 영향을 미치게 마련이다. 숨은 거칠고 불쾌하고 비위에 매우 거슬려, 깨어나는 시간에 감각이 살아 있다면 그것에 잠깐 동안만 노출되더라도 구역질이 날 수 있다. 감각이 무뎌진 채 침대에 누워 자면, 역겨운 냄새를 못 맡을 수도 있지만, 그렇다고 해서 덜 해로운 것은 절대로 아니다."

다시 말해서, 잠은 여러분의 방어 체계가 해제되었을 때 파트너의 고약한 숨이 공격을 사정없이 감행할 수 있는 시기이다. 리처드슨은 "두 사람이 함께 잠을 자는 침대 체계는 언제나 어느 정도 건강에 좋지 않다."라고 믿었다.

나쁜 공기만으로는 부족하다면, 배우자가 자기도 모르게 파트너의 보이지 않는 전하를 훔쳐갈지 모른다는 주장도 있었다. R. B. D 웰스R.B.D. Wells라는 의사도 다른 사람 옆에서 잠을 자는 것이 건강에 미치는 나쁜 효과에 대해 큰 관심을 보였다. 웰스가 전문으로 한 분야는 골상학이었다. 골상학은 머리 크기가 사람의 지능과 성격 특성을 결정한다고 주장했는데, 얼마 지나지 않아 사이비과학으로 취급받았다. 웰스는 부부가 침대를 함께 쓰면서 아무 문제가 없을 수도 있다고 인정했지만, 그런 경우는 드물다고 했다. 그는 "건강한 두 사람이 나이가 거의 같을 경우에는 서로에게 아무 해를 주지 않고 함께 잘 수 있지만, 나이가 많은 사람과 적은 사람이 함께 자는 것은 좋지 않다. 결혼한 부부는 서로 간에 자연적인 친밀감이 있고, 한 성이 양이고 다른 성이 음의 성질을 지녔을 경우 서로 주고받는 자기磁氣에서 혜택을 얻을 수도 있다. 하지만 불행하게도 부부가 그렇게 공존할 수 있는 경우는 일반적이지 않다."라고 썼다. 부부 사이에 자기적 성질이 다르면 의도치 않게 밤 동안 한 사람의 '생명력'이 빠져나가 소리 없이 건강을 위협한다. 건강이 나빠진 당사자는 "성마르고 짜증을 잘 내고 틈만 나면 흠을 잡으려 하고 의기소침한" 상태로 변한다. 평생을 매일 밤 전기적 힘이 이렇게 충돌하다 보면, 돌이킬 수 없는 결과가 나타난다. 두 사람이 "어떤 사람들이건 습관적으로 함께 자서는 안 된다. 한쪽은 건강이 좋아지는 반면, 다른 쪽은 건강이 나빠질 것이다."

하지만 이 문제를 해결할 방법이 있었다. 리처드슨 박사는 그것을 '1인용 침대 체계'라고 불렀는데, 오늘날 우리가 트윈 베드라 부르는 것에 해당한다. 1인용으로 제작된 이 가느다란 매트리스는 그

전하나 숨이 자신의 건강에 해로울지 모르는 배우자로부터 안전한 거리만큼 떨어져서 잠을 잘 수 있게 해주었다. 그러면 각자 더 깨끗하고 덜 오염된 환경에서 지낼 수 있어 얼마 전에 다윈이 분명하게 보여준 일상적인 생존 경쟁에서 이득을 얻을 수 있다. 다른 전문가들도 리처드슨의 대의에 기꺼이 동참했다. 한 사람은 "더블 베드 같은 것은 사용하지 말아야 한다."라고 충고했다. 일반 대중은 이 솔깃한 주장에 넘어갔다. 중산층 고객들은 새로운 침대와 철제 프레임(나무는 그 위생 상태가 의심스러운 건축 재료로 여겼다)을 서로 사려고 몰려갔다.

리처드슨의 해결책은 아주 큰 인기를 끌어, 독기설이 근거 없는 것으로 폐기된 후에도 트윈 베드 열풍은 식지 않았다. 몸의 나쁜 공기가 질병의 원인이 아니라면 트윈 베드는 더 필요가 없겠지만, 트윈 베드를 지지하는 요소는 그것 말고도 또 있었다. 한 예를 들면, 트윈 베드는 구매자에게 근대적 감성과 취향을 고취시켰다. 백화점들은 중산층 구매자를 겨냥해 근사한 침실 한가운데에 트윈 베드가 반듯하게 놓인 광고를 내걸었다. 위생 열풍이 끝나자, 가구점들은 "금속의 위생적 이점을 목제 침대 프레임의 예술적 가능성과 결합한" 새로운 매트리스와 프레임을 자랑스럽게 내세웠다.

하지만 침대에 관한 논의는 단지 가구로서의 기능에만 국한되지 않았다. 섹스도 늘 중요한 고려 요소였다. 단지 기능에만 국한하지 않고 그 이상까지 고려한 가구들로 집 안을 장식할 만큼 충분히 여유 있는 사람들에게는 섹스에 대한 관점이 자신의 신분을 나타내는 데 중요한 부분을 차지했다.

"부상하던 중산층의 한 가지 특징은 독특한 성 도덕을 강조하는 것이었죠."

에버그린 주립대학에서 가족사를 가르치던 스테파니 쿤츠 Stephanie Coontz 교수는 내게 이렇게 말했다.

"그들은 '비도덕적인' 가난한 사람들과 '방탕한' 귀족과는 대조적으로 자신들의 계급 정체성을 도덕적 청렴에 기반을 두었어요. 성적 절제를 강조하는 태도, 심지어 완전히 내숭 떠는 태도는 노동자 계급이나 아주 부유한 사람들의 그것보다 훨씬 심했어요."

하기야 이들은 닭의 부위를 가리킬 때 '가슴살breast'이나 '다리leg'라는 단어 대신에 흰 살코기light meat나 어두운 살코기dark meat라는 단어를 사용하기 시작한 바로 그 집단이라고 쿤츠는 말했다.

트윈 베드에서 자는 것은 남편과 아내가 결국은 기본적인 생물학적 욕구에 굴복한다는 사실을 가리기 위한 한 가지 방편이었다.

"설사 자기 자녀에게라도 부모가 함께 섹스를 할지도 모른다고 사실상 광고하는 것은 약간 부끄럽다는 주장은 일리가 있어요. 나는 우리 할머니의 구술을 채록하면서 그걸 느꼈던 게 기억나요."

그러한 내숭 떨기와 결벽증적 행동은 1940년대와 1950년대까지 계속 이어졌다. 〈왈가닥 루시I Love Lucy〉라는 텔레비전 시트콤에서 남편과 아내로 나오는 루실 볼Lucille Ball과 데시 아너즈Desi Arnaz

가 실제로 그 무렵에 결혼한 사이인데도 불구하고, 시청자들은 매주 두 사람이 각자의 트윈 베드에 앉아 이야기를 나누는 모습을 지켜보았다. 그 당시에 결혼한 부부가 더블 베드를 함께 사용하는 모습을 보여준 프로그램은 〈고인돌 가족The Flintstones〉이 유일했다. 거기에는 요란하게 짖어대는 애완 공룡도 함께 등장했다.

영화도 별로 다르지 않았다. 1934년, 모든 주요 영화사들은 자발적으로 헤이스 코드Hays Code라는 규정을 따르기로 동의했다. 이 규정은 체신부 장관을 지낸 뒤 미국 영화 제작자 및 배급업자를 대표하는 회장 역할을 떠맡은 장로교 장로 윌 H. 헤이스Will H. Hays의 이름을 딴 것이다. 헤이스는 영화가 도덕적으로 적절한 영향을 주길 원했다. 할리우드의 자체 검열에 따라 영화 감독은 자신의 영화가 미국 전역의 극장들에 배급되길 원한다면, 헤이스 코드를 따라야 했다. 부부가 한 침대에 함께 있는 게 필요한 장면이 있으면, 수평 위치라는 위험을 피하기 위해 적어도 한 명은 항상 발을 바닥에 대고 있어야 했다.

헤이스 코드는 1960년대 후반에야 공식적으로 폐기되었지만, 결혼한 부부의 섹스에 대한 태도는 그보다 훨씬 이전에 변했다. 20세기로 넘어올 무렵에 현대적

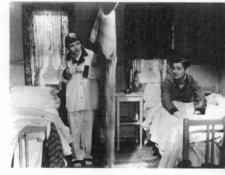

헤이스 코드가 최초로 적용된 할리우드 영화
〈어느 날 밤에 생긴 일〉, 1934년

으로 보였던 것도 20세기 중엽이 되자 시대에 뒤진 것으로 취급받았는데, 베이비 붐 세대가 트윈 베드를 부모 세대의 케케묵은 관행으로 간주한 것이 한 가지 이유였다. 섹스는 단지 결혼 생활의 명백한 일부일 뿐만 아니라 건강한 결혼을 유지하는 데 중요한 일부로 간주되었다. 프로이트에게 영향을 받은 결혼 상담사들은 '불감증' 아내를 걱정하기 시작했고, 잡지들과 자조自助 지침서들은 여성에게 남편의 성적 욕구에 순응하라고 촉구했다. 따로 자는 것은 결혼 생활에 문제가 있다는 징후이거나 결국에는 그런 문제로 이어질 징후라고 보았다. 만약 부부가 모든 순간을 함께 즐기지 않는다면, 뭔가 잘못된 게 분명했다. 시계추는 침대를 함께 쓰는 시대로 되돌아갔고, 그것은 많은 사람에게서 숙면을 앗아갔다. 쿤츠는 내게 이렇게 말했다.

"내가 구술을 채록한 여성들 중에는 남편이 코를 골거나 몸부림을 쳐 정말로 침대를 따로 쓰길 원했지만, 남편이 '오해할까' 봐 두려워 혹은 적응하지 못하는 자신에게 문제가 있다고 생각해 그러지 못했다는 사람들도 있었어요."

하지만 사람들의 태도는 또다시 변하고 있다. 침대를 함께 써야만 관계가 건강하다는 개념은 한때 의심의 여지가 없는 것으로 여겨졌지만, 트윈 베드 도그마와 마찬가지로 그 기반이 흔들리고 있다. 바쁜 직장 생활, 거리낌없는 의사 소통, 늦게 결혼해 자신의 수면 환경을 통제하는 힘을 포기하지 않으려는 사람 증가 등의 이유로, 행복한 관계를 유지하는 부부들 중에도 각자 다른 침대에서 밤을 보내길 선택하는 사람들이 많다. 한 젊은 의사는 이렇게 말했다.

"솔직하게 말해서, 나는 다른 사람 옆에서 자면서 밤을 보내는 것에 아무런 매력도 느끼지 못해요. 내가 누군가를 좋아하고 그들과 함께 인생을 보내길 원한다고 해서 반드시 같은 침대에서 함께 지내야 하는 것은 아니죠. 나는 양자 사이에 어떤 연결 관계가 있다고 생각하지 않습니다."

미국주택건설업자협회의 설문 조사에 응한 건축가들과 건설 회사들은 2016년까지 미국에서 새로 지어질 주문 제작 주택 중 절반 이상은 부부용 침실이 2개로 따로 분리될 것이라고 예상했다. 하지만 아직 사람들의 머리에 남아 있는 문화적 가정 때문에 일부 부부는 이 사실을 숨기고 싶어한다. 한 인테리어 디자이너는 결혼한 부부를 위해 분리된 침실을 설계하는 일에 대해 이렇게 말했다.

"그 사실은 건설업자도 알고, 건축가도 알고, 캐비닛 제작자도 알지만, 그들은 그 이야기를 동네방네 떠들고 다니고 싶어하지 않습니다. 그랬다간 당장 다른 사람들이 두 사람 사이에 뭔가 문제가 있나 생각할 것이기 때문이지요."

흥미롭게도, 분리된 침실로 되돌아가려는 움직임은 연구자들이 여성이 느끼는 수면의 질과 결혼 생활의 행복 사이에서 새로운 연관 관계를 발견할 무렵에 나왔다. 웬디 트록셀Wendy Troxel은 피츠버그 대학의 정신의학과 교수이다. 경력 초기부터 트록셀은 결혼 생활의 질이 높다고 말하는 사람일수록 전반적인 건강이 좋다는 사실에 주목했다. 그녀는 스펙트럼의 정 반대편에서 불행한 결혼 생활을 하는 사람의 경우, 심장혈관계 질환과 그 밖의 부정적 결과가 정확하게 어떤 요소 때문에 더 많이 나타나는지 의문을 품기 시작했다. 다양한 연구 결과들은 스트레스, 흡연, 가계 소득, 육체 활동과 관련된 가설들을 제시했다. 하지만 트록셀은 결혼 관계에 있는 두 사람 사이의 일상 생활에서 가장 명백한 한 가지 측면을 연구자들이 간과했다고 생각했다. 트록셀은 내게 "우리는 잠이 건강에 아주 중요하다는 사실을 아는데도 불구하고, 연구자들은 대체로 그것을 등한시했어요."라고 말했다. 부부 중 60% 이상이 함께 잠을 자지만, 결혼 생활의 행복에 대해 연구한 사람들은 대부분 그것이 하나의 요인이 될 수 있다는 사실을 간과했다.

트록셀은 실험 참여자들에게 매일 밤 손목시계형 수면 감시 장치를 차고 잠을 자게 하면서 10일 동안 배우자와 주고받은 상호 작용을 평가하게 했다. 배우자와 나눈 대화를 묘사할 때마다 실험 참여자는 긍정적 평가 네 가지(예컨대 격려를 받는 느낌)와 부정적 평가 네 가지(예컨대 무시당한 느낌) 가운데 하나를 선택할 수 있었다. 결혼 관계에 있는 쌍에게는 자신의 반응을 각자 별도로 제출하게 했는데, 배우자를 의식해 사실과 다른 평가를 하지 않도록 하기 위해서였다.

그 결과가 알려주는 사실은 명백했다. 가장 부정적인 점수는 여성이 잠을 제대로 자지 못했을 때 나왔다. 그뿐만이 아니었다. 행복한 상호 작용을 예측하는 데에는 직장에서 보낸 힘든 하루나 그 밖의 어떤 스트레스보다도 아내가 느끼는 수면의 질이 훨씬 중요한 요소였다. 트록셀은 이렇게 말했다.

"한 가지 이유는, 일반적으로 여성은 관계의 감정적 분위기를 남성보다 훨씬 강하게 표출하기 때문이에요. 만약 잠을 제대로 자지 못한다면, 여성은 관계에서 더 많은 것을 드러내고, 대화를 더 많이 하려는 경향이 있어요. 남편은 아내가 자신보다 잠을 잘 자지 못했다는 신호를 포착하기가 훨씬 쉬워요."

남성은 혼자 잘 때보다 배우자와 함께 잘 때 잠을 훨씬 잘 자는 경향이 있는데, 이것은 배우자의 코 고는 소리를 듣는 불편이 없이 사랑하는 사람 옆에서 잔다는 사실이 주는 정서적 이득 때문일 것이다. 자연의 짓궂은 장난이라고 해야 할까, 여성은 코를 골 확률이 남성보다 훨씬 낮을 뿐만 아니라, 잠도 훨씬 곱게 잔다. 그 결과는 밤의 소극笑劇으로 나타나는데, 남편보다 아내가 불면증으로 고통받는 경우가 훨씬 많은 이유는 이 때문이다.

갈수록 잠이 건강에 중요한 요소로 인식되고 있는데, 이것은 결혼 생활을 더 건강하게—그리고 더 행복하게—만드는 부수 효과를 낳을지도 모른다.

"잠의 가치 중 하나는 아주 효과적인 관문 치료gateway treatment라는 데 있어요. 나는 관계를 전문으로 하는 임상 정신과 의사예요.

나는 일반 정신 병원은 절대로 찾아가지 않을 환자들을 만날 때가 많습니다. 정신과 의사의 방에 들어가 소파에 앉는다는 생각은 그들의 세계관에 어긋나는 것이거든요. 하지만 그들은 잠에 대한 고민이 너무 크기 때문에 누구라도 찾아가 만나려고 해요. 그리고 일단 잠에 대해 그렇게 접근하기 시작하면, 그렇지 않았더라면 절대로 이야기하지 않았을 다른 문제들도 이야기할 수 있어요."

예를 들면, 전선에서 돌아온 병사가 그렇게 하는 게 자신의 안정을 위해 필요하다고 믿는다면, 외상 후 스트레스 장애의 징후에 대해 기꺼이 이야기하려고 할 수 있다. 잠은 우울증이나 불안 장애 같은 정신 건강 문제에 부당하게 따라다니는 오명이 들러붙을 염려가 없기 때문에, 일부 환자는 수면 문제에 대해 상의하는 것을 덜 두렵고 훨씬 실제적인 방법이라고 생각한다. 부부는 단지 잠을 잘 자기 위해 잠시 떨어지는 것일 뿐, 결코 마음이 변해서 그런 게 아니란 사실을 인식하기만 한다면, 종종 습관을 바꾸어 각자 다른 침대에서 잠을 잘 수 있다.

수면 연구에서 실험 참여자들이 각자 따로 잘 때 훨씬 잠을 잘 잔다는 결과가 일관되게 나타난다는 사실에도 불구하고, 왜 많은 쌍은 숙면을 누릴 수 있는 인생을 포기하고 함께 잠을 자려고 하는 것일까? 이 질문에 대한 답을 얻으려고 나는 미네소타 대학의 가족 사회과학과 교수로 일하는 폴 로젠블랫Paul Rosenblatt의 연구를 추적했다. 그는 미국에서 부부들의 수면 패턴을 연구한 극소수 사회학자 중 한 명인데, 자신이 외상적 경험이라 부르는 일을 경험하고 나서 이 주제에 관심을 갖게 되었다. 수 년 전에 그는 농촌 지역 농부들의 삶을 기록하는 연구 프로젝트를 수행한 적이 있다. 한 가족이 그에게 주말에 자기 집에 놀러 오라고 초청하면서 열두 살인 아들도 함께 데려오는 게 어떻겠느냐고 말했다. 로젠블랫은 기꺼이 그러기로 했는데, 부자 간의 유대를 강화할 수 있는 좋은 기회가 될 것이라고 생각했다. 하지만 농가에 도착한 그는 잠자리가 더블 침대 하나밖에 없어서 아들과 한 침대를 사용해야 한다는 사실을 알았다. 아들이 다른 사람과 같은 침대에서 잠을 잔 것은 그것이 처음이었다. 로젠블랫은 내게 이렇게 말했다.

"그것은 지옥 같았어요. 아들 녀석은 나를 배려해 누워야 한다는 개념이 전혀 없었어요. 침대에서 기다란 쪽으로 몸을 뻗은 채 자야 한다는 개념도 없었지요. 한밤중이 되었을 때, 나는 마치 내 목숨이 거기에 달린 양 침대 가장자리에 매달려 자야 했어요."

그런 시련을 겪고 나서 호기심이 생긴 그는 자신에게는 너무나도 명백해 보이는 주제인 침대 공유에 대한 연구를 조사해보았다. 하지만 인간의 잠이나 부부, 결혼을 조사한 3만 편 이상의 연구 중에서 침대 공유라는 주제를 다룬 것은 겨우 9편밖에 없었다. 그 연구들조차 로젠블랫이 관계를 탐사하고 지속시키는 데 중요한 구성 요소로 간주한 것을 간과했다. 그는 내게 이렇게 말했다.

"침대를 공유하면 많은 것을 배우게 됩니다. 순결을 잃고 섹스를 처음 하는 충격도 물론 대단하지요. 하지만 처음으로 침대를 함께 쓰는 것도 아주 대단한 일입니다. 부부는 서로에게 아주 낭만적이거나 성적인 관심을 가질 수 있지만, 만약 두 사람 다 이전에 침대를 공유한 경험이 없다면, 함께 지내는 것에 대해 배워야 할 게 많을 것입니다. 침대 위에서 몸을 어떻게 뻗어야 할지, 날카로운 발톱을 어떻게 해야 할지, 상대방이 담요를 빼앗아간다면 어떻게 해야 할지 등등을 말입니다."

그는 왜 부부가 침대를 함께 쓰길 원하며, 그 경험이 그들의 관계에 어떤 영향을 미치는지 알아보기로 했다. 그래서 미니애폴리스와 그 근교에 사는 커플들을 모집했는데, 사랑의 전체 스펙트럼에서 각각의 영역을 대표하는 사람들을 모두 포함시키려고 신경을 썼다. 나이가 많은 부부도 있었고, 젊은 동거 커플도 있었으며, 장기적 관계를 유지하는 동성 커플도 있었다. 로젠블랫은 우선 각 쌍을 면담하느라 몇 시간을 보냈다. 그러면서 각자 자기 침대에서 자는 게 훨씬 편한데도, 왜 군이 같은 침대에서 행복하게 공존하는 방법을 배우는 데 많은 에너지를 쓰려고 하느냐고 물었다.

대답은 한결같았다. 모든 커플이 같은 침대에서 잠을 자는 것은 둘이서만 함께 시간을 보낼 수 있는 유일한 기회일 때가 많다고 대답했다. 만약 인생이 부모나 직원, 친구 역할을 하는 것들로 이루어졌다면, 공유한 침대는 일상의 모든 책임과 판단에서 멀어질 수 있는 일종의 무대 뒤편 기능을 했다. 사랑하는 사람과 침대에 함께 눕는 것은 내일과 모레에 맞닥뜨릴 일을 더 수월하게 하는 기능을 했다.

그렇다고 해서 혼자 자던 습관에서 침대를 공유하는 생활로 전환하는 게 결코 쉽다는 뜻은 아니다. 면담 중에 로젠블랫은 20대 남성에게 시간이 지나면서 어찌어찌하여 침대 위에서 팔꿈치를 덜 휘두르는 법을 터득한 것처럼 들린다고 지나가는 말처럼 물었다. 그러자 그 남성은 이렇게 대답했다.

"'어찌어찌하여'가 아니에요. '어찌어찌하여' 같은 일은 없어요. 그녀가 내게 말하죠. '다친단 말이야!'라든가 '제발 그 짓 좀 하지 마!'라든가 '팔꿈치 좀 함부로 휘두르지 마!'라고요."

많은 커플은 처음에 침대를 함께 사용한 이유는 그저 많은 사람들이 그렇게 한다고 생각했기 때문이라고 말했다. 하지만 시간이 지나자 그들은 자신들의 기대에 구속을 덜 느끼게 되었고, 거기에 적응해 변신하는 자유를 누렸다. 예를 들면, 한 커플은 자신들의 관계에서 가장 자유로웠던 순간은 매일 밤 꼭 붙어 자야 할 필요가 없다는 사실을 깨달았을 때라고 말했다. 그러자 그들은 아침에 어깨가 저리는 일 없이 일어날 수 있었고, 침대에서 서로 반대편으로 옮겨가 잠을 자는 것은 단지 신체적 편안을 위한 것일 뿐 그 이상의 다른 의미가 없다고 확신하게 되었다.

어떤 사람들은 여러 가지 단점에도 불구하고, 다른 사람과 같은 침대에서 자면 더 안전한 느낌이 든다는 사실을 강조했다. 이 점은 여성들이 특히 강조했다. 일부 여성은 배우자가 멀리 여행을 하여 혼자 지낼 때면 혼자 자는 게 싫어 자매의 집으로 가서 함께 잔다고 말했다. 나이 많은 커플에게는 안전도 중요한 문제였다. 한 남성은 로젠블랫에게 한밤중에 당뇨병 때문에 쇼크가 일어난 적이 있다고 말했다. 그러자 아내가 일어나 그 징후를 알아채고는 앰뷸런스를 불렀다고 한다.

"그런 남성은 다시는 혼자서 잠을 자려고 하지 않아요. 아내가 침실 온도를 아무리 높인다 하더라도, 혹은 밤새도록 불을 켜놓은 채 잔다 하더라도 말이에요."

이런 커플들의 경우, 같은 침대에 자면서 치러야 하는 대가 따위는 함께 붙어 지냄으로써 얻는 정서적 이득에 비하면 아무것도 아니다.

하지만 아직도 나를 괴롭히는 질문이 하나 있었다. 영국의 수면 과학자인 스탠리는 침대를 함께 쓰는 것이 좋은 이유는 딱 한 가지뿐이라고 주장했다. 나는 로젠블랫에게 파트너와 같은 침대에서 자는 것이 섹스 말고는 좋을 게 하나도 없다는 주장에 대해 어떻게 생각하느냐고 물어보았다. 그러자 그는 껄껄 웃었다. 만약 실제로 조사해보면, 혼자서 자는 남성이 파트너와 함께 자는 남성보다 실제로 섹스를 덜 한다는 사실을 발견할 것이라고 말했다. 한 사람이 복도를 건너 다른 방으로 옮겨간 뒤에 일어나는 섹스 생활의 변화는 아주 큰 것이어서, 그의 연구에 참여한 남성들 사이에서는 그것에 대한 이야기가 그치지 않았다.

"일부 남성은 실제로 침대를 함께 쓰지 않은 뒤부터 성적 접근 기회가 줄어들었다고 불평했어요. 하지만 여성 중에서는 그런 말을 한 사람이 아무도 없었죠."

침대를 함께 쓰는 것에 대한 수수께끼가 드디어 풀렸다.

4

아기와 부모가
모두 편하게 잠을 자려면

애비게일Abigail의 침실은 두 살짜리 여자 아이의 취향에 딱 들어맞는데, 운 좋게도 애비게일은 두 살짜리 여자 아이다. 디즈니 만화영화에 나오는 공주들이 라일락 꽃이 활짝 핀 벽에서 미소를 지으며 쳐다본다. 구석에는 작은 흰색 책장이 자리잡고 있고, 그 위에는 튤립 모양의 램프가 놓여 있다. 만약 애비게일에게 좋아하는 신발이 있느냐고 묻는다면(애비게일은 여러분이 그렇게 물어주길 바랄 것이다), 애비게일은 자신의 옷장을 열고는 장난감과 인형이 담긴 바구니를 밀어내고 나서 자기가 가진 신발을 모두 꺼내올 것이다.

방 한가운데에는 하얀 침대 프레임이 있고, 그 위에는 작은 매트리스가 있다. 그리고 매트리스 위에는 데이지 무늬 이불이 덮여 있다. 아마도 이 침대는 이 작은 침실에 있는 물건 중 유일하게 애비게일이 별로 신경 쓰지 않는 물건일 것이다. 하기야 신경 써야 할 이유가 없다. 애비게일은 부모가 몇 달 전에 마련해준 이 침대는 물론이고 어떤 침대에서도 혼자 잔 적이 없다. 애비게일이 잠을 자는 과정은 이렇다. 먼저 파자마로 갈아입고 양치질을 하고 나면, 부모 침실의 킹 사이즈 침대 한가운데에 누워 부모 중 한 명이 불러주는 자장가에 귀를 기울인다. 부모는 애비게일이 잠들고 나서 20분 내지 2시간 뒤에 잠이 든다. 이것은 애비게일이 태어난 뒤부터 가족이 매일 밤 죽 지켜온 기본 시나리오이다.

애비게일의 부모는 둘 다 대도시에서 살아가는 화이트칼라 전문가인데, 처음에는 딸이 이런 식으로 자길 원치 않았다. 딸이 태어나기도 전에 그들은 벚나무로 만든 유아용 침대를 사서 장차 딸의 방이 될 곳에서 조립하느라 오후 한나절을 다 보냈다. 그 다음에는 바구니처럼 생긴 흰색 아기 침대를 사서 자기네 방에 놓았는데, 처음 몇 달 동안은 임시로 거기서 재울 작정이었다. 그러면 밤중에 젖을 먹이기도 쉽고, 아기가 눈에 보이지 않아 불안할 일도 없었다. 갓 태어난 아기를 집으로 데려오는 순간은 금방 다가왔다. 첫날 밤에는 계획대로 애비게일을 바구니 침대에 뉘었지만, 침대에 누워 천장을 바라보면서 자려고 하는 순간, 기묘한 일이 일어났다. 그리 크지 않은 침실에서 한쪽 구석에 누워 있는 애비게일이 갑자기 너무 멀리 떨어져 있는 것 같았다. 엄마는 바구니 침대가 충분히 튼튼하지 않으면 어쩌나 불안해지기 시작했다. 애비게일이 깨어나 울기 시작하자, 두 사람 다 침대에서 벌떡 일어났다. 엄마가 애비게일을 안는 동안, 아빠는 바구니 침대를 자신들의 침대 바로 옆에, 엄마가 눕는 자리 바로 옆에 갖다 붙였다. 그럼으로써 불을 껐을 때 엄청나게 멀어 보였던 3m의 간격을 크게 좁혔다. 결국 애비게일이 사실상 그들과 같은 침대를 쓰는 것과 같은 상태에서 그들은 잠이 들었다.

처음에 두 사람은 그 감정을 첫날 밤의 불안 탓으로 여겼다. 하지만 다음 날 밤에도 그들은 딸이 방 한쪽 구석에서 깊이 잠들어 있을 때 뭔가 잘못된 듯한 느낌이 들었다. 아빠는 다시 애비게일의 바구니 침대를 자기네 침대 옆에 갖다 붙였다. 3일 연속 그러고 난 뒤, 부모는 세 면만 막힌 작은 아기 침대를 샀다. 네 번째 면은 작은 난간이 붙어 있고 탁 트여 있었다. 애비게일의 새 공간은 부모 침대 옆에 영구적으로 고정되었고, 이제 세 사람은 사실상 한 가족 침대에서 함께 잠을 잤다. 애비게일은 그렇게 부모 침대 옆에 붙인 아기 침대에 머물렀다. 그러다가 몸이 자라 더 이상 아기 침대에서 자기가 힘들어지자, 부모 침대를 함께 쓰기 시작하면서 엄마와 아빠 사이에서 잠을 잤다.

부모는 의사가 지시한 규칙을 어겼다는 사실을 잘 알고 있었다. 의사는 아기와 함께 자는 것에 강하게 반대했다. 그뿐만 아니라, 양가 부모에게서도 잔소리를 들었다. 애비게일의 할아버지와 할머니, 외할아버지와 외할머니는 이구동성으로 아기와 침대를 같이 쓰는 사람은 태만하다고 말했다. 하지만 애비게일의 부모는 침대에서 아기와 함께 보내며 유대를 강화하는 시간이 몹시 좋았다. 그들은 언젠가 사용할 날이 올 거라 생각하고서 미리 어린이용 침대도 사두었다. 그동안은 양가 부모에게 애비게일이 매일 밤 자기 방에서 자는 것처럼 믿게 했다.

애비게일은 수면 패턴이 불과 한 세대 전의 지배적인 패턴과 완전히 달라진 수많은 아이들 중 한 명이다. 1993년에 발표된 한 조사에 따르면, 아이와 침대를 같이 쓴다고 대답한 부모는 15쌍 중 한 쌍에 불과했다. 2007년에는 그 비율이 세 쌍 중 한 쌍으로 증가했다. 아기와 부모가 같은 데에서 함께 자는 사람들(영어로 co-sleeper라고 하는데, 사람에 따라 같은 침대에서 자는 걸 뜻하기도 하고, 같은 방에서 잠자는 걸 뜻하기도 해 좀 모호한 용어이다)의 실제 수는 이보다 훨씬 많을지 모른다. 애비게일의 부모처럼 같은 침대에서 아기와 함께 자는 부모들은 그 사실을 쉽사리 이야기하려 하지 않는다. 가족에게 비웃음을 받거나 친구에게 잔소리를 듣거나 의사에게 비판을 받을까 봐 두렵기 때문이다.

아기와 부모가 함께 자는 추세가 점점 강해지는 것에 대해 많은 공중 보건 담당자들은 우려를 표시하는데, 어른의 몸은 같은 침대에서 자는 아기에게 큰 위험이 될 수 있기 때문이다. 특히 어른이 술에 취했을 때에는 문제가 더 심각하다. 공중 보건 담당자들은 실리콘밸리 지역을 대부분 포함하는 캘리포니아 주의 부유한 카운티인 샌타클라라에서 실시한 조사를 지적한다. 이곳에서는 5년 동안 27명의 아기가 함께 자던 어른 때문에 목숨을 잃었다. 이 사고들 중 절반 이상은 뒤척이는 어른의 몸에 아기가 깔려 일어났다. 나머지는 질식사였다. 미국소아과학술원은 1990년대 초에 아기가 침구류나 어른의 옷에 뒤엉킬 위험을 지적하면서 아기를 부모와 같은 침대에서 재우는 행동에 대해 경고했다.

이 모든 공식 경고에도 불구하고, 아기가 자는 장소에 극적인 변화가 일어난 사실은 무엇으로 설명할 수 있을까? 그것은 부모들에게 새로 생겨난 태도, 즉 아기와 수면 사이에 종종 일어나는 불행한 관계를 개선할 수 있다면 무슨 일이라도 하려는 태도에 불과할지도 모른다. 부모에게는 아기를 곱게 잠재우는 것이 해결해야 할 첫 번째 문제이지만, 그것은 아주 어려운 일이기도 하다. 한 연구에 따르면, 다른 건강 문제나 행동보다도 이 문제 때문에 의사의 조언을 구하는 부모가 더 많다고 한다.

이런 혼란이 일어나는 이유 중 일부는 바로 생물학 때문이다. 아기는 처음에는 낮과 밤을 구별하지 않는다. 언제가 일어나서 정신을 차릴 시간이고, 언제가 잠자야 할 시간인지 알려주는 생체 시계는 서서히 나타나는데, 그래서 새벽 2시에 일어나 우유를 먹거나 놀길 원하는 아기는 왜 이것이 정상에서 벗어나는 일인지 전혀 개념이 없으며, 어느 날 저녁 7시에 피곤을 못 이겨 잠든 아기가 다음 날에도 반드시 똑같이 그런다는 보장은 없다. 세상에 태어난 뒤 처음 몇 주일 동안 아기는 대개 하루에 16~17시간을 자지만, 한 번에 계속 자는 시간은 길어야 4~5시간이다. 태어난 지 몇 달 지난 아기와 달리 갓 태어난 아기는 주변 환경에 무신경하다. 아기의 뇌에 잠이 필요할 때에는 배고픔이나 큰 소음이나 빛도 아기가 잠드는 것을 막지 못한다. 그것은 자주 그리고 강렬하게 찾아오는 충동이다. 아기는 잠자는 시간 중 약 절반을 깊은 렘 수면 상태로 잔다. 앞에서 말했듯이, 렘 수면 상태에서는 깨어 있을 때와 마찬가지로 뇌의 활동이 활발하게 일어난다.

이런 종류의 수면 패턴—24시간 리듬을 벗어나 수면과 각성 사이에서 널뛰기하는 것—을 다상 수면polyphasic sleep이라 부른다. 반면에 하루에 한 번만 잠자는 것을 단상 수면monophasic sleep이라 부른

카를 파블로비치 브률로프,
〈아기 울음소리에 깬 어머니〉, 1831년

다. 다상 수면을 하는 아기가 단상 수면을 하는 부모에게 태어나는 것은 좋을 게 하나도 없다. 어느 날에는 야간 수유를 새벽 1시에 했다가 다음 날에는 새벽 3시에 하기도 하며, 거기에는 어떤 패턴이나 일정도 없다. 그저 변덕스러운 아기 울음소리에 맞춰야 한다. 부모는 아기가 생후 4개월쯤 될 때까지 지연된 생체 시계의 결과에 잘 대처해야 한다. 그 무렵부터 대부분의 아기는 밤에 8~9시간 동안 계속 자기 시작한다.

하지만 아기가 아장아장 걷는 시기에 이르러도, 부모는 어려움에서 완전히 벗어나지 못한다. 매일 밤 아기가 잠을 자는 전체 시간은 나이를 먹을수록 줄어들지만, 잠에 대한 저항이 커진다. 잠잘 시간이 다가올 때마다 자지 않으려고 떼를 쓰는 것이 새로운 일상이 된다. 부모는 물을 한 잔 더 달라든가, 이야기를 하나 더 들려달라든가, 노래를 하나 더 불러달라는 식의 요구에 시달리게 된다. 잠―밤 동안 길게 자건 낮잠의 형태로 짧게 자건―이 어린 아이를 확실하게 행복하게 만드는 요소 중 하나라는 사실에도 불구하고, 이 난리는 밤마다 일어난다. 한 연구에서 연구자들은 세 살짜리 아이들 두 집단을 조사했다. 첫 번째 집단의 아이들은 원하건 원치 않건,

침대에서 일정 시간 낮잠을 자는 수면 일정을 엄격하게 지켰다. 두 번째 집단의 아이들은 원할 때마다 잠깐씩 낮잠을 잘 수 있었지만, 낮잠을 자는 일은 드물었다. 두 집단의 아이들은 낮잠을 잤건 자지 않았건 상관없이 모두 매일 밤 약 10시간 반씩 잠을 잤다. 하지만 낮잠 일정을 엄격하게 지킨 집단의 아이들이 잠을 더 많이 잤는데, 불규칙하게 낮잠을 잔 집단에 비해 24시간 동안 평균 2시간을 더 잤다. 이렇게 잠을 더 잔 집단에서는 부모와 자녀 간의 상호작용이 더 나아졌다. 연구자들은 규칙적으로 낮잠을 잔 집단의 아이들은 "함께 지내기가 더 즐거웠고, 사교성도 더 좋았으며, 요구하는 것도 적었다."라고 지적했다. 주의 집중 기간이 더 길고 성향도 더 차분한 이 아이들은 학습 능력이나 환경 변화에 적응하는 능력이 더 뛰어 났다. 한편, 잠을 많이 자지 않은 아이들은 과다 활동을 하거나 까탈을 부렸는데, 주변 세계에 잘 반응하고 대응하도록 도와주는 깊은 렘 수면 시간이 적었던 것이 이런 결과를 낳았다.

어린 아이에게 잠이 많이 필요하다는 사실에 이의를 제기하는 사람은 아무도 없다. 하지만 잠을 재우는 데 따르는 어려움 때문에 순전히 잠에 초점을 맞춘 육아서 시장이 크게 성장했는데, 많은 전문가들은 각자 자기 주장이 옳다고 내세우면서 그런 책들을 내놓았다. 보스턴의 아동병원 소아과 의사인 리처드 퍼버Richard Ferber는 1985년에 이 분야에서 획기적인 책을 썼는데, 『자녀의 잠 문제를 해결하는 법Solve Your Child's Sleep Problems』이 바로 그것이다. 그 이전까지는 표준적인 육아 지침서에서 잠은 거의 언급되지 않았다.

퍼버는 자신의 아이들이 태어난 직후인 1970년에 잠에 관심을 갖게 되었다. 매일 밤 아들을 잠재우기 위해 안고 어르다가 막상 자리에 눕히는 순간 아들이 깨는 경험을 숱하게 한 퍼버는 왜 아기는 혼자서 잠을 자기가 그렇게 어려울까 하는 의문이 들었다. 그리고 아기는 혼자서 자는 방법을 모르기 때문이라는 결론에 도달했다. 그래서 퍼버는 아기를 가족 침대로 쓰던 곳에서 떼어내 자기 침대로 옮긴 뒤, 아기가 울어도 자신이나 아내가 아기에게 달려가는 시간을 점점 늦추었다. 퍼버는 아들이 더 이상 잠자는 것을 어르거나 안아주는 것과 연결짓지 않고, 울 때마다 반드시 부모가 자신을 돌보러 달려오는 것도 아니란 사실도 깨닫길 기대했다. 대신에 아들은 스스로를 진정시키는 능력이 발달할 것이다. 퍼버는 훗날 한 인터뷰에서 이렇게 말했다.

"아기는 양을 셀 수 없어요. 따라서 아기를 도울 수 있는 방법을 찾아야 합니다. 간단하고 부드러운 방법으로 잠을 잘 필요가 있다는 사실을 가르치기 위해서 말입니다. 또, 아기가 그것을 혼자서 해낼 필요가 있다는 사실도 가르쳐야 하지요. 사실, 아기에게 그것은 그렇게 힘든 일도 아닙니다. 아기는 배우길 좋아하거든요."

수면 훈련 또는 울게 내버려두는cry-it-out 방법으로 알려진 이 철학은 아주 큰 인기를 얻은 나머지 퍼버의 이름을 딴 동사까지 만들어졌다. 새로 부모가 된 사람들은 친구들에게 자기들도 자식을 '퍼버라이징Ferberizing' 하는 게 좋을지, 그리고 그것이 정말 효과가 있는지 물었다. 훈련 자체는 아주 간단했다. 부모는 아기를 자기 침대에 눕힌 뒤, 아기를 달래기 위해 방으로 되돌아오는 시간 간격을 점점 늘린다. 퍼버는 아기 울음소리에 흔들리지 않도록 마음을 단단히 먹고 수면 훈련 계획을 그대로 고수하라고 충고했다. 시간이 지나면 아기는 부모의 도움 없이 잠잘 것이다. 퍼버는 자신의 책 초판에서 아기와 침대를 함께 쓰면, 쉽게 잠드는 버릇이 발달하는 과정을 더 어렵게 만들 가능성이 높다고 지적했다. 그는 "아기가 아프거나 뭔가에 대해 마음이 크게 상했거나 할 때에는 하루나 이틀 밤 정도는 아기와 함께 자도 괜찮지만, 그렇게 하는 것은 대체로 좋은 생각이 아니다."라고 썼다. 아기와 함께 자는 것은 아기의 독립심 발달도 늦출 수 있다고 경고했다. 그는 "만약 아기와 함께 자는 게 정말로 더 좋다면, 자신의 감정을 아주 자세히 살펴볼 필요가 있다."라고 썼다.

수면 훈련의 장점 중 하나는 부모가 잠을 잘 잘 수 있도록 설계되어 있다는 점이다. 보스턴의 자기 병원에서 퍼버는 부모들로부터 아기와 잔 뒤로 한 번에 한두 시간 이상 잘 수 없다는 불평을 끊임없이 들었다. 그들은 아기가 울 때마다 일어나 잠이 덜 깬 멍한 상태로 살아가는 현실을 이야기하면서 직장과 가정 모두에서 일을 제대로 하지 못하는 느낌이 들어 불만스럽다고 했다. 이런 형태의 만성 불면 상태는 여성에게 더 큰 영향을 미친다. 미시간 대학의 한 연구팀은 일하는 부모 2만 명을 대상으로 설문 조사를 했는데, 아기를 돌보기 위해 수면에 방해를 받는 일은 여성이 남성보다 2.5배나 많다는 결과가 나왔다. 그리고 엄마가 잠을 깼을 때에는 그 상태로 평균 45분 동안 머물렀다. 반면에 우는 아이를 달래려고 잠을 깬 아빠가 대개 30분 이내에 다시 잠들었다. 이렇게 남성이 아기를 돌보는 시간은 짧고 드물었다. 매일 밤 아기를 돌보기 위해 잠을 깬다는 여성의 비율은 3명당 1명꼴이었다. 하지만 남성은 10명당 1명에 불과했다. 한 연구자는 "육아 책임은 무엇보다도 모유 수유 때문에 여성 쪽으로 심하게 치우친 면이 있다."라고 말했다. 하지만 "그 책임은 결코 재협상 대상이 되지 않는다."라고 덧붙였다.

수면 부족의 효과는 누적되면서 직장 여성의 삶에 금방 분명한 효과를 나타낸다. 일부 여성은 업무를 제대로 수행하는 데 어려움을 겪는데, 대부분의 직장인이 20대 후반과 30대 전반—많은 직장 여성이 아기를 돌보기 위해 서둘러 집으로 돌아가는 시기—에 봉급이 가장 많이 인상된다는 사실을 감안한다면 이것은 중요한 문제이다. 한밤중에 울어대는 아기가 초래하는 부작용은 수면 부족에 시달리는 엄마가 책상에서 쏟아지는 졸음을 애써 참으려고 노력하는 데에만 그치지 않는다. 한 연구는 아기가 누리는 수면의 질이 종종 엄마의 기분과 스트레스 수준과 피로를 예측하는 지표가 된다는 사실을 발견했다. 그것은 아주 간단한 방정식이다. 아기가 많이 잘수록 엄마가 더 건강해진다.

만약 퍼버의 방법이 이론만큼 실천하는 것도 간단하다면, 고통 없는 잠을 약속하는 그 방법은 직장을 다니는 부모의 삶을 개선하는 데 큰 도움이 될 것이다. 하지만 그것은 그렇게 간단한 게 아니다. 퍼버의 방법을 실천에 옮기는 처음 며칠 밤은 안전과 건강이 염려될 정도로 숨 넘어갈 듯이 울어대는 아기의 울음소리를 참고 견뎌야 한다. 이 때문에 많은 부모는 캘리포니아 의과대학의 소아과 교수 윌리엄 시어스William Sears에게로 발길을 돌린다. 시어스가 잠 문제에 접근하는 방법은 퍼버와 정반대이다. 여덟 자녀의 아버지인 시어스는 애착 양육attachment parenting이라는 방법을 강력하게 옹호한다. 그는 아기와 침대를 함께 씀으로써 부모는 자식과 유대가 더 강해질 뿐만 아니라 아기가 필요한 것에 잘 반응할 수 있다고 믿는다. 시어스의 방법을 따르는 많은 부모들은 아기를 너무 오래 울게 내버려두는 것은 장기적으로 건강에 나쁜 효과를 많이 가져올 것이라는 염려에서 그렇게 한다. 잡지 〈머더링Mothering〉에 실린 한 기사는 이런 사고 방식이 어디까지 뻗어나가는지 일반적인 개념을 제시한다. 그 기사는 이렇게 경고한다. "아기의 울음—설사 한 번에 5분에 불과하다 하더라도—에 반복적으로 반응을 보이지 않으면, 아기의 정신 건강에 손상을 입힐 가능성이 있다. 혼자 울도록 내버려둔 아기는 기본적인 신뢰감이나 자신을 원인 행위자로 여기는 이해가 발달하지 않을 수 있고, 나중에 무력감이나 낮은 자존감, 만성 불안으로 이어질 수 있다."

노트르담 대학의 인류학 교수인 제임스 매케나James J. McKenna는 아기와 침대를 함께 쓰는 엄마는 모유 수유를 할 가능성이 더 높다고 주장했다. 아기 역시 잠에서 깨었을 때 부모가 바로 옆에 있으면 더 빨리 잠들 수 있다. 질이 좋은 잠을 자면, 뇌는 인지 발달이나 신체 발달에 쓸 에너지를 더 많이 갖게 될 것이다.

아기와 함께 자는 방법은 미국에서 몇 세대 전에 널리 유행했고, 지금도 아프리카계나 아시아계 미국인 가정에서 보편적으로 행해지는 수면 방법으로 되돌아가라고 부모들을 부추긴다. 20세기 이전까지만 해도 미국에서 대부분의 아기는 부모나 입주 가정부의 방에 놓인 요람에 누워 지냈다. 그러다가 나이를 어느 정도 먹으면, 동성 형제나 자매와 침대를 함께 썼다. 하지만 피터 스턴스Peter Stearns가 〈사회사 저널Journal of Social History〉에 발표한 논문에서 지적한 것처럼, 아기의 수면 습관은 역사상 그 어느 시기보다 1900년에서 1925년 사이에 극적으로 변했다. 라디오나 진공 청소기처럼 시끄러운 발명품들이 처음으로 가정으로 들어오자, 부모들은 밤에 아이들을 조용한 장소에 격리시키고, 어른들의 생활을 따로 계속할 수 있는 구실을 얻었다. 한편, 여성 잡지들에는 전통적인 수면 습관이 위험하고 위생에도 좋지 않다고 주장하는 전문가들의 글이 계속 실렸다. 그리고 이런 염려만으로는 모자란다고 생각했는지, 사람들은 아이와 함께 자는 것에 대해 일종의 계급 불안을 느끼기 시작했다. 특히 중산층 부모들은 아이들이 잠을 자는 장소가 가족의 경제적 상황을 알려준다고 염려하기 시작했다. 많은 부모는 도시를 떠나 교외 지역으로 이사를 간다면, 아무리 어린 아이라도 자녀들에게 각자의 방을 주어야 한다고 생각했다. 나와 대화를 나눈 한 수면 전문가는 일부 중산층 부모들은 아이와 함께 자는 것에 대해 냉담하게 반대했다고 말했다. 그들은 그것을 경제적 사다리에서 한 단 아래로 내려가는 것이라고 간주했기 때문인데, 자녀에게 각자 자신의 방이 없을 경우 특히 그랬다. 그녀는 내게 이렇게 말했다.

"부모들은 이제 내게 '오 마이 갓! 아이들이 같은 방에서 잠을 자야 한다면, 아주 큰 문제가 될 거예요.'라고 말해요. 그것은 '이 문제를 어떻게 해결해야 할까?'라는 질문이 아니에요. 그것은 '이사를 해야 할까?'라는 질문이에요."

최근에 수면과학자들은 어린이 수면이라는 경쟁이 심한 분야에서 소아과 의사와 인류학자와 손을 잡기 시작했다. 그들이 발견한 것에 여러분은 깜짝 놀랄지도 모른다. 조디 민델Jodi Mindell은 미국 최초의 소아과 병원이자 세계적인 소아과 병원 필라델피아아동병원의 수면장애센터 부소장이다. 여기서 그녀는 발작 수면에서부터 심한 짜증 부리기까지 다양한 상태를 다루는 팀에서 일주일에 약 50명의 환자를 본다. 어느 날, 민델은 자신이 기본적인 질문에 대한 답을 모른다는 사실을 깨달았다. 기본적인 질문이란, 전 세계 각지의 아기들은 잠을 어떻게 자는가 하는 것이었다. 샌프란시스코에서 아기를 자도록 자리에 누이는 부모가 도쿄의 친구들이 하는 것과 똑같은 시간에 혹은 똑같은 방법으로 그렇게 하는가라는 질문에 대한 답은 그저 추측만 해볼 수 있을 뿐이었다.

민델은 텔아비브 대학의 아비 사데Avi Sadeh와 그 밖의 사람들과 함께 뉴질랜드, 대한민국, 말레이시아, 미국, 베트남, 싱가포르, 영국, 오스트레일리아, 인도, 인도네시아, 일본, 중국, 캐나다, 타이, 타이완, 필리핀, 홍콩에서 젖먹이 아기에서부터 아장아장 걸어다니는 아이를 둔 부모 3000여 명을 대상으로 설문 조사를 했다. 그것은 전 세계 유아의 수면 패턴을 최초로 가장 광범위하게 조사한 것이었다. 조사에 참여한 사람들의 생활 수준은 모두 다 대략 미국의 중산층에 해당했다. 각 가정에는 전깃불, 텔레비전, 냉장고, 수돗물을 비롯해 그 밖의 편의 시설이 갖춰져 있었다. 민델은 각 가정에 기본적인 설문지를 나눠주었는데, 설문지의 질문들은 부모 중 어느 쪽이라도 쉽게 답할 수 있는 것이었다. 예를 들면, "댁의 아기는 몇 시에 잠을 잡니까?", "아기는 혼자 잡니까, 아니면 부모와 함께 잡니까?", "아기가 잠자는 데 어떤 문제가 있습니까?"와 같은 질문들이었다.

여기서 전혀 예상치 못한 대답들이 나왔다는 것만으로는 연구자들이 받은 충격을 표현하기에 충분치 않다. 서로 다른 대륙에 사는 사람들은 심지어 같은 행동을 하는 것인가 의심이 들 정도로 서로 아주 다른 대답들을 했다. 예를 들면, 뉴질랜드에서는 세 살 미만의 어린이가 잠자리에 드는 시간은 평균적으로 7시 30분인 반면,

홍콩에서는 10시 30분이었다. 하지만 차이점은 비단 잠자리에 드는 시간뿐만이 아니었다. 어린이의 수면 습관을 이루는 거의 모든 것이 사는 장소에 따라 달랐는데, 이것은 문화가 생물학을 압도했음을 보여주었다. 오스트레일리아에서는 전체 부모 중 15%가 평상시에 아이와 침대를 함께 쓴다고 말했다. 거기서 약 1만 km 떨어진 베트남에서는 약 95%의 가정이 그렇게 했다. 일본에서는 어린이가 하룻밤 동안 자는 시간은 평균적으로 11시간 30분이었다. 뉴질랜드 어린이는 13시간을 잤다. 무엇보다 놀라운 것은 중국에서는 전체 부모 중 75%가 아이에게 수면 문제가 있다고 응답했다는 사실이다.

전 세계 어린이의 수면 습관 조사가 수면 훈련이 나은지 함께 자는 게 나은지를 둘러싼 논쟁에 답을 제공하리란 기대는 완전히 사라졌다. 그 차이의 다양성은 연구자들이 생각했던 것보다 훨씬 컸다. 민델은 내게 이렇게 말했다.

"나는 잠자리에 드는 시간이 10~15분 정도 차이가 나겠지, 대충 그 정도겠지 하고 생각했어요. 그랬는데 세계의 각 지역에 따라 수면 습관에 엄청난 차이가 나는 결과를 얻은 것이지요."

얻은 답보다는 새로 생긴 의문이 더 많았다.

"우리는 왜 이런 차이가 나는지, 그리고 이런 차이가 어떤 효과를 낳는지 전혀 몰라요. 어떤 사람은 대한민국 아기들이 잠을 덜 자는데, 그것은 잠자리에 드는 시간이 너무 늦기 때문이라고 주장할 수 있겠지요. 하지만 대한민국 아기들은 실제로 어떤 생물학적 차이 때문에 그냥 잠이 덜 필요할 수도 있어요. 그것은 전혀 다른 문제이고, 가설도 아주 많아요. 그것을 제대로 밝혀내려면 모든 경력을 다 바쳐야 할 거예요."

잠에 대한 문화적 접근 방법은 아장아장 걷는 아기가 세계화의 영향을 처음 받기 전까지는 대개 유효하다. 이 점을 설명하기 위해 민델은 영국에서 자란 뒤에 미국에서 대학을 다니고 결국에는 홍콩에 가서 일을 한 어느 엄마 이야기를 들려주었다. 이 장소들은 모두 어린이의 잠에 대해 거의 똑같은 서양식 접근 방법을 따랐다. 즉, 일찍부터 아이를 혼자 자기 방에서 자게 했다. 민델의 환자는 홍콩에서 살 때 자신이 일하러 나간 사이에 세 아이를 돌봐줄 보모를 고용했다. 보모는 중국 농촌 지역에서 온 사람이었는데, 맡은 아이들을 모두 자신의 고향에서 하던 방식대로 돌보았다. 그래서 그녀는 잠잘 때가 되면 아이들을 값비싼 아기 침대나 각자 자기 침대에서 자게 하는 대신에, 안아 재우거나 자기 옆에서 재웠다. 이렇게 아이들과 함께 자는 방식은 주중에는 별 탈 없이 잘 굴러갔다. 하지만 주말 동안 민델의 환자가 혼자서 아이들을 돌봐야 할 때에는 아이들의 침대가 다시 원래의 역할을 되찾았다. 그것은 악몽 같은 경험이었다. 어떻게 해도 아이들은 울음을 그치지 않았다. 그녀는 보모에게 아이들을 자기 침대에서 재우라고 말했지만, 보모는 말을 듣지 않았다. 무엇보다도, 아이들이 자기 방식을 더 좋아한다고 주장하며 고집을 굽히지 않았다.

얼핏 보면, 이 이야기의 요점은 이 가족의 경우에는 함께 자기가 더 적절하다는 것처럼 보인다. 하지만 민델은 그것은 문제의 핵심이 아니라고 말한다. 아이들은 동양의 전통과 서양의 전통 사이에서 오도 가도 못하는 상황에 놓여 있었다. 어느 날에는 다른 사람 옆에서 자다가 다음 날에는 혼자서 자는 일이 반복되었다. 민델은 수면 훈련이 옳으냐 함께 자기가 옳으냐 하는 게 문제가 아니라, 일관성이 문제라고 말한다. 그녀는 내게 "아이들은 다음에 어떤 일이 일어날지 잘 예측할 수 있을 때, 잠자리에 드는 시간의 의식을 더 편안하게 받아들여요."라고 말했다. 홍콩의 그 환자는 일관성을 유지하기만 했더라면, 어느 쪽을 선택하건 충분히 효과가 있었을 것이다.

어린이의 잠에 관한 한, 수면의 질을 예측하기에 더 나은 지표는 함께 자기에 대해 부모가 내리는 선택보다는 규칙적인 습관이다. 밤마다 똑같은 시나리오를 일관성 있게 따라야 아이를 재우는 시간이 작은 전투로 변하는 것을 피할 수 있다. 3주일에 걸쳐 수행한 한 연구에서 민델은 어머니 400명과 그 아이들(갓난 아기부터 아장아장 걸어다니는 아이까지)을 대상으로 잠자리 습관이 미치는 효과를 조사했다. 첫 주에는 모든 엄마에게 평상시에 사용하던 방법을 그대로 사용해 아이를 재우라고 말했다. 그 다음에는 절반의 엄마에게는 특정 계획에 따라 아이를 재우라고 지시했다. 각 엄마에게는 매일 밤 아이를 아기 침대나 가족 침대에 누이는 시간을 정하고 그 것을 일관되게 지키라고 했다. 그리고 잠자기 30분 전에는 아이를 목욕시키고 나서 가벼운 마사지를 하거나 로션을 발라준다. 그러고 나서 아이를 안거나 어르거나 자장가를 불러주면서 아이가 편안하게 잠들도록 돕는다. 목욕을 하고 나서 30분 안에 아이를 평상시에 잠자던 곳에 누인다. 불도 모두 꺼야 한다. 엄마들은 2주일 동안 이 지시대로 아이를 재운 뒤에 어떤 변화가 있었는지 보고했다. 어

구스타프 클림트, 〈여자의 세 시기〉의 일부, 1905년
규칙적인 습관은 더 편안한 밤을 낳는다. 아기와 부모 모두의 수면의 질을 예측하는 데 가장 중요한 지표는 일관성이다.

느 모로 보나, 규칙적인 습관은 더 편안한 밤을 가져다주었다. 아이들은 더 빨리 잠들었고, 밤에 잠을 깨는 빈도가 더 적었으며, 더 오래 잤다. 다음 날 아침에 일어났을 때에도 기분이 더 좋아 보였다. 부모도 수면의 질이 좋아졌는데, 컨디션이 좋아진 엄마들은 일상적인 일도 잘 처리했다.

민델의 연구는 함께 자기를 옹호하는 사람들과 수면 훈련을 옹호하는 사람들 모두 장단점이 있다고 주장한다. 만약 수면의 질을 예측하는 데 가장 중요한 지표가 일관성이라면, 애비게일 같은 아이가 두 살이 되고서도 가족 침대에

서 함께 잔다고 해서 반드시 문제가 되는 것은 아니다. 다른 전문가들도 어린이의 수면 문제에 대해 자신의 도그마를 약간 완화시키는 징후가 나타나고 있다. 수면 훈련의 권위자인 퍼버는 베스트셀러가 된 자신의 책을 2006년에 개정하면서 함께 자기에 대한 견해를 수정했다. 이제 그는 부모가 자기도 모르게 아이에게 해를 가하는 사고를 피하기 위한 기본 지침을 따르기만 한다면, 아이와 침대를 함께 쓰는 것도 안전하고 효과적인 선택이 될 수 있다고 조언한다.

결국 거의 모든 아이는 선택권을 주었을 때 자기 침대에서 자는 쪽을 선택한다. 부추기지 않았는데도, 애비게일은 자기 방에 있는 침대를 자신의 "다 큰 숙녀 침대"라고 부르기 시작했다. 부모는 얼마 지나지 않아 애비게일이 자신들의 방을 떠날 것이라고 생각한다. 하지만 아이의 양가 감정을 진정시키는 것은 그들이 해야 할 일 중 일부에 지나지 않는다. 곧 애비게일의 뇌는 충분히 발달해 잠에서 정말로 기이한 측면을 경험할 것이다. 즉, 첫 번째 꿈을 꾸게 될 것이다.

5.

꿈의 의미

● 어젯밤에 앨리스는 죽은 아버지와 라자냐를 먹었는데, 아버지가 라자냐를 좋아하지 않아 기분이 상했다고 한다. 앨리스는 맨해튼 중심가의 비좁은 방에 놓인 철제 의자에 앉아 이 이야기를 한다. 밖의 거리는 록펠러 광장의 크리스마스 트리를 찾아가려는 관광객들로 들끓고 있다. 방 안에서는 네 사람이 밝은 청색 화분에 꽂힌 플라스틱 양치식물을 바라보면서 반원형으로 앉아 있다. 일요일 오후에 2층에 위치한 이 상담 센터에 우리가 모인 이유는 각자 자신이 꾼 꿈을 이야기하며 두 시간을 보내기 위해서였다. 첫 번째로 이야기를 한 사람이 앨리스였다. 그녀는 기침을 한참 콜록콜록 하더니, 20년 전에 죽은 아버지가 지난 주에 꿈에 여러 번 나타났는데, 주변을 서성이면서 자신의 요리에 대해 잔소리를 늘어놓았다고 이야기했다.

"기분이 어땠어요?"

내 오른쪽에 앉아 있던 여성이 물었다. 이 여성은 우리 집단을 이끄는 리더이다.

"몹시 나빴어요. 난 모든 걸 사전에 철저히 준비했거든요."

"그 꿈의 메시지가 무엇이라고 생각하나요?"

"나는 스스로에게 내 인생의 기대를 제대로 충족시키지 못하고 있다고 말하고 싶었던 게 아닌가 싶어요."

나머지 사람들은 격려하듯이 고개를 끄덕이고, 앨리스는 꿈을 더 자세히 이야기한다. 공연이 시작되기 전에 자기 대사를 검토하는 배우처럼 머릿속으로 내가 할 말을 미리 연습하던 나는 시간이 흐를수록 점점 더 불안해졌다. 나는 최근에 꾼(그리고 기억에 남은) 몇 가지 꿈 중에서 두 가지를 준비해왔다. 첫 번째 꿈은 허무한 결말로 끝나는 강도 영화로 만들기에 딱 좋은 줄거리였다. 그 꿈에서 나는 고등학교 동창 셋과 함께 은행을 턴 뒤에 플로리다 주의 어느 공항에서 우리가 타고 달아날 비행기가 오길 기다리며 앉아서 프레첼을 먹고 있었다. 나는 이 꿈을 이야기하기로 결정했는데, 이게 두 번째 꿈보다 더 흥미진진했기 때문이다. 두 번째 꿈에서는 내가 흑백 무늬가 있는 코커스패니얼 강아지를 사서 스프라이트라는 이름을 지어주었다.

낯선 사람들로 이루어진 소집단에서 내 꿈을 이야기하는 것이 두렵지는 않았다. 정작 두려웠던 것은 겉으로는 멀쩡해 보이는 이 사람들이 꿈에 숨겨진 의미가 담겨 있다고 확신하는 것처럼 보인다는 사실이었는데, 내게는 그런 확신이 없었다. 밤중에 뇌가 깊은 비밀이 담긴 암호 메시지를 스스로에게 보낸다는 개념은 수준 낮은 연속극에 나오는 문학적 구성 장치처럼 보인다. 나는 꿈은 다소 무작위적이라고 믿는다. 내 견해가 정말로 옳은지는 알 수 없지만, 그동안 나온 연구들은 이를 지지하는 것처럼 보인다. 예를 들면, 연구자들은 실험 참여자의 혈액 속에 혈액의 흐름을 보여주는 용액을 집어넣는 방법을 통해 수면 주기 중 대부분의 꿈이 일어나는 단계인 렘 수면 때 뇌의 장기 기억 중추와 단기 기억 중추가 가장 활발하게 활동한다는 사실을 발견했다. 이것은 꿈에 이야기의 응집력이 없고, 곳곳에 과거의 순간들이 섞이는 한 가지 이유일 수 있다.

하지만 이곳에 모인 사람들은 다른 주장을 펼친다. 이들이 여기와서 자신의 꿈을 이야기하는 이유는 꿈나라에서 경험한 것에 본질적으로 중요한 내용이, 심지어는 인생을 바꿀 수도 있는 내용이 있다고 확신하기 때문이다. 이들은 뇌의 역학으로만 꿈을 바라보는 것은 〈모나리자〉를 물감의 pH 수치만을 기준으로 평가하는 것처럼 핵심을 놓치는 해석이라고 본다. 앨리스는 자기 뇌의 어떤 부분이 자신을 아버지와 다시 상호작용하게 만드는지에는 관심이 없다. 대신에 꿈에서 경험한 감정, 너무나도 강렬해서 며칠이 지난 뒤에도 생생하게 기억하는 감정에 관심을 둔다. 그녀는 바로 그렇게 강렬한 감정을 느껴야만 꿈이 어떤 의미를 지닌다고 생각한다.

꿈의 내용이 과연 자신에 대해 깊은 비밀을 말해주는가 하는 질문은 뇌가 어떻게 작용하는지 연구하는 사람들에게는 딜레마이다. 한편으로는 꿈을 꾸는 것은 흥미로운 생물학적 현상으로, 모든 사람과 대부분의 포유류가 보편적으로 경험한다(과학자들은 수화를 아는 고릴라에게 밤에 꿈을 꾸는지 물어보려고 시도한 적이 있었는데, 고릴라가 과학자의 바지를 잡아찢으려고 하는 바람에 그 시도는 실패로 돌아갔다). 매일 밤 거의 모든 사람은 90여 분마다 렘 수면에 빠지는 동안 몸이 마비된다. 뇌는 초과 작업을 하기 시작하고, 성性과 관련된 계의 활동이 증가한다. 꿈을 꾸는 이 단계에서 남성은 발기를 하고, 여성은 질에 혈액의 흐름이 증가한다. 그러면 뇌는 이미지와 이야기를 만들어내고, 몸은 마치 꿈 속의 사건이 실제로 일어나는 것처럼 반응한다. 이것은 악몽을 꾸다가 식은땀을 흘리거나 가쁜 숨을 몰아쉬며 깨어난 경험이 있는 사람이라면 누구나 알 것이다. 꿈은 신체 상태와 상관없이 일어난다. 예를 들면, 아장아장 걷기 시작한 다음에 시력을 잃은 사람은 계속 시각적 상이 나오는 꿈을 꾸는 반면, 날 때부터 눈이 먼 사람은 소리만 나오는 꿈을 꾼다. 그리고 꿈을 꾸는 동안 너무나도 실제처럼 느껴지는 트랜스trance(의식이 정상적이지 않고 비몽사몽인 상태—옮긴이)는 잠에서 깨자마자 금방 사라지는데, 이 때문에 일부 사람들은 꿈을 전혀 꾸지 않았다고 믿는 반면, 나 같은 사람들은 단편적인 부분만 기억해(초록색과 흰색 무늬가 섞인 강아지?) 꿈을 더욱 불가사의하게 만든다. 모든 포유류가 대체로 같은 방식으로 꿈을 꾼다는 사실은 이 수면 단계에 뭔가 아주 중요한 게 있음을 시사한다.

하지만 여기서 역설이 생겨난다. 전문 연구자에게 꿈을 연구한다고 말하면, 그들은 그것을 사라진 아틀란티스 대륙을 찾으려고 한다거나 연방준비제도이사회가 숨긴 UFO 음모를 밝히려 한다는 주장과 같은 것으로 취급할 것이다.

"만약 종신 재직권을 얻으려고 하거나 과학에서 훌륭한 경력을 쌓길 원한다면, 꿈은 아마도 당신이 선택하고 싶은 연구가 아닐 것입니다."

패트릭 맥나마라Patrick McNamara는 절제된 표현으로 이렇게 말했다. 맥나마라는 보스턴 의학대학원의 진화신경행동연구소 소장을 맡고 있는데, 거기서 뇌가 다양한 상황에서 어떻게 반응하는지 연구한다. 그 연구의 일환으로 그는 꿈과 악몽에 대한 연구를 했고, 또 명상과 종교적 경험을 할 때 뇌에 어떤 일이 일어나는지도 조사했다. 정교수 직을 갖고 있고 인상적인 이름이 붙은 연구소를 운영하는데도 불구하고, 맥나마라는 다른 신경학자들이 삐딱하게 바라보는 시선을 느낀다. 그는 "꿈 연구는 아직도 약간 뉴에이지에 가까운 시도로 간주되고, 완전히 존중할 만한 연구로 받아들여지지 않아요."라고 말했다.

현재의 평판이야 어떻건, 꿈 연구는 수면과학의 기초 중 일부이다. 꿈은 무엇보다도 초기의 많은 연구자들을 이 분야로 끌어들이는 데 중요한 역할을 했다. 그들은 인류가 최초의 문자를 쓰기 시작한 이래 모든 사람의 호기심을 자극했던 꿈의 메커니즘과 의미를 발견할 기회를 찾아 이 분야로 뛰어들었다. 대부분의 문화와 주요 종교에서는 꿈을 앞날에 일어날 일을 암시하는 징조로 간주했다. 고대 그리스인은 꿈을 신이 내리는 계시라고 생각했다. 초기의 이슬람교도는 꿈의 해석을 코란이 승인한 종교 규율로 간주했다. 그리고 성경에는 그야말로 꿈의 향연이 펼쳐진다. '창세기'에서 하느님은 야곱의 꿈에 나타나 이스라엘 민족을 위해 자신이 세운 계획을 이야기한다. 훗날 야곱의 아들 요셉은 이집트의 모든 마술사와 현인도 풀지 못한 파라오의 꿈을 제대로 해석한다. 그리고 이 재주 덕분에 훗날 요셉의 이야기는 브로드웨이 뮤지컬로 만들어지는 영광까지 누린다. 신약 성경에는 또 다른 요셉이 나오는데, 꿈에 천사가 나타나 약혼녀 마리아가 하느님의 아들을 잉태할 것이니 소란 피우지 말라고 말한다.

현대가 시작될 무렵, 과학은 꿈은 본질적으로 터무니없는 것이라고 확신했다. 하지만 꿈이 개인의 마음속에 숨어 있는 뭔가를 드러낸다는 주장이 그런 믿음에 변화를 가져왔다. 1900년, 지그문트 프로이트Sigmund Freud는 빈에서 개인 병원을 운영하던 43세의 의사였다. 그해에 그는 그 후 50년 동안 꿈 이론에서 핵심을 이룰 책을 출판했다. 『꿈의 해석Die Traumdeutung』에서 그는 꿈은 결코 무작위적 사건들이 아니며, 꿈꾸는 사람의 은밀한 기대와 소망이 투영된 의미가 그 속에 숨어 있다고 주장했다. 사실상 프로이트는 마음의 통제를 벗어나서 우리의 욕망과 의도에 영향을 미치는 사고 영역인 무의식을 확인했다. 프로이트는 매일 밤 우리가 잠을 잘 때마다 마음은 어떤 상징 속에 이런 생각을 감추는데, 그 상징은 전문가의 도움을 받아야만 밝혀내고 해석할 수 있다고 주장했다. 꿈을 꾸지 않는다면 우리는 무의식의 관심사에 압도되어 제대로 기능하지 못할 것이다. 꿈은 우리에게 생각할 수 없는 것을 생각하게 해준다. 프로이트가 "우리 자신에게 보내는 편지"라고 부른 꿈은 마음을 위한 안전밸브였다. 만약 꿈이 없다면, 정신적 압력이 누적되어 신경증으로

앙리 루소, 〈꿈〉, 1910년
20세기 초, 프로이트의 꿈의 해석 이론이 등장한 이후 꿈은 개인의 마음속에 숨어 있는 원가를 드러내는 비유와 상징 체계로 여겨졌다.

이어질 것이다.

자신의 주장을 입증하기 위해 프로이트는 자신의 꿈을 예로 들었다. 이 꿈은 결국 심리학에서 가장 많이 논의된 사례가 되었는데, 거기에서 프로이트는 자신의 여성 환자가 넓은 홀에서 많은 손님들 사이에 섞여 있는 것을 본 이야기를 들려준다. 프로이트는 그녀를 한쪽으로 데리고 가서 자신이 내린 처방을 따르지 않았다고 나무란다. 그녀는 통증이 목까지 퍼져서 숨이 막힐 것 같다고 말한다. 프로이트는 그녀가 숨을 혈떡이고, 자신이 진단을 할 때 뭔가를 빠뜨린 게 아닐까 불안해한다는 사실을 알아챘다. 프로이트는 그녀를 창가로 데려가 입을 벌려보라고 한다. 하지만 그녀는 그러지 않으려 하고, 프로이트는 화가 난다. 얼마 뒤, 친구인 M 박사와 오토가 와서 프로이트가 그녀를 검사하는 일을 돕는다. 그들은 그녀의 왼쪽 어깨에 뽀루지가 난 것을 발견한다. M 박사는 여성의 통증은 감염 때문이라고 추측하지만, 설사를 하고 나면 몸에서 독소가 사라질 것이라고 말한다. 프로이트와 M 박사는 문제의 원인은 얼마 전에 제대로 소독하지 않은 주사기로 독성이 강한 약을 투여한 오토일 가능성이 높다는 결론에 도달한다.

이 꿈에 대해 생각하면서 프로이트는 이 꿈은 기묘하긴 하지만 그저 단순한 이야기가 아니라는 사실을 깨달았다. 그는 "만약 꿈 해석 방법을…… 제대로 따른다면, 꿈은 정말로 의미가 있으며, 해당 분야의 저자들이 우리에게 믿으라고 강요하는 것처럼 분해된 뇌 활동의 표현이 아니라는 사실이 밝혀질 것이다."라고 썼다. 꿈의 각 측면을 어떤 감정이나 불안을 대신하는 것으로 바라봄으로써 프로이트는 그 꿈이 치료하기가 특히 까다로운 환자의 건강을 책임진 자신의 근심을 누그러뜨린다는 사실을 발견했다. 첫째, 그 여성은 꿈 전체에 걸쳐 싸움을 벌이는데, 이것은 프로이트가 누구라도 그녀의 문제를 금방 발견하는 데 어려움을 겪으리라고 생각한다는 것을 분명히 보여준다. 이 점은 세 의사가 그녀를 동시에 검사한 결과 왼쪽 어깨에 뽀루지가 난 것을 발견한 장면에서 확인할 수 있다. 그리고 M 박사의 도움으로 프로이트는 어리석게도 그 여성에게 주사를 놓아 병에 걸리게 한 사람이 오토라는 사실을 알아낸다. 종합하면, 이 꿈의 내용은 프로이트가 이 환자에게서 손을 떼더라도 환자에게 일어난 일에 책임을 느낄 이유가 없다고 시사한다. 그는 이렇게 썼다.

"전체적인 호소—이 꿈은 그 밖의 다른 목적이 없으므로—는 이웃에게 주전자를 빌려갔다가 손상시킨 상태로 돌려줬다고 기소된 남성의 변론을 생생하게 상기시킨다. 첫째, 그는 주전자를 전혀 손상시키지 않고 돌려주었고, 둘째, 빌릴 때부터 주전자에는 구멍들이 나 있으며, 셋째, 애초에 주전자를 빌린 적이 없다고 했다. 상당히 복잡한 변론이지만, 어쨌든 이 모든 주장은 도움이 된다. 이 세 가지 방어선 가운데 하나라도 입증이 되면, 그 남성은 풀려날 테니까."

이것과 같은 소원 실현은 꿈에서 다양한 형태로 나타날 수 있다. 프로이트는 이것을 불안의 표출로 보았다. 그리고 직접적으로 표현하지는 않았지만, 그것이 성性과 연관이 있는 상태라고 보았다. 프로이트는 책에서 이렇게 썼다.

"불안은 리비도적 충동으로, 그 근원은 무의식에 있고, 전의식이 그것을 억제한다. 따라서 억제 감각이 꿈의 불안과 연결돼 있다면, 그것은 한때 리비도를 만들어낼 수 있었던 의지적 행동에 관한 문제임이 분명하다. 다시 말해서, 그것은 성충동에 관한 문제임이 분명하다."

프로이트는 부당한 해석이라고 항변하겠지만, 얼마 지나지 않아

프로이트의 이론들은 꿈에 나타나는 모든 것은 성적 의미가 있으며, 그것은 어린 시절부터 오랫동안 억압돼온 충동들을 반영하고 드러낸다는 견해로 축소 해석되고 말았다. 프로이트에 관한 문헌을 검토한 한 보고서는 20세기 중엽까지 분석가들이 음경을 대신하는 상징을 102개, 질의 상징을 95개 확인했다는 사실을 발견했다. 분석가들은 심지어 정반대의 의미를 지닌 것—하늘을 나는 것과 추락하는 것—도 모두 섹스를 상징한다고 주장했다. 프로이트주의자들은 성행위 자체를 나타내는 이미지를 55개, 자위를 나타내는 아이콘을 25개, 가슴을 나타내는 모양 13개, 거세를 나타내는 상징 12개를 지적했다.

프로이트는 꿈의 해석 이론에 대한 환자의 저항을 자기 이론이 옳다는 증거로 받아들였다. 심지어 자신조차 처음에는 자기 꿈을 해석한 것이 너무 터무니없어 보여 거부감을 느꼈다고 설명했다. 그는 이렇게 썼다.

"아침에 그 꿈을 다시 생각하면서 나는 껄껄대고 웃으면서 '꿈은 허황된 거야.'라고 말했다. 하지만 그 꿈은 내 마음속에서 떠나지 않았고 하루 종일 나를 따라다녔다. 저녁이 되어서야 나는 스스로를 나무랐다. '만약 꿈을 해석하는 과정에서 환자가 「꿈은 허황된 거야.」라는 말보다 더 나은 답을 발견하지 못한다면, 나는 당연히 그를 나무랄 것이다. 그리고 꿈 뒤에 뭔가 불편한 진실이 숨어 있는 게 아닐까, 그는 그것이 드러나는 걸 꺼리는 게 아닐까 의심할 것이다. 똑같은 논리를 나 자신에게 적용해보자. 꿈은 허황된 것이라는 견해는 필시 그 해석에 대한 내부의 저항을 보여주는 것에 불과할 것이다.'"

프로이트가 자신의 환자에 대한 꿈을 성 심리학적으로 해석하지 않았다는 사실 때문에 그 꿈 자체에서 추가적인 의미를 알아내려는 분석가들이 많이 나왔다. 예를 들면, 1991년에 〈국제 정신분석 저널*International Journal of Psychoanalysis*〉에 실린 한 논문은 그 꿈은 실제로는 "프로이트가 자신이 다섯 살이고 여동생 안나가 세 살일 때 저지른 성적 공격 사건에 대한 억압된 기억에 괴로워했을 수도 있다."라는 사실이 반영된 것이라고 가정했다.

꿈에 대한 프로이트주의자의 견해는 그 이론이 너무 성에 초점을 맞추고 있다는 불만에도 불구하고, 1950년대 초까지 심리학자들 사이에서 큰 영향력을 떨쳤다. 한 과학 학술지에 비판적인 견해를 발표한 어느 사람은 "우리는 많은 상징이 똑같은 지시 대상을 나타낼 수 있다는 사실을 보았다. 성기나 성교, 자위에 왜 그토록 많은 가면이 필요한가?"라고 썼다.

프로이트의 분석은 1920년대에 인기를 끈 문화의 일부가 되어 영화에서부터 범죄 연구에 이르기까지 모든 것에 큰 영향을 미쳤다. 수면과학의 대가로 인정받던 스탠퍼드 대학의 윌리엄 디멘트William Dement 교수는 1950년대에 프로이트의 꿈 연구를 집중적으로 파고들 수 있는 기회 때문에 이 분야에 큰 흥미를 느꼈다. 그는 "프로이트의 정신분석이 두려움, 불안, 정신병, 심지어 육체적 질병까지 포함해 우리가 겪는 문제들의 모든 측면을 설명할 수 있다는 믿음이 있었다."라고 썼다.

하지만 과학이 꿈에 흥미를 잃게 하는 데 일조한 사람이 디멘트였다. 1950년대 초에 시카고 대학의 의학대학원생이던 디멘트는 최초의 체계적인 렘 수면 연구 중 하나를 시작했다. 이 수면 단계는 1952년에야 발견되었다. 같은 대학의 한 연구소에서 실험을 하던 연구자들은 잠이 든 사람의 눈이 빠르게 움직이는 것을 처음 발견하고서 기계 오작동 때문에 그렇게 보인다고 믿었다. 하지만 문제의 원인이 기계에서 발견되지 않자, 연구자들은 방으로 들어가 실험 참여자의 눈에 손전등 불빛을 비춰 보았다. 그리고 실험 참여자의 몸은 꼼짝도 않고 가만 있는데도, 눈이 실제로 눈꺼풀 밑에서 앞뒤로 왔다 갔다 한다는 사실을 발견했다. 디멘트는 렘 수면 단계에서 깨운 사람은 꿈을 기억할 가능성이 매우 높다는 사실을 발견한 뒤, 어린이, 여성, 정신병 환자를 대상으로 이 수면 단계에 대한 실험을 했다. 이 모든 실험은 꿈을 꾸는 데 보내는 시간이 프로이트의 이론에 어떤 단서를 제공하는지 알아보기 위해서였다.

디멘트는 자신의 자서전에서 이렇게 썼다.

"이 연구를 하는 게 얼마나 흥미진진한지는 말로 표현하기 어렵다. 일개 의학대학원생에 불과한 내가 거의 버려진 건물에 틀어박혀 놀라운 발견을 하나씩 계속 해나가고 있다……. 1848년에 캘리포니아 주에서 금을 처음 발견한 남자가 느꼈던 기분이 바로 이런 게 아닐까 하고 상상한다."

깨어 있을 때와 마찬가지로 렘 수면 동안에 뇌가 활발하게 활동한다는 디멘트의 발견은 수면 연구의 방향을 확 바꾸어놓았다. 렘 수면은 뇌가 다른 수면 단계들과는 아주 다르게 행동하는 시기였다. 디멘트는 인간의 뇌가 수면과 각성, 렘 수면이라는 뚜렷이 구별되는 세 단계를 거치며 순환한다는 사실을 과학계가 받아들여야 한다고 주장했다. 다른 연구자들은 처음에는 이 주장에 코웃음쳤다. 이 주제를 다룬 디멘트의 논문은 다섯 차례나 퇴짜를 맞은 뒤에야 발표되었다. 그는 훗날 "사람들은 마치 내가 숨 쉬는 데 공기가 필요 없다고 주장한 것처럼 반응했다."라고 썼다. 하지만 그의 이론은 곧 모두가 받아들이는 사실이 되었고, 렘 수면이 모든 수면 단계에서 가장 중요한 단계라는 견해로 이어졌다.

다른 실험들에서도 꿈을 꾸는 이 수면 단계가 정말로 기묘하다는 사실이 드러났다. 프랑스에서는 미셸 주베Michel Jouvet라는 연구자가 렘 수면을 '역설적 수면'이라 불렀는데, 뇌는 완전히 깨어 있는 것처럼 보이는 반면 몸은 꼼짝도 하지 않기 때문이었다. 그러고 나서 주베는 수면과학에서 아주 유명한 실험을 했다. 주베는 고양이의 뇌줄기(뇌간)에 있는 그물체라는 부분에 작은 병터를 내면, 평소에 렘 수면 동안 움직임을 억제하던 메커니즘을 차단할 수 있다는 사실을 발견했다. 그 결과, 고양이가 꿈을 꾸면서 그에 따라 몸을

오귀스트 르누아르, 〈잠자는 고양이〉, 1862년
고양이가 어떤 꿈을 꾸는지 정확하게 아는 게 가능하다는 주베의 발견으로 과학자들은 인간의 꿈 내용에 대해 흥미를 잃었다.

움직이는 모습을 관찰할 수 있었다. 완전히 잠든 상태에서 고양이는 등을 둥글게 구부리고 쉭쉭거리는 소리를 내며 보이지 않는 적을 향해 덮쳤다. 그는 그 행동은 "아주 격렬해서 실험자를 움찔하게 만들었다."라고 썼다. 고양이가 충분한 힘으로 어떤 물체를 덮쳤을 때에는 몸이 크게 움직이는 바람에 잠이 깨어 몽롱한 눈으로 주변을 살펴보고는, 자신이 어떻게 그곳에 와 있는지에 대해 깜짝 놀라는 반응을 보였다.

기묘하게도, 고양이가 어떤 꿈을 꾸는지 정확하게 아는 게 가능하다는 주베의 발견은 인간의 꿈 내용에 대해 연구자들의 흥미를 떨어뜨리는 결과를 가져왔다. 일단 꿈을 뇌파로 확인하고 기록할 수 있게 되자, 더 이상 꿈은 인간의 무의식이 신비스럽고 복잡하게 투영된 것으로 보이지 않았다. 꿈을 꾸는 수면 단계는 곧 거의 모든 조류와 포유류에서 확인되었고, 그에 따라 인간의 꿈은 그 중요성이 감소했다. 훗날 주베는 신경학자들이 왜 꿈 연구에 등을 돌렸는지 그 이유를 설명하면서 다음과 같이 썼다. "알에서 갓 깨어난 병아리가 수탉이나 암탉이 되는 것 외에 다른 욕망을 인식한다고 해서 그게 무슨 의미가 있겠는가?" 결국 연구자들은 자궁 속의 아기도 렘 수면 단계—그리고 아마도 꿈을 꾸는 단계도—를 거친다는 사실을 발견했다.

렘 수면은 수면과학을 심리학에서 떨어져나가게 하는 데 큰 역할을 했는데, 특히 신경학자들이 이 수면 단계를 뇌를 이해하기 위한 연구에 포함시키면서 그렇게 되었다. 꿈의 의미를 프로이트식으로 해석하려는 노력은 여전히 계속되었지만, 대부분 정신 분석가의 소파에서 일어났다. 하지만 연구실에서는 꿈의 내용과 의미는 대체로 한쪽으로 밀려나고 무시되었다.

그 후 꿈 연구는 정체 상태에 머물러 있었는데, 클리블랜드에 있는 케이스웨스턴리저브 대학의 심리학 교수 캘빈 홀Calvin Hall이 사람들이 꾸는 꿈의 내용을 목록으로 만들어보기로 결정할 때까지 계속 그랬다. 홀은 기꺼이 자신의 꿈 이야기를 털어놓으려는 사람들에게서 꿈에 관한 보고를 수집하면서 30년 이상을 보냈다. 1985년에 죽기 전까지 홀은 온갖 연령 집단과 국적의 사람들에게서 들은 꿈 이야기를 5만 건 이상 모았다. 그리고 이 방대한 데이터베이스를 바탕으로 각각의 꿈을 사실상 단편 소설처럼 취급하는 분류 체계를 만들었다. 무엇보다도 그는 꿈의 배경, 등장 인물의 수와 성별, 대화, 꿈이 즐거웠는지 무서웠는지 등을 기록했다. 또, 꿈을 꾼 사람의 나이와 성별, 사는 곳 같은 기본 정보도 기록했다.

홀은 꿈의 해석 세계를 데이터 세계에 소개했다. 그는 수집한 꿈들을 훑어보면서 양 극단으로 갈라져 있던 이 분야에 수와 통계적

엄밀성을 도입했다. 그는 예컨대 일에 대한 꿈이 가져올 결과 중 가장 가능성이 높은 것이 무엇인지 시험했다. 꿈을 꾼 사람은 행복할까? 화가 날까? 그리고 꿈에서 전개되는 이야기는 현실과 가까울까, 아니면 꿈에 나오는 사람들은 평소의 인물과는 아주 다른 모습과 행동을 보일까? 만약 예측 가능한 결과가 있다면, 꿈은 어떤 종류의 패턴을 따르는지도 모른다. 심지어 어쩌면 꿈이 중요할지도 모른다.

홀이 내린 결론은 프로이트의 결론과는 정반대였다. 대부분의 꿈은 숨겨진 상징이 가득하기는커녕 놀랍도록 단순하고 예측 가능했다. 꿈의 플롯은 충분히 일관성이 있어, 등장 인물들을 알기만 하면 홀은 무슨 일이 일어날지 놀랍도록 정확하게 예측할 수 있었다. 예를 들면, 현실에서 알지 못하는 남자가 나오는 꿈은 거의 항상 그 낯선 남자가 공격적인 행동을 하는 플롯으로 전개된다. 어른들은 아는 사람들이 나오는 꿈을 꾸는 경향이 있는 반면, 아이들은 대개 동물들이 나오는 꿈을 꾼다. 남성의 꿈에 나오는 인물들은 4명 중 3명이 남성인 반면, 여성의 꿈에 나오는 남성과 여성의 비율은 엇비슷하다. 대부분의 꿈은 꿈꾼 사람의 집이나 사무실이 배경이며, 다른 장소로 가야 한다면 차를 몰거나 걸어서 간다. 그리고 당연한 일이지만, 대학생은 중년보다 섹스에 대한 꿈을 더 자주 꾼다.

홀의 연구는 꿈은 초현실적이라는 개념에 찬물을 끼얹었다. 플롯은 논리적 순서대로 일어나지 않을 수 있고, 등장 인물들은 기묘한 배역을 맡을 수도 있지만, 꿈의 세계는 현실과 완전히 동떨어진 것이 아니다. 더 중요한 것은 꿈이 유쾌하지 않은 경향이 있다는 사실이다. 홀은 평균적인 꿈에 공격적이거나 비열하거나 폭력적인 등장 인물이 넘쳐난다는 사실을 발견했다. 요컨대, 꿈나라는 중학교를 다니면서 겪었던 최악의 날들과 비슷하다.

꿈이 부정적인 경우가 많다는 사실은 신경학자들의 흥미를 자극했다. 만약 대부분의 꿈이 행복하지 않다면, 우리는 왜 꿈을 꾸는 것일까? 우리 뇌는 우울한 소설가일까? 일부 사람들은 그 답은 진화의 맥락에서 꿈의 목적을 상상하는 데에서 얻을 수 있다고 주장했다. 핀란드의 인지과학자 안티 레본수오Antti Revonsuo는 불안으로 가득 찬 부정적인 꿈은 먼 옛날의 방어 메커니즘에 불과하다고 주장했다. 즉, 깨어 있을 때 비슷한 일이 일어날 경우에 대응하기 위해 뇌를 훈련시키려고 나쁜 일을 경험하게 하는 것이라고 했다. 이 견해에 따르면, 꿈은 뇌에서 일어나는 예행 연습인 셈이다. 그 증거로 레본수오는 홀이 수집한 자료를 지적했는데, 그중에는 꿈꾸는 사람이 뭔가로부터 달아나거나 공격을 받는 꿈이 많았다. 그는 "어떤 적응adaptation이 변하려면 수백 세대가 걸리기 때문에, 옛날과는 아주 다른 현대 환경에서 그러한 적응이 원래의 기능을 제대로 발휘하는지 않는지에는 상관없이, 현재 살아 있는 사람들은 아직도 조상들이 살던 환경에서 효과를 발휘하도록 설계된 적응들을 지니고 있다."라고 썼다. 다시 말해서, 우리 조상들은 계획된 사냥이나 전투에 나서기 전에 부정적 꿈을 꾸었을 것이다. 오늘날 우리가 공격을 받는 꿈을 꾸는 것은 직장에서 판매 계획 발표를 해야 하는 것에 따르는 불안에 뇌가 대비하는 방법인데, 이것에 대해 우리가 어떻게 할 수 있는 방법은 없다.

이 이론의 한 가지 문제점은 불쾌한 꿈이 모두 다 뭔가에 쫓기는 꿈은 아니라는 점이다. 예를 들어 에드라는 남자의 꿈을 살펴보자. 에드는 아내인 메리가 죽고 나서 메리가 나오는 꿈을 22년 동안 일기에 기록해왔다. 에드와 메리는 1947년에 보드워크boardwalk(바닷가 등을 산책하기 좋도록 판자를 깔아 만든 보도 — 옮긴이)에서 처음 만났다. 그때, 에드는 25세, 메리는 22세였다. 그리고 30년 후, 메리는 난소암으로 세상을 떠났다. 메리가 죽은 뒤 에드의 꿈에 메리가 나올 때에는 플롯이 같은 주제로 흘러갈 때가 많았다. 즉, 두 사람이 행복하게 어떤 활동을 시작하다가 갑자기 무슨 일이 일어나 두 사람이 헤어지는 식으로 전개되었다. 때로는 이야기에 영화 같은 이미지가 넘치기도 했다. 예를 들면, 한 꿈에서 에드는 메리가 도로 건너편의 자동차에 앉아 있는 모습을 보았지만, 아무리 해도 그곳으로 건너갈 방법을 찾을 수 없었다. 또, 일상 생활의 어떤 상황에 엉뚱한 요소가 끼어들 때도 있었는데, 두 사람이 미국의 배우 제리 사인펠드Jerry Seinfeld를 만나 조언을 달라고 부탁했을 때가 바로 그런 경우였다. 어느 새 사인펠드는 메리와 함께 떠나고, 에드는 홀로 남았다. 에드는 곰곰이 생각하기 위해 건물 뒤쪽으로 갔는데, 갑자기 발밑의 땅이 모래 수렁으로 변했다. 개별적으로 보면, 꿈에 나오는 요소들은 모두 다 평소의 일상 생활에서 본 것들이다. 하지만 그것들을 모두 합치면, 뇌가 대비를 하는 현재의 위험이 분명하게 존재하지 않는다.

내가 에드의 꿈 이야기를 자세히 들려줄 수 있는 것은 샌타크루즈에 있는 캘리포니아 대학의 G. 윌리엄 돔호프G. William Domhoff 교수 덕분이다. 돔호프는 1990년대 전반에 캘빈 홀과 함께 꿈에 관한 학술지들을 수집해 다른 연구자들이 이용할 수 있도록 방대한 자료를 만들었다. 돔호프는 수많은 꿈 이야기를 읽으면서 대부분의 사람들은 에드와 비슷하게 꿈을 꾼다는 사실을 알아챘다. 즉, 몇 년이고 계속해서 늘 똑같은 상황과 인물이 등장하는 꿈을 꾸는 것이다. 돔호프는 어떤 한 사람에게서 충분히 많은 보고를 얻으면, 꿈으로 나타나는 이야기들은, 프로이트의 상징 해석 개념에 의존하지 않더라도, 꿈꾼 사람의 관심사를 정확하게 알려준다고 주장한다. 그는 에드의 경우만 살펴봐도 그렇다고 말한다. 에드는 아내가 죽고 나서 20년 동안 평생의 사랑과 헤어지는 꿈을 반복적으로 꾸었다. 그가 아내를 몹시 그리워한다는 사실을 알아채는 데에는 굳이 정신 분석가의 소파가 필요하지 않다.

나는 어느 화창한 오후를 샌타크루즈에서 돔호프와 함께 보냈다. 우리는 태평양 해안 도로변에 위치한 요구르트 딜라이트에 앉아 꿈에 대해 대화를 나누었다. 돔호프는 요구르트에 스푼을 담그면서 "오늘날 우리의 기준에서 보면, 프로이트의 주장 중에서 옳은 것은 하나도 없어요."라고 말했다.

"꿈을 자세히 들여다보면—우리가 한 것처럼 제대로 들여다본다면—모든 게 거기에 백일하에 드러나 있는 걸 볼 수 있어요. 이런 상징 따위는 전혀 필요 없어요."

이렇게 말하고 잠시 멈추었다가 다시 말을 이었다.

"프로이트주의자는 꿈에 숨겨진 의미가 있다는 개념에 푹 빠져 헤어나지 못했어요. 하지만 그들의 해석이 효과가 있었던 것은 순전히 우리 모두가 비유적 언어와 은유 체계를 공유하기 때문이에요."

그 예로 그는 내게 아주 단순한 꿈을 꾸는 경우를 상상해보라고 했다.

"예컨대 이런 꿈을 꾸었다고 해봅시다. 당신이 섬으로 연결된 다리 위에 있는데, 갑자기 다리가 흔들리기 시작하자 당신은 달아나기 시작합니다. 만약 내가 당신에게 '그 다리가 무엇을 상징한다고 생각합니까?'라고 묻는다면 뭐라고 대답하겠습니까?"

"모르겠는데요."

나는 입 속에 요구르트를 가득 머금은 채 대답했다.

"아뇨. 당신은 알고 있어요. 당신에게도 은유 체계가 있으니까요. 당신은 '다리 앞에 오면 그것을 건널' 것입니다. 그것은 전환을 나타내죠. 따라서 나는 당신이 전환을 앞둔 시점에 있다고 말할 것입니다. 하지만 우리는 '모두' 인생에서 어떤 종류의 전환 도중에 있지요. 그 다음에는 그 꿈은 당신이 다음 단계로 건너가길 두려워한다는 걸 의미한다고 말할 수 있겠네요. 당신은 섬으로 건너가는 대신에 굳건한 육지에 머물길 원해요. 이 모든 이야기는 아주 그럴듯한데, 나는 꿈이 은유라고 가정하여 은유적 해석을 들려주기 때문이지요. 내가 아주 일반적인 것에만 한정하는 한, 이 모든 해석은 효과가 있어요. 그런데 나는 당신에 대해 좀 아는 게 있기 때문에, 추측을 덧붙여 좀더 구체적인 해석을 할 수 있어요. 그러니까 섬은 당신이 책을 쓰고 있다는 사실과 혼자 힘으로 독립하는 것을 의미한다고 말할 수 있어요. 이렇게 나는 아주 그럴듯한 해석을 내놓을 수 있어요. 하지만 실제로는 나는 그저 많은 단서를 바탕으로 그럴듯한 추리를 하는 점쟁이에 불과할 뿐입니다."

돔호프는 어떤 사람이 꾼 꿈들의 역사를 살펴보면, 뇌는 그렇게 분명한 은유를 만들지 않는다는 사실이 드러난다고 말했다. 대신에 꿈에는 그 사람에게 익숙한 이미지와 배경이 넘쳐난다. 만약 어떤 여성이 다리 위로 걸어가는 꿈을 꾸었다면, 뇌가 그녀의 감정을 비유적 이미지를 사용해 방송하기로 결정했다기보다는 일상 생활에서 출퇴근할 때 실제로 다리를 건너는 일이 있거나 집에서 창문 밖으로 그런 다리가 보일 가능성이 훨씬 높다.

반면에 프로이트는 기묘한 꿈일수록 더 깊은 의미를 담고 있다고 생각했다. 『꿈의 해석』에서 그는 "가장 말이 안 되는 것처럼 보이는 꿈일수록 가장 심오한 의미를 담고 있을 때가 많다."라고 썼는데, 그런 꿈일수록 해독하기가 난해한 상징들이 많이 들어 있기 때문이라고 했다. 나는 비록 자주 일어나지는 않더라도, 하늘을 난다거나 이상한 방에 갇힌다거나 하는 초현실적인 꿈은 어떻게 일상 생활과 관심사를 비춰주는 거울 역할을 할 수 있는지 돔호프에게 물어보았다.

그는 이야기를 통해 내 질문에 답을 하기로 결정했다. 돔호프에게 자신의 꿈 이야기를 보내온 한 여성은 멜로라Melora라는 암호명을 썼다. 홀과 돔호프는 연구 참여자들에게 드림 뱅크에 꿈 이야기를 보내기 전에 자신의 실명을 알아보지 못하게 바꾸라고 요구했다. 모르는 사람을 위해 참고로 설명하자면, 멜로라는 1990년대 중엽에 방영된 〈스타 트렉: 딥 스페이스 나인Star Trek: Deep Space Nine〉의 한 에피소드에 등장한 인물의 이름이다. 이 이름을 선택한 이유는 그녀가 과학 소설을 읽길 좋아하고 〈스타 트렉〉의 열렬한 팬이기 때문이다. 그녀는 이혼 과정을 밟고 있는 아이 엄마라고 다소 우울한 사실도 밝혔다. 대부분의 꿈에서 그녀는 아이에 대해 걱정을 하거나 전 남편과 함께 시간을 보냈는데, 주로 하이킹을 하거나 시댁에서 휴일을 보내는 등 틀에 박힌 일을 하면서 보냈다. 그런데 가끔 멜로라는 우주를 날아다녔다. 돔호프는 "물론 그녀는 가끔 환상적인 모험을 하지만, 그 세계에서 사는 이유는 SF에 대한 사랑과 방대한 독서 때문이에요."라고 말했다. 그녀에게 〈스타 트렉〉은 일이

나 가족처럼 삶의 일부였고, 그래서 꿈에 가끔 나타난 것이다. 돔호프는 왜 멜로라가 꾸는 꿈 중 어떤 꿈은 우주선이 배경이고 어떤 꿈은 사무실이 배경인지 분석하려고 노력해봐야 아무것도 알아낼 수 없다고 말했다. 하지만 수백 가지의 다른 꿈들과 함께 바라보면, 은하들 사이를 여행하는 소수의 꿈은 SF가 그녀에게 중요하다는 사실을 반영한 것임을 알 수 있다. 즉, 평소에 관심을 가진 것들이 꿈에 나타난다.

그렇다고 해서 돔호프가 꿈에 아직 발견되지 않은 큰 의미가 있거나 진화적 이점이 있다고 생각한다는 말은 아니다. 그는 사무적으로 꿈은 그저 "생각하는 능력에서 우연히 생긴 부산물에 지나지 않으며, 자전적 기억을 갖고 있습니다."라고 말했다. 돔호프의 견해에 따르면, 우리가 부정적인 꿈을 꾸는 이유는 단순히 우리가 걱정하는 데 많은 시간을 쓰기 때문이다. 자신의 삶에서 이것을 가장 쉽게 볼 수 있는 방법은 새로운 일자리를 구해 일을 시작하는 것이다. 처음 일주일 동안은 새로운 출퇴근 방법이나 새로운 동료, 새로운 책임 등이 꿈에서 중심 무대를 차지할 것이다. 그중 많은 꿈에서 여러분은 필시 어떤 방식으로 자신이나 다른 사람을 실망시킬 것이다. 학생들도 입학해서 처음 일주일 동안은 예컨대 교실을 찾아가는 길을 잃는 꿈을 잘 꾸고, 웨이터는 고객의 옷에 음식이나 와인을 쏟는 꿈을 꾼다. 돔호프는 "꿈은 우리가 매일 생각하는 것들을 반영해서 만든 최악의 시나리오입니다."라고 말했다. "일어날 수도 있는 이 사소한 것들을 모두 모아 크게 부풀리지요." 하기야 현실의 삶에서 우리 마음이 많은 문제를 처리하는 방식도 바로 그런 것이다. 꿈은 우리의 뇌가 불안을 받아들여 제멋대로 가지고 노는 것이 겉으로 드러나는 것인데, 한밤중에는 주의를 끌려고 경쟁하는 게 아무것도 없기 때문이다.

터프츠 의학대학원 교수인 어니스트 하트만Ernest Hartmann은 꿈의 내용은 중요하지만 약간 비튼 데가 있다는 돔호프의 견해에 동조한다. 하트만은 꿈을 우리에게 내장된 일종의 야간 치료로 생각한다. 꿈에서 우리 마음은 새롭거나 성가신 것을 꺼내와 뇌가 이미 알고 있는 것과 뒤섞어 새로운 정보를 덜 새로운 것이거나 위협적인 것으로 보이게 만든다. 하트만은 초기 인류의 삶은 오늘날 거의 아무도 경험하지 않는 종류의 외상—친구가 큰 짐승의 날카로운 엄니에 찔리거나 얼음에 난 구멍으로 빠져 익사하는 걸 보는 등—으로 가득 차 있었다고 주장한다. 장기적으로 볼 때, 외상적 사건을 겪은 뒤에도 감정적 균형을 회복할 수 있었던 사람들은 부정적 감정을 떨쳐내지 못한 사람들보다 살아남을 가능성이 더 높았다.

하트만은 이 이론을 뒷받침하는 증거로 무섭거나 끔찍한 경험을 하고 나면, 우리 마음은 그 사건이 일어난 뒤 여러 밤 동안 그것을 현실에서 실제로 일어난 것과 거의 똑같이 꿈으로 재연하는 경향이 있다고 지적한다. 개인적 경험을 바탕으로 이론의 타당성을 판단하는 것은 아주 공정한 태도는 아니지만, 나는 이 주장에 강한 공감을 느낀다. 대학을 졸업한 해 여름에 나는 친구가 모는 무스탕의 조수석에 앉아 캘리포니아 주 북부의 삼림 지대 사이로 난 1차선 흙길을 달리고 있었다. 그때 우리 바로 앞의 커브 길에서 흰색 브롱코가 나타나더니 맹렬한 속도로 달려왔다. 브롱코는 정면 충돌을 피하기 위해 방향을 왼쪽으로 틀었지만, 이미 때가 늦었다. 브롱코는 마치 괴물 트럭처럼 우리 차의 보닛을 밟고 지나갔는데, 내가 앉은 자리에서 불과 몇 cm 옆으로 지나갔다. 우리는 운이 좋았다. 나는 전혀 다치지 않았고, 친구는 한쪽 팔만 부러진 채 무사히 차에서 빠져나왔다. 하지만 자동차는 완전히 박살나고 말았다. 그 다음 일주일 동안 나는 조수석에 앉아 꼼짝도 못하고 있는데, 금속 구겨지는 소리가 울려퍼지는 가운데 브롱코의 타이어가 점점 무시무시하게 커져가는 것을 지켜보는 악몽을 꾸다가 온몸이 땀으로 범벅이 된 채 일어났다.

나는 다른 꿈을 꾸기까지 시간이 정확하게 얼마나 걸렸는지 기억이 나지 않지만, 결국 그 악몽은 사라졌으며, 한 이틀 동안 잠을 제대로 못 잔 것 정도의 효과밖에 남기지 않았다. 하지만 어떤 사람들의 경우에는 뇌가 오직 한 가지 노래만 연주할 줄 아는 밴드처럼 외상을 계속 반복 연주한다. 뇌가 그 사건을 장기 기억으로 보내 보관하는(이것은 연구자들이 이제 감정계가 일어난 일을 받아들이고, 넓은 시각에서 그것을 돌아볼 수 있게 되었다는 징후로 본다) 데 실패하면, 밤마다 악몽이 반복되는 경험을 하게 되는데, 이것은 외상 후 스트레스 장애의 대표적 증상 가운데 하나이다. 어떤 사람은 심지어 잠자는 것조차 두려워하게 된다.

베트남 전쟁에 참전한 용사 5명 중 1명 이상은 만성적으로 악몽을 겪는 증상을 가지고 돌아왔는데, 그 후 나쁜 꿈의 악순환에 사로잡힌 뇌를 치료하는 데 사용한 주요 방법은 약물이었다. 하지만 그보다 더 나은 방법이 있을지도 모른다. 오늘날 의사들은 매일 밤 자신에게 들려주는 이야기를 다시 고쳐 쓴다는 맥락에서 다른 주제와 인물에 대한 꿈을 꾸도록 뇌를 훈련시키는 것이 가능하다고 생각한다. 전망이 밝은 한 가지 방법으로 심상 예행 연습 요법 imagery rehearsal therapy이라 부르는 것이 있다. 두 단계로 이루어진 이 과정에서 환자는 먼저 악몽에 계속 나타나는 외상적 사건이나 인물을 이야기한다. 그러고 나서 그것을 대체할 상황이나 이미지를 선택한다. 잠자기 전에 환자는 자신이 꾸고 싶은 꿈에 대해 관객이 아니라 감독의 위치에서 최소한 10분 이상 생각한다. 시간이 지나면 이 방법은 효과를 발휘한다. 참전 용사들을 대상으로 한 한 연구에서 심상 예행 연습 요법은 악몽을 줄이는 데 약물만큼 효과가 있었다.

돔호프는 이 형태의 요법을 꿈 과학에서 일어난 분명한 진전이라고 부르는데, 이것은 마음이 관심사를 상징이나 줄거리로 숨기는 게 아님을 보여주기 때문이다. 그는 악몽 자체는 우리를 두려움에 떨게 하는 것 외에 다른 기능이 있는 것으로 보이지 않으며, 우리는 자각하는 것보다 악몽을 더 많이 꿀지도 모른다고 주장한다 (깨어나고 나서 그것을 잊어버리기 때문에). 돔호프는 악몽을 기억하는 사람이 기억하지 못하는 사람보다 자신의 감정과 잘 접촉한다는 증거가 없다는 점을 프로이트의 꿈 해석 이론이 잘못되었음을 보여주는 가장 명백한 예라고 했다. 21세기에 꿈 이론은 상징이 아니라 불안을 드러내는 데 치중한다. 오늘날 심리학자들은 꿈이 본질적인 의미를 갖고 있거나 억압된 충동을 나타내는지에 관심을 보이는 대신에, 꿈이 우리를 위해 무슨 일―우리 자신을 이해하는 것이나 아프가니스탄에 파병되었던 참전 용사가 귀국한 뒤에 그 후유증에 대처하는 방법처럼―을 할 수 있는지 알아내려고 한다.

이 개념은 그 추운 날 맨해튼에서 꿈 이야기를 하던 집단에서 경험한 것과 아주 비슷하다. 앨리스는 죽은 아버지가 나타나 자신을 나무란 꿈에서 어떤 의미를 찾으려고 했을 때, 자신의 억압된 감정 따위에는 관심이 없었다. 사실, 앨리스가 하는 이야기는 죽은 아내를 그리워하는 꿈을 20년 동안이나 꾼 에드가 하는 이야기와 아주 비슷하게 들렸다. 에드가 메리에 대한 사랑을 놓을 수 없었던 것처럼 앨리스는 아버지에 대한 기억과 평화를 이룰 수 없었다.

몇 달 뒤, 나는 다시 그 꿈 진료소를 방문했는데, 앨리스가 아직도 거기에 있는지, 그리고 어떤 꿈을 꾸는지 알고 싶었다. 나는 상담 센터가 있는 곳을 향해 계단을 올라가 복도를 걸어갔다. 내가 맨 먼저 도착했다. 20여 분이 지나는 동안 한 사람씩 차례로 와서 모두 7명이 내 주위의 자리들을 채웠다. 하지만 앨리스는 아직 오지 않았다.

이번에 나는 발표할 보고서를 준비해왔다. 꿈에서 나는 대학 등록처에서 전화를 받았다. 등록처는 과거에 졸업한 학생들의 기록을 감사하다가 내가 졸업에 필요한 학점이 6학점이나 부족하다는 사실을 발견했다고 말했다. 그래서 이번 여름에 대학에 나와 두 과목을 더 수강하든가 아니면 4년을 다시 다녀야 한다고 하는 게 아닌가! 지금 나는 캘리포니아 주 남부가 아니라 뉴욕에 살고 있기 때문에 그렇게 하기는 도저히 무리였다. 꿈 마지막 부분에서 나는 학과장에게 미친 듯이 전화를 걸어 내 사정을 설명하려고 애썼다. 만약 돔호프에게 조언을 구했더라면, 그는 필시 이것은 내 마음이 최악의 시나리오를 만드는 한 예에 지나지 않으니 그냥 무시하라고 충고했을 것이다.

앨리스는 몇 분을 남겨놓고 들어왔다. 이렇게 치료적 만남의 시간이 시작되었고, 우리는 원을 그리며 빙 둘러앉아 각자 자신을 소개했다. 앨리스는 두 번째로 꿈 이야기를 발표했다. 나는 그 다음에 어떤 일이 일어났는지 궁금해하며 몸을 앨리스 쪽으로 향했다. 그녀는 또다시 아버지 이야기를 할까?

"정말 기묘한 꿈을 꾸었는데, 여러분에게 꼭 들려주고 싶어요."

앨리스는 이렇게 말문을 열었다. 꿈에서 그녀는 손자를 돌보고 있었는데, 갑자기 손자가 소파에서 사라져버렸다. 집 안을 샅샅이 뒤졌지만, 손자는 온 데 간 데 없었다. 그때, 휴대 전화가 막 울리길래 그것을 받으려고 하는 순간, 잠이 깨었고 실제로 휴대 전화가 울리고 있었다고 한다.

"그 꿈을 꾸고 나서 어떤 느낌이 들었나요?"

치료적 만남을 주도하는 사람이 물었다.

"나쁜 할머니 같았어요. 맹세컨대, 내 꿈은 항상 이런 식으로 끝나요."

6

잠은 마음이 문제를
해결하는 시간

● 1960년대 전반에 잭 니클러스Jack Nicklaus(우리나라에서는 흔히 니클라우스라고 표기하지만, 니클러스가 정확한 발음임—옮긴이)는 상승 가도를 달렸다. 그는 10세 때 골프 클럽을 처음 잡은 뒤, 얼마 지나지 않아 오하이오 주 콜럼버스에 있는 명문 클럽인 사이오토 컨트리 클럽이 주최한 청소년 대회에서 우승을 차지했다. 20세 때 유에스 오픈에 아마추어 선수로 출전해 그 당시 세계 최고의 골프 선수인 아널드 파머Arnold Palmer에게 단 2타 뒤진 성적으로 2위를 차지했다. 니클러스는 프로로 전향한 해에 유에스 오픈에서 우승했고, 마스터스와 P. G. A. 대회도 석권했다. 그 다음 해에는 챔피언십 대회에서도 우승했다. 그는 홀 속에 공을 집어넣는 능력으로 2년 만에 2011년 기준으로 120만 달러에 해당하는 돈을 벌었다.

니클러스는 1964년 유에스 오픈에 가장 유력한 우승 후보로 참가했다. 얼마 전에 열린 마스터스 대회에서 그는 파머에 이어 준우승을 차지했는데, 두 사람 사이에 점점 치열해지던 경쟁에서 그 점수를 동점으로 만들고 싶었다. 뜨겁고 습기 찬 그날, 메릴랜드 주 베서스다의 컨그레셔널 컨트리 클럽에서 니클러스는 코스를 향해 걸어가면서 골프 대회 역사상 가장 긴 코스 중 하나인 그곳에서 자신의 탁월한 스윙 능력—강한 힘과 우아한 정확성을 예술적으로 결합해 공을 멀리 보내 페어웨이에 올려놓는—으로 경쟁자들보다 앞서나가길 기대했다.

첫 번째 홀에서 그는 공을 벙크에 빠뜨리고 말았다. 그것은 뭔가 일이 꼬이는 것을 알리는 첫 번째 징후였다. 그날 하루 동안 그는 티에서 공을 페어웨이에 올려놓기 위해 드라이버—보통은 그가 가진 클럽 중 가장 좋은 클럽—를 14번 사용했다. 공은 겨우 여섯 홀에서만 페어웨이에 올라갔다. 나머지는 러프와 벙크, 그리고 나무 뒤에서 빠져나오느라 애를 먹었다. 첫 번째 라운드가 끝난 뒤, 니클러스는 72타로 13명과 함께 동점이었고, 파머에게 4타나 뒤져 있었다. 다음 날은 성적이 더 나빠 니클러스는 73타로 라운드를 끝냈다. 그 다음 날은 77타를 쳐 더욱 죽을 썼다. 마지막 라운드가 끝났을 때, 니클러스는 공동 23위를 차지했고, 겨우 475달러의 상금을 거머쥐고 집으로 터덜터덜 걸어갔다.

골프 클럽을 휘두르는 것은 모든 스포츠를 통틀어 가장 배우기 힘든 기술 중 하나이다. 스윙을 망칠 수 있는 방법은 너무나도 많다. 손목을 안쪽으로 너무 많이 꺾으면, 공은 원하는 곳에서 한참 벗어난 곳으로 날아간다. 타이밍을 제대로 못 맞추고 골프 클럽을 휘두르면, 자신이 상상하는 강한 스트로크에도 불구하고, 공은 불과 1m 앞에 툭 떨어진다. 골프 클럽이 공에 너무 높게 또는 낮게 맞으면, 팔에 얼얼한 진동이 울리면서 공은 잔디에 파묻히고 만다. 프로 골프 선수가 다른 사람들보다 플레이를 훨씬 잘하는 이유는 매번 조금의 흔들림도 없이 팔의 각도를 적절하게 유지하면서 신체를 적절한 속도로 회전시키도록 훈련했기 때문이다.

베세스다의 골프 코스 중 어딘가에서 니클러스는 자신의 생명인

섬세한 타이밍 감각을 잃었는데, 그것이 돌아오기까지 충분히 여유를 갖고 기다릴 시간이 없었다. 3주일 뒤에 스코틀랜드의 세인트루이스에서 열리는 브리티시 오픈에 참가하기로 돼 있었기 때문이다. 이곳은 가장 어려운 골프 코스 중 하나인데, 전해에 그는 불과 1타 차로 아깝게 우승을 놓쳤다. 런던의 도박사들은 니클러스가 컨디션을 회복하리라 기대하고서 그를 가장 유력한 우승 후보로 꼽았다. 하지만 그들이 몰랐던 사실이 하나 있었는데, 니클러스는 스윙을 하면서도 자신의 스윙에서 무엇이 잘못되었는지 정확하게 알 수 없었다. 골프 선수라면 누구나 컨디션이 좋지 않은 날도 있고, 심지어 일주일 동안 슬럼프가 계속 이어질 때도 있다. 하지만 니클러스의 부진은 나아질 기미가 전혀 보이지 않았다. 베세스다에서 보여준 부진은 사라지지 않고 계속 남아 있었는데, 만약 그 상태가 계속된다면 골프 선수로서의 경력에 큰 위기가 찾아올 수도 있었다. 그만의 특출한 재능이 아무 경고도 없이 갑자기 사라진 것 같았다. 몇 년 동안 한 라운드당 평균 70타 이하를 계속 쳐왔던 니클러스는 이제 자신의 기대치를 대폭 낮춰야 하는 낯선 상황에 직면했다.

스코틀랜드로 떠나기 며칠 전에 니클러스는 자신의 스윙에 무슨 일이 일어났을까 의아하게 생각하며 침대에 누웠다. 그날 밤, 많은 스포츠 지면에 사진이 실린 '골든 베어Golden Bear(니클러스의 애칭)'처럼 자신의 컨디션을 되찾아 공을 다시 페어웨이로 올려놓는 꿈을 꾸었다. 잠에서 깨어난 순간, 그는 꿈에서 자신이 클럽을 조금 다르게 잡았다는 사실이 기억났다. 그렇게 하자 스윙을 하는 내내 오른 팔을 안정하게 유지할 수 있었다. 그것은 누구도 눈치채기 어려운 미소한 변화였지만, 니클러스는 이것이 바로 최근에 부진을 낳은 원인임을 즉각 알아챘다. 그는 침대에서 일어나 곧장 골프 코스로 갔다. 그리고 꿈에서 했던 것처럼 클럽을 잡았다. 그리고 그날 68타를 쳤다. 다음 날에는 65타를 쳤다. 이전의 스트로크가 되살아났다. 그는 어느 신문 기자에게 이렇게 말했다. "정말이에요, 이렇게 치니까 훨씬 즐거워요. 내가 한 것이라곤 그립을 조금 바꾼 것뿐이에요." 그는 브리티시 오픈에서 이 대회 역사상 최저 타수 중 하나를 기록하며 준우승을 차지했다.

니클러스는 잠자는 동안 한 라운드에서 자신에게 10타를 더 치게 만드는 문제점을 알아냈다. 거액의 상금이 걸린 프로 골프 세계에서 10타라면 10만 달러짜리 수표를 들고 집으로 돌아가느냐 아니면 간신히 항공료를 건지는 수준의 상금만 받고 돌아가느냐를 가를 만큼 큰 차이에 해당한다. 꿈꾸는 뇌는 그의 부진에 대해 연구하면서 니클러스가 깨어 있을 때에는 할 수 없는 일을 했다. 그날 밤에 분명히 어떤 일이 일어나 니클러스는 아침에 스윙 문제에 대한 해결책을 쥐고 깨어났다. 그것은 과연 어떤 일이었을까?

우리가 꿈을 꾸기 시작한 먼 옛날부터 잠자는 동안에 마음이 만들어내는 이야기는 통찰의 원천으로 여겨져왔다. 자신의 골프 스윙에 대한 니클러스의 꿈이 보여주는 것처럼, 어떤 문제를 해결하는 돌파구가 항상 감정적인 성격을 띠진 않는다. 밤에 자리에 누워 잠을 잘 때, 뇌에서는 학습과 기억, 창조성에 중요한 과정이 일어나는데, 그것이 일어나는 방식은 과학자들이 이제 막 알아내기 시작했다. 꿈이 뇌를 위해 하는 일은 니클러스와 같은 사례가 가장 분명하게 보여준다. 즉, 우리가 의식적인 노력을 전혀 하지 않더라도, 마음이 혼자 알아서 어떤 문제를 풀거나 새로운 생각을 발전시킨다.

마음의 작용 방식을 연구하는 과학자들과 그 밖의 사람들은 오래전부터 이것과 같은 통찰은 천재성이 반짝 하고 발휘되는 것이라고 보았다. 즉, 세포들과 신경세포들의 불가사의한 춤이 합쳐져서 게임을 근본적으로 변화시키는 생각이 생겨난다는 것이다. 창

앙리 루소, 〈잠자는 집시〉, 1897년
우리가 꿈을 꾸기 시작한 먼 옛날부터 잠자는 동안에 마음이 만들어내는 이야기는 통찰의 원천으로 여겨져왔다.

조성과 문제 해결을 일회성 사건으로 보는 견해는, 아이디어가 무사Mousa(그리스 신화에서 시가, 문예, 음악, 무용 등 학예를 관장하는 여신. 그 수에 대해서는 다양한 설이 있는데, 일반적으로 각각 맡은 일에 따라 아홉 여신으로 나뉜다. 무사는 영어식으로 뮤즈Muse라고 부를 때가 많다.—옮긴이)에게서 나오며, 그들에게 호감을 사도록 노력할 필요가 있다고 믿었던 고대 그리스인의 생각과 궤를 같이한다. 신화를 전혀 믿지 않는 엄격한 과학자들조차 꿈에서 마음이 가끔 어떤 문제에 대해 기막힌 해결책을 찾아내는 방식에 감탄을 금치 못했다.

1865년, 독일 화학자 아우구스트 케쿨레August Kekulé는 중요한 산업용 용매인 벤젠의 분자 구조를 알아내려고 애쓰고 있었다. 그 당시 벤젠의 분자 구조는 공학자와 과학자 사이에서 수수께끼로 남아 있었다. 케쿨레는 뱀이 자기 꼬리를 삼키는 꿈을 꾸다가 깨어났다. 침대에 누운 채 그는 벤젠의 분자 구조는 뱀처럼 고리를 이룬 육각형일 거라는 생각이 퍼뜩 떠올랐다. 그 발견은 독일 산업의 발전에 아주 중요한 계기가 되었고, 그 업적으로 케쿨레는 귀족 작위까지 받았다. 비타민 C를 분리한 업적으로 1937년에 노벨 화학상을 받은 헝가리 과학자 센트-죄르지Szent-Györgyi는 연구가 벽에 부닥칠 때마다 꿈이 해결 방법을 알려준 적이 많다고 말했다. 그는 다음과 같이 썼다.

"오후에 작업대를 떠난 뒤에도 내 일은 끝난 게 아니다. 나는 문제에 대해 계속 생각하는데, 내가 잠잘 때에도 내 뇌는 그것에 대해 계속 생각하는 게 틀림없다. 왜냐하면, 잠에서 깨어났을 때, 때로는 한밤중에, 골머리를 앓던 문제의 답이 떠오르기 때문이다."

자연스러운 일이겠지만, 꿈과 창조적 사고에서 꿈이 차지하는 역할은 자연과학에서 멀어질수록 더 높은 평가를 받는다. 꿈이 예술의 창조에 기여한 사례 중 아마도 가장 유명한 것은 새뮤얼 테일러 콜리지Samuel Taylor Coleridge가 1816년에 아편에 취해 꾼 꿈에서 생각한 300여 행의 시를 기억한 채 깨어난 일일 것이다. 그것을 막 옮겨적고 있을 때 누군가 찾아와 한 시간 동안 머물다 갔다. 다시 돌아와 시를 적으려고 하자, 꿈에서 그토록 생생하게 떠올랐던 시 중 일부만 기억에 남아 있었다. 그렇게 해서 지은 대작인 '쿠블라 칸Kubla Khan'의 마지막 연들이 서로 부드럽게 잘 연결되지 않는 이유는 이 때문일 것이다.

약 150년 뒤에 폴 매카트니Paul McCartney는 여자 친구의 침대에서 일어나는 순간 어떤 멜로디가 떠올랐다. 그는 곧장 가까이 있던 피아노로 달려가 그 선율을 연주하기 시작했는데, 이곡이 나중에 큰 히트를 친 '예스터데이Yesterday'였다. 매카트니는 훗날 전기 작가에게 "그것은 그냥 그대로 떠올랐어요. 완벽하게요. 나도 믿을 수 없었어요."라고 말했다. 2003년 여름, 스테페니 마이어Stephenie Meyer는 애리조나 주 교외에서 평범한 전업 주부로 살고 있었다. 아이들을 첫 번째 수영 교습에 데려다주기로 한 날, 스테페니는 한 소녀가 풀밭에서 아름다운 뱀파이어와 이야기를 나누는 꿈을 꾸었다. 뱀파이어는 소녀를 죽여 피를 빨아먹고 싶은 충동을 억제하려고 노력했다. 스테페니는 즉시 꿈에 나온 그 대화를 최대한 정확하게 글로 옮겨 적었다. 그 꿈은 결국 책과 영화로 나온 『트와일라이트 _Twilight_』 시리즈의 뼈대가 되었으며, 이 시리즈로 스테페니는 1억 달러 이상을 벌었다.

얼핏 보기에는 이런 아이디어들은 아무것도 없던 곳에서 툭 튀어나온 것처럼 보인다. 하지만 조금 깊이 파고들어가 보면, 각각의 꿈은 그 사람의 일상 생활에서 일어나는 일과 분명한 연관 관계가 있음을 알 수 있다. 완전한 형태로 나타나는 복잡하고 창조적인 생각은 일상적으로 고민하던 문제의 해결책에 지나지 않는다. 케쿨레는 몇 달 동안 벤젠의 분자 구조를 찾으려고 애썼다. 매카트니는 역사상 가장 생산적인 2인조 작곡가 중 한 명이었고, 역사적인 히트곡들을 계속 작곡하던 중이었지만, 비틀스의 다음 번 앨범을 완성하려면 또 다른 노래가 필요하다는 사실 때문에 고민하고 있었다. 스테페니 마이어는 독자들을 확 끌어들일 만큼 실제적인 등장 인물을 찾으려고 노력하면서 몇 년 동안 소설을 쓰기 위한 아이디어를 떠올렸다가 포기하길 반복했다.

꿈을 꾸는 시간은 마음이 자신의 실험실에서 깬 상태에서 경험한 삶의 일부 상황에 대해 다양한 접근 방법과 해결책을 시험하면서 계속 일하는 시간인 것처럼 보인다. 하지만 어떻게 그런 일이 일어날까? 창조성이 발휘되는 과정을 연구실에서 정말로 검증하고 관찰할 수 있을까?

1960년대에 선도적인 심리학자들은 우리가 당면 문제에 대해 혁신적 해결책을 어떻게 생각하는지 집중적으로 연구했다. 우선, 이들은 창조성이 무엇을 의미하는지부터 정의해야 했다. 그들이 내놓은 잠정적 정의는 "연합 요소들을 새롭게 조합해 특정 요구 조건을 충족시키거나 어떤 면에서 유용하게 만드는 것"이었다. 이것은 벤젠 분자의 화학 구조와 사랑에 빠진 뱀파이어 이야기를 모두 포함할 만큼 충분히 폭넓은 정의였다. 창조성을 정의하고 나자, 그 다음에 해결해야 할 단계는 마음이 새로운 아이디어를 생각해내는 방법이 있는지, 그리고 그 방법을 재현할 수 있는지 알아보는 것이었다. 심리학자들은 그 해결책이 쉽지도 않고 명백하지도 않은 문제에 직면했을 때 우리가 보이는 전형적인 반응이 어떤 것인지 보여주기 위해 4단계 모형을 만들었다. 첫 번째 단계에서 우리는 마음이 문제나 쟁점의 기본 요소들을 붙들고 씨름하는, 치열하지만 성공을 거두지 못하는 시간을 보낸다. 그리고 나서 우리는 그 문제를 잠시 제쳐두고 즉각적인 조처가 필요한 다른 일에 몰두한다. 이 단계는 그 문제에 어떤 의식적인 생각이나 주의도 기울이지 않는 휴면기로 이어진다. 그러다가 결국 그 문제에 대해 전혀 생각하지 않을 때 혹은 꿈을 꿀 때 갑자기 영감이 반짝 떠오르면서 해결책이 생각난다.

이 수수께끼에서 가장 중요한 부분은 문제를 한쪽으로 제쳐놓고 나서 해결책이 반짝 떠오를 때까지 그 사이에 우리 뇌에 무슨 일이 일어나느냐 하는 것이다. 뇌에 새로운 아이디어가 떠오른 것은 단순히 시간이 흘렀기 때문일까, 아니면 뭔가 중요한 과정이 작용한 것일까? 1980년대 전반에 프랜시스 크릭Francis Crick과 그레임 미치슨Graeme Mitchison은 꿈이 학습과 창조성의 중요한 요소라는 가설을 세웠다. 학습과 창조성은 서로 밀접한 관계가 있는 기술로, 드문 식량을 구하는 것에서부터 사업을 위해 새로운 제품을 만드는 것에 이르기까지 광범위한 측면에서 생존에 이득을 가져다줄 수 있다. 수면—특히 렘 수면—이 마음이 문제를 해결하는 시간이라는 주장은 직관적으로 타당해 보인다. 렘 수면은 꿈을 가장 생생하게 꾸는 때이고, 마음이 깨어 있을 때처럼 뇌가 활발하게 활동하는 시간이다. 만약 어느 날 밤에 렘 수면에 보낸 시간이 적다면, 우리 뇌는 다음 날 밤에 그 수면 단계를 늘림으로써 보충한다. 뇌가 이 시간을 중요하게 여긴다는 사실을 알아채는 데에는 그다지 많은 상상력이 필요하지 않다.

크릭과 미치슨의 이론에 따르면, 뇌는 낮 동안에 점심때 만난 웨이터의 얼굴 형태에서부터 동료의 넥타이 색깔과 패턴에 이르기까지 수많은 정보를 받아들인다. 우리가 새로운 것—지난 수요일에 직장에서 일어난 일의 사실과 같은 서술적 지식이건, 차를 운전하는 법과 같은 절차적 지식이건—을 배울 때, 그 정보는 뇌에서 해마라는 부위를 통해 흘러간다. 이 모든 정보를 장기 기억에 저장하는 것은 비실용적일 뿐만 아니라, 중요한 정보가 필요해 그것을 찾으려고 할 때 뇌의 작업 속도를 늦출 수 있다. 뇌는 보관할 것과 버릴 것을 선별하며, 다음 날 새로 들어올 정보를 저장하기 위해 꼭 필요하지 않은 정보는 잊어버린다. 마음의 서류함을 정리하고 조직하는 과정은 렘 수면 동안에 일어날 수 있는데, 꿈의 무작위성은 이것으로 설명할 수 있다. 창조적 천재성은 뇌가 매일 밤 어수선한 잡동사니를 정리할 때 일어나는 일이 단순히 과장된 형태로 일어나는 것일 뿐이다. 중요한 정보만 남았을 때, 우리 마음은 이전에 볼 수 없었던 연관 관계를 쉽게 알아낼 수 있다.

비록 이 이론은 흥미롭긴 하지만, 크릭과 미치슨은 그것을 입증하려고 큰 노력을 기울이지 않았다. 2000년대 전반에 독일 북부의 뤼벡 대학에서 한 연구팀은 실험실 환경에서 그것을 검증해보기로 결정했다. 그들이 답을 얻으려고 했던 질문은 수면이 새로운 개념을 탄생시키는 데 촉매 역할을 하느냐, 아니면 통찰은 뇌가 어떤 문제를 풀려고 쓴 시간과 관계가 있느냐 하는 것이었다. 그들은 자원자들을 모아 숫자 퍼즐을 풀게 했다. 연구자들은 실험 참여자들에게 자신들 앞에서 문제의 답인 6개의 수를 얻으려면, 기본적인 뺄셈 말고는 특별한 수학 실력이 필요하지 않은 두 가지 규칙을 따르기만 하면 된다고 설명했다. 첫 번째 단계는 숫자열에서 여섯 쌍의 수 사이에 어떤 관계가 있는지 살피는 것이었다. 만약 4처럼 같은 수가 연이어 나타나면, 그 수를 답으로 말해야 한다. 하지만 두 수가 서로 다르면, 두 수의 차를 답으로 말해야 하며, 이런 식으로 6

개의 수를 구한다.

하지만 연구자들이 알려주지 않은 사실이 있었는데, 그보다 훨씬 쉽게 답을 얻는 방법이 따로 있었다. 각각의 경우에 답으로 나온 6개의 수 중에서 뒤의 세 수는 앞의 세 수를 거꾸로 뒤집은 것이었다. 즉, 답에서 처음 세 수가 4–9–1이라면, 뒤의 세 수는 1–9–4이다. 이것은 미묘한 패턴이어서 실험을 진행하는 동안 실험 참여자 중에서 이것을 알아챈 사람은 아무도 없었고, 30번이나 같은 시도를 거치는 실험을 다 한 뒤에도 아무도 알아채지 못했다.

모두가 더 어려운 방법으로 문제를 푸는 방법을 충분히 익힌 뒤에 연구자들은 잠을 잘 시간을 기준으로 집단을 나누었다. 한 집단은 정상적으로 8시간을 자게 했고, 또 한 집단은 밤새 잠을 자지 않게 했다. 그리고 오전에 문제를 푼 세 번째 집단은 중간에 낮잠을 자지 말고 8시간 후에 다시 돌아오라고 했다. 그럼으로써 연구자들은 각 집단을 동일한 시간 동안 문제를 푸는 일에서 떼어놓았다. 만약 나중에 모든 집단에서 비슷한 정도의 개선이 나타난다면, 문제에 대한 해결책은 뇌가 충분히 오랜 시간 동안 숙고한 결과로 나왔음을 시사한다. 하지만 만약 개선된 정도가 집단에 따라 큰 차이를 보인다면, 잠자면서 꿈을 꾸는 동안에 무슨 일이 일어났으며, 그것이 새로운 도전에 대응하는 능력에 차이를 빚어냈음을 시사한다.

결과를 비교하자, 잠이 핵심이라는 사실이 명백하게 드러났다. 같은 유형의 문제에 두 번째로 도전하기 전에 잠을 전혀 자지 않은 실험 참여자들은 문제를 푸는 능력이 별로 나아진 게 없었다. 반면에 8시간을 잔 사람들은 17%나 더 빨리 과제를 완수했다. 그것뿐만이 아니었다. 더 쉬운 방법을 찾아낸 실험 참여자는 동료들보다 70%나 더 빨리 과제를 완수했는데, 6개의 답 중에서 처음 3개만 풀면 되었기 때문이다. 잠을 자지 않은 실험 참여자들 중에서 실험이 끝날 때까지 그 패턴을 알아챈 사람은 4명당 1명에 불과했다. 하지만 잠을 충분히 잔 사람들은 거의 다 결국 쉬운 방법을 발견했다. 밤에 잠을 자는 동안 어느 순간에 그들의 마음은 깨어 있을 때 맞닥뜨렸던 문제에 대해 새로운 접근 방법을 시도할 수 있었다. 잠을 자지 않은 실험 참여자들은 연구팀이 정해준 규칙에 따라 각각의 문제를 문자 그대로 계속 생각하는 데 그쳤다. 반면에 잠은 뇌에 인지적 유연성을 발휘할 기회를 주었고, 그 덕분에 상황을 새로운 각도에서 바라볼 수 있었다.

그것은 마치 잠이 뇌의 근육을 스트레칭한 것과 같았고, 그러자 뇌는 사실과 현실에 대한 개념을 유연하게 구부러뜨리는 반응을 보여 그것을 새로운 시각으로 볼 수 있었다. 이 연구는 잠이 실제로 문제 해결 능력을 향상시킨다는 사실을 확인시켜 주었지만, 꿈이 그 과정에 도움을 주는지는 여전히 풀지 못했다. 꿈은 그저 뇌가 자신의 기억을 강화하고 새로운 기술을 갈고 닦는 함께 일어나는 수면의 일부에 불과할까, 아니면 꿈은 뇌가 그 목적을 이루는 데 도움을 줄까?

대서양 반대편의 하버드 대학에서 한 연구자는 비디오 게임을 이용해 뇌가 나중에 꿈으로 다시 나타나는 새로운 정보를 어떻게 처리하는지 연구했다. 그 당시 60대 초의 정신의학과 교수이던 로버트 스틱골드Robert Stickgold는 버몬트 주에서 가족과 함께 하이킹을 하다가 경험한 일 때문에 꿈 연구에 흥미를 느끼게 되었다. 어느 날 밤, 막 잠에 빠져드는 순간, 그는 아직도 산에 있는 것 같은 느낌이 들었다. 편안하게 침대에 누워 있는데도 불구하고, 마치 실제로 그러는 것처럼 바위를 잡고 몸을 위로 끌어올리는 감각을 아주 생생하게 느꼈다. 두 시간 뒤에 깨어나자, 그 느낌은 사라지고 없었다.

며칠 뒤, 그는 잠들었을 때 낮에 했던 일을 마음이 재연하는 것처럼 생생했던 그 기묘한 느낌을 동료들에게 이야기했다. 그러자 그런 경험을 한 사람이 자기뿐만이 아니라는 사실을 알게 되었다. 동료들도 급류 래프팅을 하거나 하루 종일 유기화학을 연구하는 것(그들은 하버드 대학 교수 집단이었다)처럼 강렬하고 집중적인 활동을 하고 난 뒤에 그런 경험을 한 적이 있다고 말했다. 스틱골드는 이것이 보편적으로 일어나는 현상인지 알아보기 위해 연구를 하고 싶었지만, 실험 참여자들을 버몬트 주로 실어와 그들을 이끌고 산을 오를 필요가 없는 실험을 설계하는 부분에서 그만 막히고 말았다.

그때, 한 동료가 테트리스를 제안했다. 역사상 가장 큰 인기를 끈 비디오 게임 중 하나인 테트리스는 러시아 민요가 흘러나오는 가운데 위에서 떨어져 내려오는 다양한 형태의 조각들을 가로 방향으로 일직선이 되도록 맞추는 게임이다. 이 게임을 해본 사람이라면 알겠지만, 테트리스 게임에는 잠잘 때에도 머릿속에 게임 생각을 계속 떠오르게 하는 어떤 요소가 있다. 스틱골드는 대학생들을 모집했는데, 테트리스를 한 번도 해본 적이 없는 사람들과 50시간 이상 해본 사람들을 모두 포함시켰다. 스틱골드는 실험 참여자들을 테트리스 게임을 한참 하게 한 뒤 자신의 수면 연구소에서 정상적으로 잠을 자게 했다. 그리고 잠시 후 그들을 깨워 무슨 꿈을 꾸었는지 물어보았다. 대략 5명 중 3명은 테트리스 조각이 떨어지는 것을 보았다고 대답했다. 스틱골드가 버몬트 주에서 하이킹을 한 뒤에 잠자면서 바위를 기어오르는 느낌을 생생하게 느낀 것과 마찬가지로, 실험 참여자들은 잠들었을 때 낮 동안에 뇌가 붙들고 씨름했던 도전 과제가 마음속에서 재생되었다.

실험 둘째 날 밤에는 테트리스 꿈을 꾸었다는 보고가 더 많이 나왔다. 그것은 마치 마음이 떨어지는 형태들을 제대로 맞추는 게 순전히 요행으로 할 수 있는 일이 아님을 깨닫고서 어떤 전략을 구상하는 데 여분의 시간을 더 쏟아붓기로 결정한 것처럼 보였다. 테트리스를 처음 한 실험 참여자들은 모두 꿈에서 테트리스 조각이 떨어지는 것을 보았다고 보고한 반면, 이전에 테트리스를 해본 적이 있는 사람들은 절반만이 그렇다고 보고했다. 흥미롭게도, 스틱골드는 평소에 기억상실증을 겪는 사람을 몇 명 실험에 참여시켰다. 이 집단에 속한 사람들 사이에서도 꿈에서 테트리스 조각이 떨어지는 것을 보았다는 보고가 나왔는데, 실험 참여자들은 자신이 그 게임을 한 것을 맨 정신으로는 기억하지 못하는데도 불구하고 그런 꿈을 꾸었다. 각자의 뇌는 잠자는 시간을 깨어 있을 때 경험한 일을 반복하는 시간으로 사용했다. 실험 참여자들이 게임을 두 번째로 할 때, 테트리스 꿈은 그들이 게임을 더 잘하는 데 도움이 된 것처럼 보였는데, 그것은 단순히 시간 경과가 가져다주는 효과를 뛰어넘는 수준이었다.

다른 연구들에서도 같은 결과가 나왔다. 브라질 연구자들은 테트리스 대신에 둠Doom이라는 폭력적인 1인칭 총격전 비디오 게임을 사용했는데, 실험 참여자들에게 잠자기 전에 최소한 한 시간 동안 총과 칼과 동력톱으로 좀비와 괴물을 죽이는 게임을 하게 했다. 그리고 렘 수면에 빠졌을 때 깨워서 어떤 꿈을 꾸었느냐고 묻자, 괴물과 동력톱이 나오는 꿈을 꾸었다는 대답이 가장 많았다. 테트리스와 마찬가지로, 게임에 대한 꿈을 더 오래 꾼 사람들이 잠자는 동안 그 경험을 되살리지 않은 사람들보다 다음 번에 게임을 할 때 기술이 훨씬 향상되었다.

한편, 같은 도시에서 하버드 대학의 반대편에 위치한 MIT에서는 매튜 윌슨Matthew Wilson이라는 신경과학자가 낮 동안에 쥐가 학습한 새 정보가 꿈에 포함된다는 사실을 발견했다. 그는 쥐들의 뇌에 작은 전극을 집어넣었다. 그리고 각각의 쥐가 미로를 탐색할 때 그 뇌파를 기록했다. 윌슨은 특정 장소에 먹이가 있다거나 어떤 장소를 돌아다니기가 어렵다는 기억(우리 자신의 뇌에서도 해마가 하는 것과 아주 비슷한 일)을 포함해 온갖 기억의 저장에 관여하는 해마의 신경세포 집단에 초점을 맞추었다. 윌슨은 쥐가 자는 동안 뇌파 패턴이 쥐가 깨어서 미로를 돌아다닐 때 본 것과 완벽하게 일치한다는 사실을 발견했다. 그 데이터는 너무나도 비슷해서 윌슨은 쥐가 꿈꾸는 미로 부분이 어디인지까지도 정확하게 알 수 있었다. 쥐들은 낮에 돌아다니던 행동을 반복했고, 그것을 기억에 저장하고 있었다.

크릭과 미치슨이 주장한 것처럼 잠은 윌슨의 쥐들이 새롭고 중요한 정보에 초점을 맞추는 시간으로 보였다. 스틱골드는 인간의 뇌에 전극을 집어넣는 것 다음으로 최선의 방법인 비디오 게임을 사용해 이 연구를 더 해보기로 결정했다. 테트리스 실험의 성과 덕분에 스틱골드는 알파인 레이서 2라는 아케이드 게임을 구입해 자신의 수면 연구소에 설치해달라고 하버드 대학을 설득할 수 있었다. 이 게임은 게임 참여자가 단지 손가락만 움직이는 대신에 온몸을 움직이는 게 필요한 새로운 계통의 게임이었다. 이 아케이드 게임을 하려면, 두 플랫폼(각각의 플랫폼은 스키 한 짝을 나타낸다)을 밟고 올라서서 폴에 해당하는 파란색 손잡이 2개를 붙잡고 조작해야 한다. 게임 참여자는 콜로라도 주의 블랙 다이아몬드 코스를 달리는 것과 대충 비슷하게 만든 코스에서 팔과 다리를 동시에 움직이면서 나무를 피하고 게이트들 사이로 활강해야 한다. 여기서 느끼는 몰입 경험은 버몬트 주에서 하이킹을 하거나 의사 결정과 신체적 움직임이 결합된 그 밖의 전신 활동과 맞먹는 것으로, 시간과 인내심을 결합해야 기술을 터득할 수 있는 아주 힘든 인지적 과정이다.

스틱골드는 사람들이 밤 동안에 새로운 정보에 대한 꿈을 계속 꾸는지 검증하는 실험을 설계했다. 그의 목표는 새로운 데이터가 마음이 이미 알고 있는 것과 어떻게 상호작용하는지 알아내는 것이었다. 테트리스 실험에서와 마찬가지로, 스틱골드는 자원자들을 모집하여 그 게임을 45분 동안 한 뒤에 그날 밤은 자기 연구소에서 자게 했다. 하지만 이번에는 일부 실험 참여자가 한두 사이클(한 사이클은 약 90분)이 지날 때까지 잠을 자도록 기다렸다가 잠을 깨워 무슨 꿈을 꾸었는지 물어보았다. 테트리스 실험에서와 마찬가지로, 밤중에 일찍 깨운 실험 참여자들 중 약 절반은 비디오 게임에 나오는 장면들처럼 보이는 꿈을 꾸었다. 즉, 스키를 타거나 산에서 하이킹을 하는 꿈을 꾸었다. 하지만 밤이 깊어감에 따라 꿈에 대한 보고는 덜 직접적인 것으로 변해갔다. 실험 참여자들은 컨베이어 벨트를 타고 움직이는 것처럼 숲 사이로 빠른 속도로 움직이는 것과 같은 꿈을 꾸었다고 보고하기 시작했다.

새로운 정보를 문자 그대로 반복하던 과정이 이제 분석으로 발전하기 시작했다. 꿈의 초기 단계가 일단 지나가고 나자, 뇌는 메모리 카드에 저장된 데이터와 연결하거나 그것을 연상하는 방법을 발견하기 시작했다. 스키의 요소들을 실험 참여자가 이미 알고 있는 것과 융합한 이 단계의 꿈은 어른의 뇌가 렘 수면에 더 긴 시간을 보낼 때, 즉 밤이 한참 깊은 뒤에야 나타났다. 실험 참여자들이 잠잘 때 그들의 뇌는 필사적으로 연결을 찾는 자유 연상 회기에 들어간다. 이것은 긴 잠에서 깨어난 뒤 기억하는 꿈이 왜 그토록 이상한지뿐만 아니라, 우리가 기억에서 새로운 아이디어를 어떻게 만드는지도 설명할 수 있다. 감정과 사실, 그리고 새로운 정보 사이의 공개적 상호 작용은 뇌에게 사물을 새로운 각도에서 보게 한다. 꿈에서 깨어나 골프 클럽을 잡는 방법을 갑자기 깨달은 골프 선수는 천재성이 발휘되었다기보다는 잠이 뇌를 위해 한 일의 자연적 산물처럼 보인다.

잠자는 동안 뇌가 새로운 연결을 만들기 위해 정보를 강화한다는 스틱골드의 주장은 그의 제자로 캘리포니아 대학 버클리 캠퍼스에서 교수로 일하는 붉은 머리의 영국인 매튜 P. 워커Matthew P. Walker의 연구가 뒷받침한다. 스틱골드의 연구를 바탕으로 워커는 잠이 신경과학에서 '신경 가소성' 또는 '뇌 가소성'이라 부르는 것에 어떤 영향을 미치는지 살펴보기로 했다. 신경 가소성은 본질적으로 새로운 기술을 배우거나 새로운 기억을 저장할 때 스스로를 개조하거나 수정하는 방식이다. 그 당시 워커는 하버드 대학에서 막 박사 학위를 마친 뒤 버클리에서 연구원으로 일하고 있었다. 그가 속한 연구팀은 실험 참여자들을 대상으로 일련의 숫자를 타자하는 능력을 시험했는데, 두 번째 시도를 하기 전에 잠을 자게 하면 과제를 완수하는 시간이 20%나 빨라진다는 사실을 발견했다.

버클리에서 한 연구에서 워커는 오른손잡이 실험 참여자들에게 왼손을 사용해 5개의 수를 타자하게 했다. 그것은 익숙하지 않은 과제여서 실험 참여자의 타고난 능력 때문에 데이터가 왜곡될 가능성을 낮췄다. 워커는 키를 누르는 데 걸리는 시간을 분석하여 거의 모든 실험 참여자가 무의식적으로 수열을 더 작고 다루기 쉬운 덩어리로 분해한다는 사실을 발견했다. 이것은 주민등록번호를 외울 때 숫자들을 두 자리, 세 자리, 네 자리 집단으로 나누어서 외우는 것과 비슷하다. 워커는 실험 참여자들에게 정상적으로 잠을 자며 하룻밤을 보낸 뒤에 다시 오라고 했다. 윌슨과 스틱골드의 연구에서와 마찬가지로 잠자는 데 보낸 시간은 수행 능력을 향상시키는 효과를 낳았다. 8시간 동안 잠을 잔 뒤에 거의 모든 실험 참여자는 수들을 한 번에 손쉽게 타자했다.

하지만 모든 잠이 뇌에 똑같은 혜택을 주진 않는다. 무엇보다도 타이밍이 중요하다. 워커가 확인한 숙련 효과는 새로운 것을 배운 직후에 취하는 수면의 질에 따라 달라진다. 학습에서 가장 중요한 시기는 밤의 처음 6시간 동안에 일어난다. 한 연구에서 연구자들은 실험 참여자들에게 운동 기술 테스트를 치르도록 훈련시켰다. 한 집단은 잠을 6시간 미만 재운 뒤에 깨워 먼젓번 과제와 상관없는 두 번째 과제를 수행하도록 훈련시켰다. 두 번째 집단은 정상적으로 잠을 자게 했다. 방해받지 않고 잠을 푹 잔 실험 참여자들은 다음 날에 운동 기술 테스트를 평균적으로 21% 더 빨리 수행했다. 반면에, 도중에 잠을 깨운 실험 참여자들은 평균적으로 9%만 더 빨라졌다. 이것은 중요한 순간에 그들의 뇌가 방해를 받은 결과처럼 보였다.

또 다른 연구에서 연구자들은 실험 참여자들에게 타자 연습을 완벽하게 익히도록 훈련시켰다. 일부 실험 참여자는 하룻밤 동안 잠을 제대로 자지 못하게 한 반면, 나머지 사람들은 정상적으로 잠을 자게 했다. 하지만 다음 날 밤에는 모든 실험 참여자에게 원하는 만큼 실컷 잠을 자게 했다. 며칠에 걸친 실험이 끝날 무렵, 잠을 잔 총 시간은 모든 실험 참여자가 거의 다 똑같았다. 하지만 누적 수면 시간은 다소 비슷하다 하더라도, 실험 참여자의 수행 능력은 새로운 기술을 배운 날 밤에 잠을 얼마나 잤느냐에 분명히 큰 영향을 받았다. 첫날 밤에 잠을 제대로 자지 못한 사람들은 잠을 푹 잔 사람에 비해 수행 능력이 일관되게 뒤떨어졌다. 잠을 통해 새로운 정보를 기억에 강화하는 최초의 자극을 뇌가 받는 시간이 단순한 시간 경과나 둘째 날 밤에 잔 여분의 잠보다 더 중요한 것으로 드러났다. 훈련이 완벽하게 만든다는 격언은 절반만 맞는 것처럼 보인다. 성공은 훈련뿐만 아니라 잠에도 달려 있는 것처럼 보인다. 워커는 "잠은 그 기억을 향상시켜 다음 날 같은 과제로 돌아왔을 때 전날보다 훨씬 나은 수행 능력을 발휘하게 한다."라고 말한다.

하지만 만약 여러분이 밤에 잠을 늘 푹 잘 수 있는 형편이 아니라면 어떻게 될까? 사실, 많은 사람들은 중요한 정보—예컨대 내년에 고객이 우리 회사의 어떤 제품을 구매하길 원하는지에 관한 정보, 혹은 값비싼 새 컴퓨터 프로그램을 사용하는 방법 같은 것—를 습득한 후에 푹 자고 싶은 시간보다 훨씬 적은 시간을 자는데, 잠을 덜 자길 원해서 그러는 게 아니라 어쩔 수 없는 사정 때문에 그런다. 학습과 혁신에 아주 소중한 시간을 스스로 박탈했다는 사실을 알게 되면 상황이 더 악화될까?

반드시 그렇진 않다. 밤에 잠을 푹 자지 못하더라도, 낮잠을 잠으로써 뇌가 새로운 정보를 종합하는 능력을 향상시킬 수 있다. 펜실베이니아 대학의 데이비드 딘지스David Dinges 교수와 한 연구팀이 NASA의 지원을 받아 한 연구에서, 비록 낮잠이 각성 수준이나 따분한 과제에 주의를 집중하는 능력을 높이진 못하더라도, 우주 비행사에게 낮잠을 15분 정도만 자게 해도 인지 수행 능력이 크게 향상된다는 사실을 발견했다.

한편, 뉴욕의 시티 대학 연구자들은 낮잠을 자면 뇌가 사물들 사이의 연결 관계를 잘 파악하고 사물들을 잘 연결짓는 데 도움이 된다는 사실을 발견했다. 그들은 실험 참여자들에게 사물들의 쌍을 보여주면서 나중에 그것들을 기억하는 능력을 측정할 것이라고 말했다. 한 집단은 90분 동안 낮잠을 자게 했고, 다른 집단은 영화를 보면서 깬 상태로 시간을 보내게 했다. 실험 참여자들은 단순한 기억 테스트를 기대하면서 실험실로 되돌아왔다. 그런데 연구자들은

귀스타브 카유보트, 〈낮잠〉, 1877년
낮잠을 자면 뇌가 사물들 사이의 연결 관계를 파악하고 사물들을 연결짓는 데 도움이 된다.

그들에게 각각의 쌍을 기억하는 대신에 각 쌍을 이룬 물체들 사이의 관계를 기술하게 했다. 이 실험에서도 잠을 잔 시간이 실험 참여자의 과제 수행 능력을 좌우했다.

더 깊은 단계의 수면을 경험한 실험 참여자들은 유연한 사고를 더 잘 발휘했는데, 유연한 사고는 낡은 사실과 정보를 새로운 상황에 적용하는 데 중요한 인지 기술이다. 잠은 또한 뇌가 패턴을 인식하는 데에도 도움을 줄 수 있다. 영국 맨체스터 대학의 사이먼 두랜트Simon Durrant 교수가 한 연구에서는 실험 참여자들에게 짧은 멜로디를 들려주었다. 그리고 나중에 같은 멜로디를 훨씬 긴 음악에 포함시켜 들려주면서 그 부분을 집어내라고 지시했다. 뉴욕의 연구자들이 한 연구에서와 마찬가지로, 실험 참여자들은 낮잠을 잔 집단과 자지 않은 집단으로 나누었다. 낮잠을 자는 동안 느린 파형 수면에 깊이 빠진 시간은 실험 참여자의 수행 능력을 예측하는 지표가 되었다. 낮잠을 자면서 깊은 수면에 빠진 사람은 낮잠을 자지 않은 사람보다 음악의 추상적인 패턴을 인식하는 과제에서 훨씬 나은 성적을 얻었다.

낮잠을 잔 사람은 자지 않은 사람보다 미로 문제를 훨씬 빨리 풀었고, 혼란스러운 이미지들을 보여주었을 때 덜 감정적으로 대처했으며, 주어진 단어 명단에서 단어를 더 많이 기억했다. 오늘날 과학자들은 마음에서 불필요한 정보를 정리하고 기술을 갈고 닦는 과정은 모든 수면 단계에서 일어난다고 생각한다. 그 혜택은 잠자는 시간이 길수록 기하급수적으로 증가한다.

낮잠은 직장에서 경쟁력을 높이는 데에도 사용된다. 구글, 나이키, 프록터 앤드 갬블, 시스코 시스템스 같은 회사들은 사무실에 낮잠을 잘 수 있는 수면실을 설치했다. 하루 종일 깨어 있게 하는 것보다 잠깐 낮잠을 자게 하는 편이 공학자와 설계자가 창조적인 해결책을 더 빨리 생각하는 데 도움이 된다고 판단했기 때문이다. 얼러트니스 설루션스Alertness Solutions 같은 이름을 가진 회사들의 컨설턴트들은 기업 관리자들과 직원들에게 잠과 업무 피로 수준의 관리가 중요하다는 사실을 교육시키는 대가로 수천 달러를 받는다. 이 교육의 목적은 직원의 안전을 위한 것이 아니다. 그보다는 아이디어 생산 과정을 빠르게 하기 위한 것이다.

잠을 많이 자는 게 창조적 아이디어를 생각하는 데뿐만 아니라 인명을 구하는 데에도 중요하다고 보는 일련의 연구가 있다. 우연히 일어난 것처럼 보이는 몇 차례의 사고가 이런 연구를 낳았다.

7.

'Z' 무기

● 사막에서 해가 지자, 우르릉거리며 달리던 전차들이 속도를 늦추더니 멈춰섰다. 제2기갑 연대 병사들 앞에는 사방 어디를 둘러봐도 모래 바다만 끝없이 펼쳐져 있었다. 1991년 2월 25일, 훗날 100시간 전쟁이라고도 부른 걸프전이 시작된 지 50시간이 지났을 때였다. 그 짧은 시간에 미국이 이끄는 다국적군은 쿠웨이트에서 이라크군을 도주하게 만들었다. 아라비아 사막 전역에서 이라크군은 사담 후세인Saddam Hussein이 소련에서 구입한 느리고 낡은 전차를 탄 채 오도 가도 못하는 처지에 놓여 있었다. 전차를 판매한 지 얼마 안 돼 크렘린은 전차의 발포 정확성에 심각한 결함이 있다는 사실을 발견하고 소련 전차 부대를 개선하는 작업에 박차를 가했지만, 후세인은 영수증을 잘 챙기지 않았던 것으로 보인다. 이라크군은 얼마 지나지 않아 소련 공학의 흥미로운 결함을 한 가지 더 발견했다. 포탄에 맞으면 포탑이 전차 차량에서 깨끗하게 분리되면서 공중으로 솟구쳤는데, 다국적군은 이 현상을 '폽톱pop-top(캔 음료처럼 고리를 잡아당겨 따는 용기 또는 그 고리—옮긴이)'이라 불렀다. 사막 곳곳에 이라크 전차 포탑들이 햇빛에 그을린 채 널려 있었다.

제2기갑 연대는 이라크 남부로 진격한 뒤에 대기하라는 명령을 받았다. 다른 다국적군 부대가 예정보다 일찍 진격하는 바람에 그들과 진격로가 겹치면 아군 간에 전투가 발생할 가능성이 있었기 때문이다. 전차들은 거센 바람과 심한 비를 맞으며 모래 위에서 직선 대형을 유지한 채 점점 어두워져 가는 사막의 밤 한가운데서 기다렸다. 그것은 며칠 동안 전투를 한 뒤 처음으로 맞이한 진정한 휴식이었다. 지난 5일 동안 병사들이 밤에 잠잔 시간은 하루 세 시간 미만이었다. 그럼에도 불구하고, 그들은 야간 투시경을 쓴 채 기지에서 꼼짝도 않고 주변을 둘러싼 텅 빈 사막을 응시했다. 새벽 1시에 깜빡이는 움직임이 처음으로 시야에 잡혔다. 그 움직임에 해당하는 이라크군은 어둠 속에서도 앞을 보는 능력을 가진 미군과 맞닥뜨리게 될 것이라고는 꿈에도 몰랐다. 미군은 앞에 있는 차량들이 적이라는 사실을 확인하자마자, 모든 전차병이 전투에 임하면 떠올리는 구호를 되뇌었다. 우리 앞에 있는 것은 모두 죽는다는.

밤 공기 속에서 포성이 메아리쳤다. 전투 도중에 직선으로 늘어선 미군 대형에서 맨 우측에 있던 전차 3대가 대열을 이탈했다. 이 전차들은 유리한 위치를 차지하기 위해 왼쪽으로 돌았다 오른쪽으로 돌았다 하며 회피 기동을 했다. 그런데 갑자기 적의 수가 세 배로 늘어난 것처럼 보였다. 미군 전차들은 대열에서 벗어나면서 25mm 포를 계속 발사했다. 미군 전차들은 앞에 있는 전차들을 파괴했고, 대부분 단 한 발의 포탄도 맞지 않고 살아남았다. 포격이 멈췄을 때, 미군은 이라크 전차를 전부 다 파괴했지만, 미군 전차도 2대가 파괴되었다.

나중에 브리핑실에서 작전 참모들은 어떻게 이라크군이 훨씬 빠르고 강하고 나은 장비를 갖춘 미군 전차를 조준할 수 있었을까 하고 의아하게 생각했다. 전체 걸프전을 통해 이라크군이 파괴한 미군 차량은 20여 대에 불과했다. 그런데 비가 쏟아지는 한밤중에 벌어진 이 작은 전투에서 미군 전차 2대가 파괴된 것이다. 단순히 운이 나빴을까? 아니면, 일부 이라크군이 미군이 예상치 못했던 무기를 갖고 있었을까? 조사팀은 파손된 브래들리 전차를 살펴보고 전차병들과 면담했다. 전차병들은 1100℃의 고열에도 견디는 내열복을 입고 있었기 때문에 살아남을 수 있었다. 불에 탄 금속들을 수거해 분석한 조사관들은 금방 그 답을 찾아냈다. 대전차용 포탄 껍데기는 그 포탄이 미군 전차에서 발사되었다는 것을 분명히 알려주었다. 두 전차는 아군의 포탄에 희생된 것이다.

그것은 사막에서 반복적으로 일어나는 사고였다. 걸프전에서 미군 전투원 사망자 4명 중 1명은 아군의 총탄이나 포탄에 희생되었다. 전쟁이 끝나고 나서 얼마 후, 미 육군 심리학자 팀은 왜 병사들이 아군을 공격하는 일이 계속 발생하는지 조사에 나섰다. 소아마비나 천연두처럼 아군의 발포는 기술과 훈련을 통해 진즉에 박멸되었어야 마땅했다. 걸프전에 참전하기 전에 몇 달 동안 전차 부대 지휘관들은 시뮬레이션 전투를 하며 수백 시간을 보냈다. 각 전차 승무원들은 레이저 유도 감지기로 차량에서 나오는 열을 감지해 차량의 정체를 파악할 수 있었고, 지상 전투병은 3kg짜리 배낭 안에 인공위성에서 보내온 정보를 포착할 수 있는 수신기가 들어 있어 지도상에서 같은 편이 근처에 어디쯤 있는지 정확하게 알 수 있었다. 전쟁의 짙은 안개는 완전히 걷히진 않는다 하더라도, 어느 정도 열어지는 징후가 나타나야 마땅했다. 하지만 아군 간의 발포 사고 비율은 예상한 것만큼 줄어들지 않았다.

전투 도중에 병사들이 미처 대비하지 못한 일이 일어나는 게 분명했고, 그것이 사상자를 낳았다. 연구자들은 아군에게 발포한 병사들과 표적이 된 병사들을 면담했다. 훈련 교범도 자세히 살펴보았다. 초 단위까지 정밀하게 사건 발생 시간표도 작성했는데, 오인 사격이 언제 일어났으며, 그때 각 병사의 마음에 어떤 일이 일어났는지 상세하게 기술했다. 또, 반응 시간에서부터 사기에 이르기까지 모든 것을 고려하면서, 현실의 실제 조건을 연구에서 얻은 결과와 비교했다.

모든 조사와 분석이 끝나자, 진실이 드러났다. 그것은 상식에서 벗어나는 것이었지만 명백했다. 그런 사고가 일어난 원인은 단지 병사들이 잠을 충분히 자지 못했기 때문이었다. 수백 시간의 준비를 통해 쌓은 기술과 훈련도 수면 박탈 상황에 놓인 전장에서는 무용지물이었다. 수면 박탈의 효과는 너무나도 강해서 세계 최강의 군대마저 탈선하게 만들 만큼 위협적이었다. 미군에게 적에 비해 압도적 우위를 제공하는 일급 기밀 기술과 하드웨어보다도 몸이 요구하는 것들과 뇌가 합리적 결정을 내리는 데 잠이 담당하는 역할이 더 큰 위력을 발휘했다.

미군 병사들은 전 세계를 돌아다니면서 잠자는 것만 빼고는 무슨 일이든지 다 한다. 그들의 삶은 분 단위로 계획에 따라 돌아간다. 전투 지역에서 대부분의 병사들은 기상 시간과 식사 시간 또는 잠자리에 드는 시간에 대해 아무 발언권이 없다. 평화로운 시기에도 병사들은 하루에 잠을 6시간 잘 수 있으면 운이 좋은 편이다. 뇌를 초롱초롱한 상태로 유지하려면 대부분의 어른은 8시간의 잠이 필요하므로, 6시간은 그것의 4분의 3에 불과하다. 또한, 청소년— 아직 합법적 음주 연령이 되지 않은 젊은 신병 수만 명을 포함해— 은 완전한 회복을 위해 9시간의 수면이 필요할 때가 많다.

숙면을 취하지 않으면, 진화의 가장 큰 자산인 뇌가 오히려 최대의 약점으로 변한다. 예를 들면, 연구자들은 버지니아 주에서 노바스코샤까지 항해하는 미국 해안경비대 함정에 탄 수병들을 조사한 결과, 14명 중 12명은 근무 중 최소한 한 번은 잠에 빠진다는 사실을 발견했다. 잠을 제대로 자지 못한 데서 비롯되는 모든 판단 착오를 비용으로 환산하는 것은 불가능하지만, 비록 규모는 작더라도 그것을 분명하게 보여주는 수치가 하나 있다. 비교적 평화로운 시기였던 1996년에 일어난 미군 항공기 손실 사고 32건은 승무원 피로가 그 원인이었는데, 그중에는 대당 가격이 3800만 달러나 되는 F-14 전투기 3대도 포함돼 있었다.

걸프전이 끝난 지 12년 뒤, 미군 전차들은 또 한 번 이라크 남부 사막을 질주했는데, 이번에는 바그다드로 진격하기 위해서였다. 전쟁 계획을 세우는 전략가들은 이라크 자유 작전Operation Iragi Freedom 의 성공을 위해 각 부대에 필요한 연료와 식량, 탄약의 양을 충분

게르하르트 레미슈, 〈부활〉의 일부(그리스도의 무덤을 지키는 로마인 병사), 1540~1542년
군인에게 최대의 적은 수면 부족일지도 모른다.

히 고려했다. 하지만 잠은 꼭 필요한 것으로 고려하지 않았다. 그 결과, 전쟁이 카운트다운에 들어간 시점에서 병사들의 하루 수면 시간은 2시간에 불과했다. 쿠웨이트 국경에서 북쪽으로 질주하던 미군의 진격은 운전병들이 깜빡 졸다가 전차와 험비가 도로에서 벗어나는 바람에 여러 차례 지연되었다. 한 해병대 대령은 전투 중 휴식 시간에 "우리에게 최대의 적"은 수면 부족이라고 말했다. "그것은 쉬운 임무를 어렵게 만든다."

그럼에도 불구하고 전투 지휘관들은 수면 부족 상태에서도 병사들에게 계속 진격하라고 명령했는데, 속도와 기동성의 전술적 이점이 피로로 인한 단점보다 크다고 판단했기 때문이다. 지휘 계통에서 위쪽에 있는 지휘관들은 수면 박탈 정도가 더 심했다. 전투 초반에 많은 장교들은 48시간 내내 잠자지 않고 깨어 있었으며, 잠을 잘 때에도 한 번에 겨우 20분 정도 눈을 붙이는 데 그쳤다. 한 지휘관은 며칠 동안 모두 합쳐 2시간만 자면서 임무를 수행할 수 있었는데, "임무를 망칠지도 모른다는 두려움이 너무 컸기" 때문이라고 말했다.

하지만 실패에 대한 두려움이 주는 효과는 한계가 있다. 광범위한 수면 박탈 때문에 대부분의 군인은 깨어 있기 위해 자극제에 의존한다. 주로 사용하는 것은 카페인이다. 군인은 신병 훈련소에서부터 카페인을 많이 섭취한다. 계급이 올라갈수록 대부분의 군인은 레드불, 졸트, 마운틴듀 같은 고카페인, 고당분 음료를 졸업하고 카페인을 과다 함유한 커피를 마신다. 인기 있는 한 가지 상품인 레인저 커피는 아라비카 커피 원두를 액체 카페인과 섞은 것이다. 그 결과, 이 음료는 카페인 함량이 아주 높아 심장이 약한 사람은 마시지 말라는 경고문을 단 채 판매된다.

카페인이 자극제로 큰 인기가 있는 이유는 혈액과 뇌 사이의 장벽을 쉽게 넘나들기 때문이다. 일단 뇌로 들어간 카페인은 아데노신(신경 연결을 느리게 하고 졸음이 오게 만드는 뉴클레오티드)의 흡수를 차단한다. 그 결과는 자동차를 후진 주행시킴으로써 주행 기록계를 거꾸로 돌리는 것과 같다. 여러 연구에서 카페인은 수면 부족 상태의 실험 참여자들이 색을 구별하고, 단어들을 그 의미에 따라 더 빨리 분류하고, 어둠 속에서 사물을 더 분명하게 보는 데 도움을 주었다. 그 효과는 아주 강력해서 일부 병사는 전투 현장에서 깨어 있는 상태를 유지하기 위해 언 커피 가루를 씹어먹기까지 한다. 1990년대 후반에 군사 연구자들은 그 대안으로 카페인 껌을 개발하라는 명목으로 25만 달러의 예산을 지원받았다. 카페인이 급히 필요하다면 껌이 아주 이상적이다. 껌은 자극제를 입 속의 조직을 통해 흡수시킴으로써 알약이나 커피보다 5배나 더 빨리 뇌에 도달하게 한다. 2001년에 미국이 아프가니스탄을 침공할 무렵에는 카페인 100mg(스타벅스에서 파는 에스프레소 한 잔에 든 것보다 조금 많은 양)이 든 껌이 병사들의 전투 식량에 포함되었다. 지금은 민간인도 아마존닷컴에서 이 껌을 구입할 수 있는데, 껌 포장지에는 "Stay Awake, Stay Alive(깨어 있어야 살아남을 수 있다)."라는 자극적인 문구가 새겨져 있다.

카페인만으로 효과가 부족하다면, 의약품의 도움을 받을 수 있다. 제2차 세계 대전 이후 전투에 참여하는 병사들은 암페타민을 사용했다. 군 당국은 대부분의 병사에게 의사의 처방이 없는 한 이 약(중독성이 강한 각성제로, 사실상 마약이나 다름없는)의 복용을 제한하지만, 특정 임무를 수행하는 군인들은 이 약을 보편적으로 사용한다. 예컨대 파일럿은 야간 임무에 나서기 전에 주황색 '고 필go pill(암페타민 알약의 별명)'을 삼키며, 때로는 조종석에 앉아 한 알 더 먹기도 한다. 그 결과로 에너지가 충천하는 효과가 나타나지만, 여기에는 대가가 따른다. 자극제의 효과가 떨어지면 깊은 잠을 자기가 어려워질 뿐만 아니라, 암페타민 복용은 공격성과 편집증 증가라는 부작용을 초래한다. 2001년에 아프가니스탄 오지에서 실사격 훈련 도중에 두 미군 파일럿이 캐나다의 엘리트 육군 부대에 폭탄을 투하하여 4명을 사망케 한 사고에서도 암페타민이 한 요인으로 지목

되었다.

미국에서는 프로비질Provigil, 캐나다에서는 얼러텍Alertec이란 제품명으로 판매되는 모다피닐은 병사들의 약상자에서 발견된 최신 약이다. 비록 과학자들은 이 약이 뇌에 정확하게 어떻게 작용을 하는지 잘 모르지만, 뇌줄기에서 세로토닌 수치를 높이는 것으로 보인다. 이 약을 복용한 사람들 중 일부는 눈에 띄는 기능 저하가 전혀 나타나지 않으면서도 30시간 동안 계속해서 깨어 있었다고 보고했다. 하지만 드러난 증거들은 복용한 사람이 수면 박탈 효과를 인식하지 못하는 게 이 약의 한 가지 위험이라고 시사한다. 여러 연구 결과에 따르면, 모다피닐을 복용하고서 수면을 박탈당한 병사들은 몇 시간 동안 자신의 능력을 과신했다. 이러한 자신감 증가로 그들은 평소라면 피했을 위험도 대단치 않게 여기는 경향을 보였다.

하지만 그들은 주변 사람들을 더 즐겁게 했다. 군사 연구 중에는 재미있는 것도 가끔 있는데, 심리학자들은 자극제 사용이 유머를 이해하고 평가하는 능력에 영향을 미치는지 조사해보기로 결정했다. 농담을 이해하는 것은 말처럼 쉬운 게 아니다. 어떤 것을 보거나 듣고 나서 그것이 재미있다는 사실을 알아채기까지 찰나의 순간에 뇌는 패턴을 인식하고, 추상적 개념을 이해하고, 논리의 빈틈을 알아채는 것과 같은 복잡한 형태의 고등 사고 과정을 거쳐야 한다. 실험 참여자들을 46시간 동안 깨어 있게 한 뒤에 펜실베이니아 대학이 유머 감각 테스트용으로 개발한 일련의 만화와 신문 헤드라인을 보여주었다. 그러자 커피를 마신 사람들보다 모다피닐을 복용한 사람들이 훨씬 높은 점수를 얻었는데, 이 결과는 모다피닐이 인지 수행 능력을 향상시킨다는 것을 시사한다.

잠의 이득을 똑같이 모방하거나 대체할 수 있는 약이나 절차는 아직까지 발견되지 않았다. 앞으로도 발견될 가능성은 희박해 보인다. 방위고등연구계획국(펜타곤에서 연구와 개발 부문을 담당하고 있는 부서로, 인터넷과 스텔스 폭격기 개발에 핵심 역할을 했다)은 2007년에 많은 시도 끝에 같은 결론을 얻었다. 방위고등연구계획국은 병사가 100시간 동안 계속 잠을 자지 않고도 일반적인 과제를 제대로 수행할 수 있는 방법을 개발하는 걸 목표로 삼았다. 군 연구자들은 여러 가지 가설을 시험하느라 수백만 달러를 쏟아부었다. 예컨대, 인간의 뇌 중 절반만 잠을 자게 할 수 있는지, 즉 사실상 사람이 돌고래처럼 잠을 잘 수 있는지 알아보기 위한 연구도 했다. 하지만 성공한 것은 아무것도 없었다. 수면 부족에서 회복할 수 있는 방법은 나중에 잠을 더 많이 자는 것밖에 없었다.

이라크 전쟁이 일어나자, 미군 수뇌부는 잠에 대한 접근 방법을 다시 생각하게 되었다. 그런 변화를 모색하게 된 공개적 이유는 두 가지 전쟁을 수행하는 데 필요한 병력을 유지하기 위해서였다. 훈련 교관들에게는 신병 훈련소에서 훈련병에게 고함을 지르는 시간을 줄이고, 대신에 각자의 개인적 목표에 대해 대화를 나누는 시간을 늘리라고 지시했다. 식당에서도 병사들에게 식사를 한 뒤에 디

저트를 선택할 기회를 주었다. 수면 시간도 한 시간 이상 늘어났는데, 오후 9시 정각에 잠자리에 들고 오전 5시 30분에 기상하게 했다. 그 당시 한 훈련 교관은 "그 조처는 사기 진작에 큰 효과가 있었습니다. 병사의 행복은 수면 시간과 직접적 관계가 있어요."라고 말했다.

늘어난 수면의 효과는 단지 몸을 편하게 하는 데 그치지 않았다. 기술 발전은 미군에게 전쟁에서 확실한 우위를 제공했지만, 인간의 몸은 본질적으로 이전과 차이가 없었다. 우리 뇌는 기술과 같은 속도로 발전하지 않는다. 바꿔 말하면, 핵잠수함의 컴퓨터는 수렵 채집 생활에 맞춰 설계된 마음을 가진 병사에게서 지시를 받는다. 우리의 조상 인류에게 수면이 부족할 때 닥칠 수 있는 가장 큰 위험은 사냥 동물을 놓치고 빈손으로 집으로 돌아오는 것이었다. 온 세계를 파괴할 수 있는 무기가 한 군인의 손가락 끝에 달려 있는 지금은 그 위험은 비교할 수 없을 만큼 크다. 하지만 아무리 고도의 훈련을 받은 군인이라도 실수를 저지를 가능성을 줄이기 위해 군은 잠이 합리적인 결론을 내리는 능력과 어떻게 상호작용하는지 정확하게 알아야 했다.

만약 누가 여러분에게 왜 어떤 일(예컨대 오늘은 파란색 와이셔츠 대신에 초록색 와이셔츠를 입었다거나, 선원 대신에 회계사가 되기로 결심했다거나, 바르셀로나의 카페에서 만난 댄서 대신에 대학 시절에 사귀었던 사람과 결혼하기로 했다거나)을 하기로 결정했느냐고 질문을 한다면, 필시 여러분은 감정적 요소와 이성적 요소가 뒤섞인 대답을 할 것이다. 하지만 이 두 가지 의사 결정 경로는 우리가 현실에서 맞닥뜨리는 수많은 가능성 가운데에서 어떤 것을 선택하는 과정을 알아내려고 노력해온 학자들을 곤혹스럽게 만들었다. 뇌가 결정을 내리는 방식을 최초로 연구한 사람들 중 하나인 플라톤Platon은 뇌의 이성적 부분을 전차를 모는 마부에, 그리고 우리가 경험하는 감정 분출을 전차를 끄는 말에 비유했다. 충동적 감정이 뇌가 가려는 방향과 다른 방향으로 나아가려고 할 때, 양자를 제어하면서 나아갈 방향을 지시하는 것이 바로 마부가 하는 일이다. 플라톤은 "만약 마음에서 더 나은 요소, 즉 질서와 철학을 낳는 부분이 우세하다면, 우리는 자신의 주인이 되어 행복하고 조화로운 삶을 살아갈 수 있다."라고 썼다. 반면에 감정이 마구 날뛰도록 방치한다면, "저세상으로 뛰어드는 바보처럼" 생애를 마감하는 결과를 낳을 것이다.

마음이 감정적 부분과 이성적 부분으로 나뉘어 있다는 개념은 서양 문화에 깊이 뿌리를 내렸다. 데카르트Descartes부터 시작해 그 이후의 철학자들은 이성과 감정 사이의 갈등에 주목했고, 논리가 우리를 고통에서 벗어나게 해주는 세계를 이상적인 세계로 상상했다. 이 철학은 우리에게 생각을 하는 방법을 가르치는 데에는 유용했지만, 두 가지 문제점이 있었다. 첫째는 마음의 전차 마부가 제 역할을 충분히 하지 못한다는 점인데, 인간은 아주 논리적인 종으로 진화한 게 아니기 때문이다. 우리는 진화를 해오면서 완전히 이

성적이지 않은 선택을 숱하게 많이 했기 때문에, 감정에 초연한 스폭Spock보다는 다혈질인 커크Kirk 함장에 더 가깝다. 감정이 의사 결정 과정에서 어떤 역할을 하는 건 분명한데, 그렇지 않다면 우리가 계속해서 감정에 의지할 리가 없기 때문이다. 둘째, 상충하는 충동들의 균형을 마음이 어떻게 잡는지 설명하는 이론적 개념들이 모두 다 뇌가 실제로 작용하는 방식과 관련이 있는 것은 아니다.

이성—바지를 입고 싶어하는 성향과 함께 우리를 애완동물과 구분하는 특징—은 어딘가 다른 곳에서 나오는 게 분명했다. 과학자들은 뇌에서 이성적 사고를 하는 장소를 찾기 시작했다. 한 과학자는 원숭이 뇌에서 일부를 잘라내면 어떤 일이 일어나는지 살펴보는 방법으로 이 문제를 해결하려고 시도했다. 관자엽(측두엽)을 잘라낸 원숭이는 두려움이나 분노를 나타내지 않았고, 입 속에 들어오는 것은 무엇이건 먹으려고 했다. 이 결과로부터 연구자들은 뇌에서 어떤 부분들은 더 높은 차원의 사고와 감정 조절을 담당하며, 그 부위가 손상되거나 없어지면 뇌가 현실을 인식하는 방식에 큰 변화가 일어난다는 사실을 알게 되었다. 관자엽이 없는 원숭이에게는 모든 것이 바나나처럼 보인다.

마침내 뇌의 개략적 설계가 분명하게 드러났다. 뇌 한가운데 근처에 있는 콩 모양의 시상視床은 우리에게 언제 잠을 자야 하는지 알려주고, 그 옆에 있는 시상하부는 배고픔과 갈증을 감시한다. 귀 가까이에서 아몬드만 한 크기의 신경세포 집단이 발견되었는데, 편도

체]扁桃體(편도扁桃를 닮아서 붙은 이름)라는 이 신경세포 집단은 기억(특히 감정적 경험을 통해 생긴 기억)의 생성 기능 중 일부를 담당한다. 그 가까이에 있는 뇌하수체와 부신겉질(부신피질)은 우리를 두렵게 하는 일이 일어났을 때 호르몬의 형태로 몸 전체에 긴급 메시지를 보낸다.

뇌의 여러 부위에서 나오는 모든 메시지를 조절하는 부분은 이마 바로 뒤쪽에 있는 이마엽앞겉질(전전두엽피질)이다. 이마엽앞겉질은 오케스트라 지휘자처럼 뇌에서 감정을 담당하는 부분들과 더 높은 사고를 담당하는 부분들에서 나오는 반응들의 균형을 맞추려고 노력한다. 그 결과가 결정으로 나타난다. 이마엽앞겉질은 우리가 깨어 있는 매 순간 일하면서 슈퍼마켓에서 주의를 어느 곳에 집중하게 하고, 수표장의 수입과 지출을 맞춰보게 하며, 좌절이나 분노처럼 겉으로 표출되는 감정의 징후를 억제한다. 또, 패턴을 인식하고, 뭔가 새로운 것이 나타나면 그 새로운 정보가 이미 알고 있는 정보와 어떻게 들어맞는지 평가하는 작업에 들어간다. 그리고 의식적인 것과 무의식적인 것을 막론하고, 차를 향해 걸어가는 사람이 동생임을 알아채는 것에서부터 피닉스의 어떤 콘도에 투자하는 것이 현명한 생각인지 판단하는 것에 이르기까지 광범위한 결정을 책임지는 곳도 이곳이다.

수많은 일에 결정을 내리는 것은 아주 힘든 일이어서 쉴 틈이 없다. 뇌의 다른 부분들과 달리 이마엽앞겉질은 편안한 환경에서 몸이 쉬는 시간에도 아무 혜택을 얻지 못한다. 화창한 오후에 해먹에 누워 차가운 음료를 빨면서 몸을 흔들거릴 때에도 이마엽앞겉질만큼은 여러분이 해먹에서 떨어지거나 음료를 쏟지 않도록 하기 위해 경계 태세를 늦추지 않는다. 과학은 이런 일이 어떻게 일어나는지 아직 확실하게 밝혀내지 못했지만, 우리가 깊은 잠에 빠지는 시간은 이마엽앞겉질이 내일의 일을 위해 회복하고 리셋하는 때이다.

1999년에 영국 러프버러 대학의 이본 해리슨Yvonne Harrison과 제임스 혼James Horne은 뇌가 환경 변화에 반응하는 방식에 수면 박탈이 어떤 영향을 미치는지 실험을 통해 알아보기로 했다. 그들은 경제계의 부침을 반영한 컴퓨터 게임을 개발한 뒤, 다수의 MBA 과정 학생들을 실험 참여자로 모집했다. 각 학생에게는 장차 회사에 들어가 해야 할 일처럼 시장 지배력과 수익성을 확보할 때까지 어떤 가상 제품의 판매를 촉진하라고 요구했다. 그런데 실험 참여자들은 한 가지 사실을 모른 채 게임을 시작했는데, 게임 중간쯤에 비슷한 제품을 판매하는 경쟁자들이 더 나타나면서 가상 시장의 역학이 변하게 돼 있었다. 경쟁자들이 나타나자 갑자기 그때까지 잘 통하던 전략들이 통하지 않으면서 제품 판매량이 곤두박질쳤다. 상황 변화에 맞춰 급히 전략을 수정해야겠다고 판단한 학생들만이 살아남을 수 있었다.

해리슨과 혼은 학생들을 두 집단으로 나누었다. 첫 번째 집단은 원하는 만큼 실컷 잠을 자게 한 반면, 두 번째 집단은 잠을 자지 못하게 했다. 잠을 잘 잔 학생들은 가상 시장에 새로운 경쟁자들이 나타나 자신들의 제품 판매 실적이 떨어지는 걸 감수해야 했지만, 대부분은 금방 경쟁력을 회복하고 잘 적응했다. 하지만 수면을 박탈당한 학생들의 성적은 그다지 좋지 못했다. 36시간이 지난 뒤, 수면 부족에 시달린 학생들은 게임에서 보이지 않게 나타난 변화에 제대로 대처하지 못했다. 그들은 그때까지 통했던 전략이 이제는 오히려 회사를 위기로 몰아넣는다는 사실을 전혀 알아채지 못한 채 계속 그것에 매달렸다. 얼마 지나지 않아 이들은 파산하고 말았다. 잠을 푹 자지 못한 그들의 뇌는 대안을 검토할 능력을 잃고 사고가 경직되고 말았다. 그것은 마치 마음의 지휘자가 전체 오케스트라를 까맣게 잊어버리고 오로지 오보에 하나에만 주의를 집중하면서 다른 것이 잘못되더라도 그것을 알아채지 못하는 것과 같았다. 나중에 뇌 스캔은 24시간만 잠을 자지 않더라도 이마엽앞겉질에서 신호를 발사하는 신경세포들의 활동이 느려지기 시작한다는 사실을 보여주었는데, 그 결과로 우리는 어떤 생각을 완성하거나 문제를 새로운 각도에서 보기가 어려워진다.

수면 박탈 때문에 뇌로 들어오는 새로운 정보의 의미를 이마엽앞겉질이 잘 파악하지 못하면, 사업 전략을 구상하는 사람에게 큰 지장을 초래할 수 있다. 그런데 새로운 정보는 더 위협적인 형태로 나타날 수도 있는데, 예컨대 일본군 전함 8척이 갑자기 나타날 수 있다. 이 사건은 제2차 세계 대전 당시 태평양에서 연합군이 최초로 대규모 공세를 펼치던 무렵인 1942년 8월 9일 자정을 막 지났을 때 일어났다. 80척이 넘는 연합군 전함이 오스트레일리아에서 북동쪽으로 1600여 km 떨어진 전략적 요충지인 과달카날 섬을 공격했다. 8월 7일과 8월 8일에 해병대가 상륙해 섬을 거의 다 점령했고, 섬을 빙 둘러싼 전함들에 승선한 해군 병사들은 일본군의 반격을 경계하고 있었다. 근무 중인 병사들은 3일 내내 대공 경계 태세—완전 전투 태세보다 낮은 경계 태세—에 있었다. 그들은 기진맥진했고 배가 고팠고 잠이 부족했다.

공격은 새벽 1시에 시작되었다. 일본군 전함들은 과달카날 섬에서 20여 km 떨어진 사보 섬 근처에 정박하고 있던 미군 함대를 향해 돌진했다. 공격해온 일본군 함대는 패터슨호와 정면으로 맞닥뜨렸고, 패터슨호는 적군의 습격을 가까이에 있던 중순양함 빈센스호와 퀸시호에 무전으로 알렸다. 패터슨호 함장은 전함을 공격 위치로 돌린 뒤에 어뢰를 발사하라는 명령을 내렸으나, 부하들이 제때 반응하지 못했다. 일본군 함대는 빠른 속도로 지나간 뒤에 둘로 갈라졌다. 12분 뒤, 한 무리의 일본군 전함들은 패터슨호에서 무전 연락을 받고도 방심하고 있던 빈센스호와 퀸시호를 만났다. 한편, 또 한 무리의 일본군 전함들은 중순양함 아스토리아호를 공격했다. 아스토리아호 함장은 잠자고 있다가 비상 경보 소리와 포격 소리에 놀라 일어났다. 아직 정신이 몽롱한 상태에서 그는 공격이 적기의 공습空襲이라고만 생각하고서 부하들에게 혹시나 아군 전함을 공격하는 게 아닐까 싶어 발포를 중지하라고 명령했다. 그 결정은 결국 많은 인명 손실을 낳았다.

일본군은 공격을 계속했고, 결국 아스토리아호를 격침시켰다. 그날 밤 벌어진 전투에서 연합군 전함 4척이 침몰했고, 1000명 이상이 사망했으며, 부상자도 700여 명이나 발생했다(또, 순양함 1척과 구축함 2척이 큰 손상을 입었다—옮긴이). 그것은 미 해군 역사에서 가장 치욕적인 패전 중 하나였으며, 작은 추문까지 낳았다. 군사 전략가들과 정치인들은 일본군이 어떻게 전투다운 전투도 벌이지 않은 채 연합군 전함을 그렇게 많이 격침시킬 수 있었는지 궁금했다. 격침된 한 전함 함장은 불명예스러운 해군 보고서에 자기 이름이 오른 것을 알고 스스로 목숨을 끊었다.

50년 뒤, 니타 루이스 섀턱Nita Lewis Shattuck(결혼하기 전의 성은 밀러 Miller)이라는 해군 심리학자가 그 전투를 기술한 보고서를 읽었다. 섀턱은 군 연구자로서 오래전부터 인간의 수행 능력에 대한 연구와 함께, 함정의 근무 환경 설계가 군인이 압박감 아래 임무를 완수하는 능력에 미치는 영향을 연구해왔다. 물론 전함의 설계는 제2차 세계 대전 이후에 대폭 개선되었지만, 섀턱은 각 전함의 설계가 패전에 어떤 역할을 했는지 알려주는 단서를 찾고자 했다. 불과 몇 페이지만 읽고서도 섀턱은 그날 밤의 패전에 수면 부족이 가장 큰 역할을 했다는 사실을 알아챘다. 며칠 동안 이어진 전투로 잠을 거의 자지 못했으면서도 계속 준비 태세를 유지해야 하는 필요 때문에 그 전함들에 승선했던 군인들은 예기치 못한 형태로 닥친 공격에 제대로 반응할 수 없었다. 그들의 뇌는 하늘을 감시하던 것에서 수면 위를 감시하는 것으로 인지적 틀을 적절히 전환하지 못하는 바람에 바로 눈앞에 있는 적함을 보지 못했다. 왜냐하면, 그들의 마음에는 적기가 더 큰 위험이라는 개념이 깊이 박혀 있었기 때문이다(사실, 앞선 며칠간의 전투에서 일본군 항공기의 공격이 몇 차례 있었는데, 그 때문에 미군은 몇몇 함정이 큰 손상을 입고 전투기를 19대나 잃었다—옮긴이). 공중에서의 공격만 예상하고 있던 과로 상태의 뇌에게 물 위로 나타난 배는 적으로 보이지 않았다—설사 자신을 향해 발포를 하더라도. 결국 파산하고 만 MBA 학생들처럼 해군 군인들은 이마엽앞겉질이 피로한 징후를 나타냈고, 변화한 상황에 제대로 대처할 수 없었다.

뇌가 새로운 상황에 적응하는 데 잠이 도움을 준다는 사실은 그것이 완전히 이해되기 훨씬 이전부터 여러 연구에서 지적된 바 있다. 이미 1959년에 미군은 수면 부족이 틀에 박힌 일상 업무를 수행하는 군인들의 근무 자세를 심각하게 저해할 수 있다는 사실을 알아챘다. 한 연구자는 이틀 동안 잠을 재우지 않은 병사들의 행동을 관찰한 뒤, 실망한 부모와 같은 어조로 "여러 실험 참여자는 술에 취해 정신이 몽롱한 사람처럼 어지러움을 느끼고 실없는 웃음을 웃는 시기를 지난 뒤, 자기 행동을 통제하지 못하는 단계로 넘어갔다."라고 기록했다.

1980년대 초에 미군은 특정 과제들이 수면 부족 때문에 어떤 영향을 받는지 연구하기 시작했다. 전쟁에서 승리를 원한다면, 그 결과는 우려스러운 것이었다. 하루 반 동안 잠을 자지 않았을 때, 공군 폭격기 승무원들은 음성 패턴이 변해 동료들이 항상 이해할 수 있을 만큼 충분히 분명하고 크게 말하지 못했다. 뭔가 중요함을 시사하는 비언어적 단서—위험을 시사하기 위해 목소리를 높이는 것 같은—도 음성 패턴에서 사라졌다. 또 다른 시뮬레이션에서 연구자들은 병사들을 한 쌍씩 짝을 지은 뒤에, 각 쌍을 서로 다른 방에 집어넣고 대화를 나눌 수 있는 무선 장비를 주었다. 그중 한 병사에게는 가야 할 길과 목적지만 표시돼 있고 지형지물은 아무것도 표시되지 않은 지도를 주었고, 다른 병사에게는 기본적인 지형지물은 모두 표시돼 있지만 가야 할 길이나 방향이 전혀 표시되지 않은 지도를 주었다. 따라서 목적지로 가려면 두 사람이 서로 협력해야 했다. 잠을 푹 잔 병사들로 이루어진 쌍은 별 어려움 없이 이 과제를 해결했다. 하지만 48시간 동안 잠을 자지 못한 병사들은 전혀 다른 양상을 보였다. 수면 부족은 의사 소통 능력을 위축시켜 사실상 어떤 종류의 자발적 대화—사람들에게 같은 목표에 집중하도록 도움을 주는 자연스러운 수다—도 봉쇄했다. 수면 부족 상태의 병사들로 이루어진 쌍이 두 지도를 합쳐 완전한 지도를 만드는 경우는 드물었다. 잠을 푹 잔 병사들에게는 아무 문제가 되지 않는 의사 소통 과제를 제대로 해낼 수 없었기 때문이다. 심각한 수면 부족 상태에서 모의 전투에 참가한 육군 병사들을 추적한 연구에서도 똑같은 장애가 나타났다. 병사들은 피로와 싸우느라 새로운 정보를 반영해 지도를 수정하거나 따분하지만 중요한 일상 업무를 처리하는 것처럼 핵심 과제를 완수해야 한다는 걸 잊었다. 모의 전투가 진행될수록 문제들은 점점 악화돼갔다.

모든 상황에서 이마엽앞겉질—뇌에서 유일하게 자신이 어떻게 생각하는지 생각하는 능력을 지닌 부분—은 자기 평가라는 핵심 기능을 상실하여 어떤 행동이 문제 해결에 도움이 되는지 아니면 오히려 악화시키는지 판단할 수 없었다. 잠을 푹 자지 않으면, 미세 조정된 뇌의 역학이 와해되어, 지휘자의 지휘에 따라 일사불란하게 연주되던 오케스트라는 모든 연주자가 각자 제멋대로 연주하는 불협화음으로 변하고 말았다. 섀턱은 수면 박탈이 임무 실패로 이어질 수 있다고 경고하는 보고서에서 다음과 같이 주장했다.

"피로 상태에서 수병들이 생각하고 추론하는 능력은 전투 효율성에 중요한 의미를 지닌다……. 그런 시나리오에서 수병들은 임무 수행을 위해 최선을 다하려고 하겠지만, 인간 생리학 때문에, 그리고 수면 박탈로 인한 피로의 결과로 그들이 발휘하는 최선은 충분한 것이 못될 수 있다. 작전 수행에서 핵심 위치에 있는 소함대의 수병들이 모두 심각한 수면 부족 상태로 근무한다면, 최종 결과는 참사로 나타날 수 있다."

군사적 참사는 여러 가지 형태로 나타날 수 있다. 전쟁의 성격이 변함에 따라(제1차 세계 대전 때에는 국가들이 총동원한 대규모 부대들 사이에 서사시적 전투가 벌어졌지만, 지금은 아프가니스탄 산악 지역에 숨어 있는 게릴라 전투 요원을 일일이 수색하며 공격하는 패턴으로 바뀌었다) 각 병사가 내리는 결정은 단순히 전장을 넘어 훨씬 멀리까지 파급될 수 있다.

2007년 처음 몇 달 동안 미군은 바그다드를 점령했지만, 간헐적인 이라크 반군의 공격 때문에 불안한 상태가 이어졌다. 3월의 어느 날 저녁, 제172보병여단 소속의 미군 병사들이 바그다드 거리를 순찰하다가 공격을 받았다. 그들은 즉각 응사했고, 창고로 도주한 네 남자를 추격했다. 그 창고에는 기관총, 수류탄, 저격용 소총 등의 무기가 다수 보관돼 있었다. 그들은 네 남자에게 수갑을 채워 미군이 통제하고 있던 임시 포로 수용소로 데려갔다. 그런데 몇 분 뒤, 무전기가 지지직거리며 상관의 목소리가 들려왔다. 상관은 체포해온 남자들은 구속할 만큼 충분한 증거가 없으니 풀어주라고 지시했다.

하지만 그들은 명령을 따르지 않았다. 며칠 전에 도로변에서 폭탄이 폭발하여 같은 부대원 두 명이 사망하는 사고가 있었다. 반군이 틀림없다고 믿고서 목숨의 위험을 무릅쓰고 네 남자를 체포해 왔는데, 이제 와서 풀어주라는 지시를 받았으니 미군 병사들은 분통이 터졌다. 세 장교(군의관 한 명을 포함해)는 포로들을 그 도시에서 외딴 산업 지역을 지나가는 운하로 데려가기로 결정했다. 거기서 그들은 눈을 가리고 손을 등 뒤로 묶은 네 남자를 타고 온 차량 뒤쪽에 줄지어 세웠다. 그리고 9mm 권총을 꺼내 각자의 뒤통수를 겨냥해 처형했다. 그러고 나서 시체를 운하에 버린 뒤 그곳을 떠났다.

2년 뒤, 독일에서 열린 군사 재판에서 그날 밤 정찰 임무에 나섰던 미군들이 살인 혐의로 재판을 받았다. 각자는 포로를 처형했다는 사실은 인정했지만, 유죄를 인정하지 않았다. 변호사들은 그들이 심각한 수면 박탈 상태에 있었기 때문에 이성적 판단을 할 수 없었다고 말했다. 한 변호사는 병사들의 행동을 유감스럽지만 전쟁에서 흔히 일어나는 일이라고 부르면서 "훌륭한 병사들도 수면 박탈과 지원 부족으로 인해 전장에서 흥분한 결과로 교도소에서 많은 시간을 보냅니다."라고 변호했다. 한 군 심리학자도 수면 박탈이 처형 결정에 영향을 미쳤을 수 있다고 증언했다. 하지만 그것만으로는 충분하지 않았다. 네 병사는 모두 유죄가 인정되어 20년형을 선고받았다.

어떤 면에서 그 처형 사건은 이마엽앞겉질이 제 기능을 하지 못한 결과로 볼 수 있다. 육군 연구에서 수면이 부족한 사람이 술 취한 사람처럼 변했듯이, 병사들의 감정과 충동은 더 이상 이성의 힘으로 억제할 수 없었다. 평소에는 뇌가 정상적으로 기능하면서 억제하던 충동이 표면으로 분출해 끔찍한 행동으로 나타났던 것이다. 병사들은 반군임이 틀림없다고 판단했던 남자들을 풀어주어야 한다는 사실을 도저히 받아들일 수 없었고, 그들을 처형했다. 우리를 다른 동물과 구분 짓는 이성적인 판단 능력이 붕괴하면서 분노에 그 자리를 내주고 말았다. 현지 주민의 마음을 얻는 게 무엇보다 중요한 전쟁에서 수면 박탈에 시달린 일부 병사들이 미군을 거리에서 자의적으로 정의를 집행하는 폭력적인 군벌처럼 보이게 만들었다. 이런 상황을 변화시킬 대책이 절실히 필요했다.

워싱턴 D. C.가 습지 위에 들어선 도시라는 사실을 새삼 상기시키는 덥고 습한 어느 날, 나는 공항에서 빨간색 소형 도요타를 몰고 고속도로로 들어섰다. 인체의 한계를 시험하는 연구를 주로 하는 국방부 산하 월터리드육군연구소를 찾아가는 길이었다. 나는 벨트웨이(워싱턴 주위의 순환 도로)를 천천히 달리다가 메릴랜드 주 실버스프링에 있는 작은 거리로 접어들었다. 그 거리에는 스트립몰(번화가에 상점과 식당들이 일렬로 늘어서 있는 곳)과 카운터인델리전스라는 주방 용품점이 있었다. 얼마 가지 않아 군사 기지를 둘러싼 빨간색 벽돌 담이 나타났다. 반짝이는 유리 타워 건물 때문에 그곳은 막사들이 옹기종기 모여 있는 군사 기지라기보다는 대기업 건물 부지처럼 보였다.

내가 그곳에 간 목적은 지난 25년 동안 군을 위해 일해왔고, 지금은 민간인 신분으로 월터리드육군연구소에서 행동생물학부 책임자로 일하는 과학자 토머스 볼킨Thomas Balkin을 만나기 위해서였다. 몇 주일 전에 볼킨은 유럽으로 건너가 NATO의 고위 간부들에게 21세기 전쟁에서 병사들을 어떻게 준비시켜야 하는지에 대해 설명회를 열었다. 이 설명회를 비롯해 여러 설명회를 통해 볼킨은 전쟁 계획을 세우는 사람들에게 미래의 군사 임무에서 성공을 거두려면, 병사가 현명한 선택을 하는 능력에 큰 영향을 미치는 인체의 본질적 약점을 인식해야 한다는 사실을 알리려고 애썼다. 그리고 이를 위해 무엇보다도 수면과 피로 관리가 중요하다고 강조했다.

"수면 연구소는 세상에서 가장 흥미로운 볼거리는 아닙니다."

볼킨은 나를 데리고 수면 박탈 연구를 위해 자신이 수백 명의 실험 참여자를 안내한 방들을 보여주면서 이렇게 말했다. 그 방들은 정부가 지급한 파란색 침상, 소형 TV, 비디오 게임으로 가득 찬 선반이 갖춰져 있어 대학 기숙사 방들처럼 보였다. 우리는 겨우 네 사람만 앉을 수 있을 만큼 비좁은 사무실로 들어갔다. 볼킨은 책상 뒤에 앉아 마우스를 두 번 클릭해 컴퓨터 화면에 그래프를 띄웠다. 빨간색 선으로 표시된 그래프는 아래로 곤두박질치고 있었다. 그는 왼손으로 그것을 가리키며 말했다.

"이 선 보여요? 이것은 이라크에서 군인과 민간인 사이에 발생한 것으로 보고된 사건 건수를 나타내요. 밤에 잠을 4시간 미만 잔 군인 중에서 20%는 민간인과 언쟁을 벌인 적이 있다고 보고했습니다. 그 건너편을 보면, 밤에 8시간 이상 잔 군인 중에서 민간인과 언쟁을 벌인 적이 있다고 보고한 비율은 4%뿐이란 사실을 알 수 있습니다."

볼킨은 수면 부족이 피로와 우울한 기분의 악순환에 빠지게 하

빈센트 반 고흐, 〈폴 가셰 박사의 초상화〉, 1890년
수면 부족은 피로와 우울한 기분의 악순환에 빠지게 하는
원인이다.

는 원인이라고 설명했다. 기분이 언짤고 피로에 지친 병사들은 감정을 잘 조절하지 못해 민간인과 싸움을 벌일 가능성이 높다. 그러면 민간인은 미군과 그들이 자기 나라에 주둔한다는 사실에 대해 부정적인 생각을 하기 쉽다. 일부 민간인은 미군 병사들을 괴롭힘으로써 불만을 표출하는데, 이것은 다시 수면 부족에 시달리는 병사들을 더 많이 만들어낸다. 그것은 스스로 만들어냈을 뿐만 아니라 충분히 예방 가능한데도 그러지 못한 이중의 잘못이 빚어낸 악순환이었다. 어떤 지역을 안전하게 지키도록 돕는 대신에 수면 박탈을 넘어서는 선까지 병사들을 밀어붙인 것이 임무 완수에 지장을 초래했다.

수면 박탈은 먼 옛날부터 전투의 일부였지만, 오늘날에는 그 효과가 훨씬 크게 나타나는데, 지금은 한 세대 전에 비해 병사들에게 훨씬 많은 것을 요구하기 때문이다. 얼핏 생각하면, 이 주장은 터무니없어 보인다. 기술 발전 덕분에 이전에는 사람이 일일이 해야 하던 일 중 많은 것이 자동화되었다. 하지만 자동화는 인간 조종자가 계속 현명한 판단을 내려야만 제대로 돌아간다. 오늘날의 군은 각 병사의 몸을 편하게 하는 대신에 마음을 과로하게 만든다. 예를 들어 탑승 인원이 300명에서 100명 미만으로 줄어든 신형 구축함을 살펴보자. 신형 구축함은 탑승 인원이 3분의 1로 줄어들었는데도 구형 구축함에 비해 훨씬 많은 기능을 수행한다. 그런데 구축함이 제 기능을 발휘하도록 하기 위해 각 수병이 내려야 하는 결정을 기준으로 본다면, 인간의 책임은 이전보다 훨씬 커졌다. 바꿔 말하면, 수면 박탈 상태에 있는 한 수병이 저지르는 실수는 구축함 전체로 파급될 위험이 그만큼 커졌다는 말이 되는데, 그 수병을 대체하거나 지원할 인력이 거의 없기 때문이다. 한편, 이라크나 아프가니스탄 같은 곳에서 병사들은 민간인과 잠재적 테러리스트를 구분하기 위해 수많은 선택을 해야 한다. 볼킨은 "정찰에 나선 병사들은 잠재적 위험의 징후를 발견하기 위해 주변 환경을 끊임없이 살펴야 합니다. 수면 부족 상태에서는 그런 징후를 알아채기가 어렵고, 알아채더라도 비교적 늦게 알아챌 가능성이 높습니다."라고 말했다.

볼킨은 이 문제를 해결하려면 나머지 모든 것에 대해 그러듯이 수면의 양을 정확하게 측정하고 거기에 대비할 수 있는 방법이 필요하다는 사실을 깨달았다. 술에 취한 정도를 혈중 알코올 농도로 측정할 수 있는 것과는 달리, 피로를 나타내는 절대적인 생물학적 지표가 없다는 사실은 수면 측정 문제를 더 어렵게 했다. 사람은 전날 밤에 잠을 몇 시간 잤는지 정확하게 평가하는 데 아주 서툴기 때문에, 병사들의 진술을 토대로 한 데이터는 대부분 신뢰하기 어렵다. 게다가 동료 압력과 지휘관의 요구 때문에 군은 정신적 수행 능력이 심각하게 제한된 상태에서도 수면 시간을 과잉 보고하면서 전혀 쉬지 않고 임무 수행에 매달리는 경향이 있다. 볼킨은 "만약 우리가 그것을 나타내는 지표를 발견한다면, 졸음을 관리하는 능력에 혁명이 일어날 거예요. 측정할 수 없는 것은 관리할 방법이 없거든요."라고 말했다.

볼킨은 대신에 차선책으로 눈을 돌렸다. 그것은 원래 공군이 파일럿을 위해 개발한 프로그램이었다. 파일럿은 군에서 한 사람이 일주일 동안 근무하는 시간을 엄격하게 제한하는 극소수 보직 중 하나이다. 수면 추적 모형의 전제는 단순한데, 깨어 있는 시간이 길수록 업무 수행 능력이 떨어진다고 본다. 군은 연구를 통해 깨어 있는 시간이 24시간이 지날 때마다 인지적 수행 능력이 약 4분의 1씩 감소한다는 사실을 알아냈다. 요구된 휴식 시간을 충족하지 못한 파일럿은 비행 자격이 없는 것으로 간주했는데, 피로에 지친 파일럿이 자신이나 비행기를 위험에 빠뜨리는 결정을 내리지 못하도록 하기 위한 정책이었다. 볼킨은 파일럿을 위해 사용하는 일정 관리 도구를 빌려와 그것을 전장에 투입된 모든 병사에게 적용할 수 있다는 사실을 깨달았다. 사실, 이라크에서는 잠을 충분히 자지 못한 병사들이 민간인과 싸움을 벌이고 있었고, 이것은 군이 가장 중요한 임무를 완수하는 데 지장을 초래했다. 볼킨이 원하는 연구를 위해서는 병사들이 '액티보그래프activo-graph'라는 손목시계만 한 크기의 수면 감시 장비를 항상 착용하고 다녀야 했다. 액티보그래프는 매분 신체의 움직임을 기록함으로써 그 병사가 잠들었는지 깨어 있는지 판단했다.

볼킨은 수면 시간만으로 병사의 수행 능력을 예측할 수 있다는 자신의 가설을 검증하기로 했다. 그는 한 장교 훈련 학교로 가 다수의 사관 후보생에게 며칠 동안 수면 감시 장비를 몸에 착용하고 다니라고 요청했다. 그리고 정기적으로 그들을 한 방에 모아 시험을 치렀고, 시험 점수를 수면 감시 장비에 기록된 수면 시간과 비교해 보았다. 그는 연구 보고서에서 그 결과를 다음과 같이 요약했다.

"평균 수면 시간이 지속적으로 가장 많은 군인들이 한결같이 높은 점수를 얻은 반면, 평균 수면 시간이 적은 군인들의 경우에는 상당히 높은 점수를 얻는 사람도 있고, 낙제를 하는 사람도 있고, 간신히 커트라인을 넘는 사람도 있는 등 일관성 없는 결과가 나타났다."

교실에서는 일관성 없는 시험 점수는 그저 짜증나거나 더 열심히 공부할 필요가 있음을 알려주는 지표에 불과하다. 하지만 전투에서 일관되지 않거나 잘못된 결정은 인명 손실로 이어질 수 있다.

2020년 말까지 병사의 표준 장비 중 하나가 될 것으로 예상되는 수면 감시 장비는 군사 계획을 세우는 사람들에게 수행 능력을 예측하는 데 사용할 수 있는 데이터를 많이 제공한다. 이제 지휘관은 마우스를 몇 번 클릭하는 것만으로 자기 부대의 각 병사가 잠을 몇 시간 잤는지 알 수 있으며, 그것을 바탕으로 그 병사가 어떤 종류의 결정을 내릴지까지 짐작할 수 있게 될 것이다. 민간인과 우호적 관계를 유지하는 것에서부터 전투 도중에 전략을 바꾸는 것에 이르기까지 광범위한 과제를 수행하는 능력은 수면 시간을 바탕으로 모형으로 만들 수 있다. 이 체계는 작전을 더 효율적으로 수행하고, 군인들이 파급 효과가 큰 실수를 저지를 가능성을 줄이는 데 큰 도움을 줄 것이다.

볼킨은 각 병사의 손목에서 얻은 데이터를 통해 지휘관이 수면 부족 때문에 부하들의 의사 결정 능력이 몇 시간 뒤부터 크게 떨어질지 파악하는 시나리오를 상상한다. 전장의 요구에 따라 지휘관은 병사들에게 정찰 활동에 나서기 전에 낮잠을 자게 하든지 아니면 카페인 껌 같은 자극제를 복용하게 할 수 있다. 군사적 효율성을 갉아먹는 주요 요인이었지만 오랫동안 간과돼온 피로는 조만간 식량 배급이나 탄환처럼 쉽게 조절하거나 계량화할 수 있게 될 것이다. 한 보고서에서 볼킨은 미래의 전투에서는 충분한 수면을 통해 의사 결정 능력이 증가함에 따라 아군 발포 사고는 0에 가깝게 줄어들 것이라고 평가했다.

수면을 추적하는 능력은 군 지휘관들에게 가장 소중한 자산인 각 군인의 지성을 예리하게 유지하는 데 도움을 준다. 군은 적을 기진맥진할 때까지 무조건 몰아붙이려고만 하는 대신에 잠을 이용해 조직의 능력을 끌어올림으로써 일관되게 현명한 결정을 내리는 능력을 발휘하게 할 것이다. 이것은 전투에서 기술 분야의 발전을 능가할 수 있는 이점이다. 아군 발포 사고는 과거의 유물이 될지 모르는데, 혼란과 피로가 더 이상 불필요한 아군 사상자를 낳거나 적에게 망외의 불로소득을 안겨주지 않을 것이기 때문이다. 사무실에서 볼킨은 "잠은 과거부터 늘 하나의 무기였어요."라고 말했다. 그리고 이제 미군은 역사상 그 어떤 조직하고도 다르게 잠을 통제하게 될 것이라고 덧붙였다.

그런데 때로는 잠은 우리 몸을 자신이 전혀 의도하지 않은 방식으로 무기로 변화시킨다. 켄 파크스Ken Parks라는 남자에게 바로 그런 일이 일어났다. 어느 날 밤, 토론토 교외에서 그가 보인 행동은 자신의 의도와는 상관없이 깊은 잠과 이전에 알려지지 않았던 의식 단계들 사이를 왔다 갔다 하는 뇌의 능력에 대한 지식에 혁명을 가져왔다. 그리고 그의 행동은 세계 각지의 법정에서 가끔 제기되는 아주 곤혹스러운 질문을 낳았다. 만약 몽유병 상태에서 잠결에 누군가를 죽인다면, 그 사람은 살인자일까? 아니면, 자신이 전혀 통제할 수 없었던 끔찍한 실수를 그저 손 놓고 바라본 구경꾼에 지나지 않을까?

8

잠결에 저지른
살인

● 그날 밤은 켄 파크스에게 결코 편안한 밤이 아니었다. 192.5cm 나 되는 거구를 거실에 놓인 소파에 걸치려고 애쓰던 파크스는 잠 시 뒤에 자신이 뇌가 할 수 있는 일에 대해 그때까지 알려진 지식을 완전히 바꿔놓게 되리라고는 꿈에도 생각하지 않았다. 그 순간 그 의 머릿속에는 자신의 인생이 왜 이렇게 엉망으로 꼬였을까 하는 생각뿐이었다. 그는 빈털터리인 데다가 보석으로 풀려난 상태였기 때문에, 지난 12개월의 인생을 되돌려놓을 수 있는 타임머신이 절 실히 필요했다. 아내는 그를 침실에 들어오지도 못하게 했다.

물론 늘 그랬던 것은 아니다. 비록 고등학교를 중퇴하긴 했지만, 공학자의 딸이던 캐런Karen을 설득해 결혼하는 데 성공했고, 두 사 람은 평범한 중산층의 삶을 살아왔다. 토론토 교외에 집을 마련했 고, 태어난 지 5개월 된 딸도 있었다. 그러다가 파크스가 경마에 눈 을 떴다. 5달러를 걸어 45달러를 따는 걸 본 순간 파크스는 거기에 훅 넘어갔고, 자신에게 우승마를 알아맞히는 초자연적 능력이 있다 고 믿었다. 현실이 생각과 다르다는 것은 아무 문제가 되지 않았다.

큰 덩치 때문에 파크스는 경마장에서도 쉽게 눈에 띄었는데, 끊 임없이 마권을 구입하는 통에 가족의 예금은 금방 거덜나고 말았 다. 돈이 다 떨어지자, 잃은 돈을 만회하는 방법은 거는 돈을 2배로 올리는 방법뿐이라고 생각했다. 고리대금업자가 더 이상 신용 대출 을 해주지 않자, 파크스는 직장에서 허위 구매 주문서를 올려 그 돈을 자기 계좌로 보냈다. 그렇게 3만 달러를 횡령한 뒤에 그의 비리는 결국 들통나고 말았다. 사기죄로 구치소에 갇힌 그는 캐런에게 전화를 걸어 자신이 일자리를 잃었을 뿐만 아니라 가족의 돈은 한 푼도 남지 않았으며, 자기가 보여줄 것이라곤 쓸모없는 마권 뭉치밖에 없다고 말했다.

웬만한 여자라면 남편이 경마를 위해 고리대금업자에게 냉장고까지 잡혔다는 사실을 알고는 당장 이혼 전문 변호사를 찾아갔겠지만, 캐런은 정신력이 강했다. 캐런은 파크스에게 만약 도박에서 손을 떼겠다고 약속하지 않는다면, 딸을 데리고 떠나겠다고 말했다. 그리고 처가를 찾아가 그가 저지른 재정적 문제를 해결하기 위해 도움을 청하라고 했다. 자기 부모에게서 도움을 별로 받지 못했던 파크스는 캐런의 가족을 존경했다. 하지만 이제 그들도 자신이 형편없는 사람이란 사실을 알게 될 것이다. 유쾌하지 못한 그 대화는 다음 날에 나누기로 약속을 잡았다. 이틀 동안 제대로 잠도 못 자며 초조하게 보낸 파크스는 더 이상 소유할 수 없게 된 집에 누워 잠들기 전에 마음을 편안하게 하기 위해 〈새터데이 나이트 라이브 Saturday Night Live〉를 시청했다.

그것이 파크스의 인생에서 정상적으로 살아간 마지막 순간이었다. 그날 밤 어느 무렵에 그는 잠자리에서 일어나 현관 밖으로 걸어 나가더니 차에 올라탔다. 그리고 혼잡한 고속도로로 22km를 달려 처가 앞에 차를 세웠다. 차를 주차한 뒤 트렁크에서 타이어 레버(타이어를 떼내는 데 쓰는 지렛대)를 꺼내 들고 자신이 갖고 있던 열쇠로

문을 열고 집 안으로 들어갔다.

두 시간 전에 파크스의 장인인 데니스Dennis는 아내 바버라Barbara 옆에 누워 잠이 들었다. 그런데 갑자기 아주 건장한 남자가 억센 손으로 자기 목을 조른다는 사실을 깨닫고 화들짝 놀라 잠이 깨었다.

"여보, 좀 도와줘! 누가 내 목을 조르고 있어!"

그는 숨이 막힌 상태에서 간신히 소리를 내질렀다. 그리고 공포에 질려 다리를 버둥거렸지만, 금방 의식을 잃고 말았다. 의식이 돌아왔을 때, 데니스는 시간이 몇 시인지, 왜 자신이 피범벅이 된 침대에 얼굴을 처박고 누워 있는지, 침실에 왜 경찰관이 서 있는지 영문을 알 수 없었다. 아내의 시체는 몇 미터 떨어진 욕실에 있었다. 아내는 다섯 군데를 찔렸고, 타이어 레버로 머리를 얻어맞았다.

같은 무렵, 거구의 금발 남자가 멍한 눈으로 온몸에 피를 뒤집어쓴 채 거기서 몇 블록 떨어진 경찰서로 들어섰다. 책상에 앉아 있던 경사는 그를 보자마자 긴급 지원을 요청했다. 남자는 양 손이 심하게 베여 걸음을 뗄 때마다 아래에 피 웅덩이가 생긴다는 사실을 모르는 듯했다. 그는 경사에게 "방금 내가 두 사람을 죽였어요. 맙소사! 내가 방금 두 사람을 죽였다고요."라고 말했다. 그리고 부상당한 자신의 몸을 처음으로 살펴보려는 듯이 아래를 내려다보다가 "내 손!" 하고 소리를 질렀다.

경찰관들은 서둘러 남자의 손을 붕대로 감고 앰뷸런스에 태운 뒤에야 그의 이름을 알아냈다. 그는 침착하게 자기 이름이 켄 파크스라고 말했다. 죽인 사람이 누구냐고 묻자, 파크스는 장인이 살아남았다는 사실을 알지 못한 채 "장인과 장모요."라고 대답했다. 한 경찰관이 어떻게 죽였느냐고 물었다. 총으로 쏘았는지 칼로 찔렀는지 물었다. 그 말에 파크스는 놀라 고개를 들면서 "칼은 차에 있어요."라고 간신히 말했다.

피투성이가 된 남자가 경찰서로 걸어들어와 두 사람을 죽였다고 자백하고, 게다가 살해 도구가 있는 장소까지 털어놓았다. 이만큼 해결하기 쉬운 사건도 없을 것 같았다. 하지만 그날 밤에 일어난 일을 순서대로 꿰맞춰 나가던 형사들은 딱 들어맞지 않는 부분이 있다는 사실을 발견했다. 도박 빚을 실토하는 창피함 외에는 파크스가 장인과 장모를 살해할 동기가 전혀 없었다. 파크스는 자신도 캐런도 장인과 장모가 든 생명 보험의 수익자가 아니란 사실을 알고 있었기 때문에, 그들이 죽는다고 해서 자신의 재정 문제가 해결되는 것은 아니었다. 돈을 빌려달라고 말한 뒤 설전을 벌이다가 이성을 잃은 것도 아니었다. 만약 그들을 살해할 의도로 집을 찾아갔다면, 트렁크 안에 도끼가 있었는데도 왜 그 옆에 있던 타이어 레버를 들고 갔을까? 살인을 계획한 사람이 왜 범행 현장에서 곧장 경찰서로 갔을까? 그리고 무엇보다 이해하기 어려운 점은 파크스가 이 모든 일을 제대로 기억하지 못한다는 사실이었다. 파크스가 입원한 지 몇 시간 뒤에 한 형사가 병실로 찾아가 면담을 했다. 파크스는 장인과 장모가 죽었느냐고 물었다. 형사는 한 사람만 죽었다고 대답했다. 그러자 파크스는 "혹시 제가 그 일과 무슨 관련이 있나요?"라고 물었다. 형사는 파크스가 망상에 빠졌는지 아니면 자기가 본 사람들 중 연기력이 가장 뛰어난 사람인지 알 수가 없었다.

나중에 법정에서 자기 분야에서 명망 높은 한 의사가 토요일 밤에 잠을 자던 남자가 왜 밖으로 나가 장모를 죽이고 하마터면 장인까지 죽일 뻔한 짓을 저질렀는지에 대해 아주 간단한 설명을 내놓았다. 그는 몽유병자였던 것이다.

어떤 사람이 잠이 들었는지 판단하는 체크리스트는 아주 짧아 보일 것이다. 눈을 감았는가? 그렇다. 호흡이 느려졌는가? 그렇다. 주변 환경에 반응을 거의 하지 않는가? 그렇다. 약간의 대화나 발길질도 체크리스트에 포함될 수 있지만, 운전은 절대로 포함되지 않으며, 살인은 더더욱 말할 것도 없다. 하지만 켄 파크스가 자기도 모르게 발견했듯이, 이 모든 규칙을 깨면서도 여전히 잠든 상태일 수가 있다. 뇌는 한밤중에도 완전히 작동을 멈추지 않는다. 대신에 서로 다른 기능을 담당하는 부분들이 수면 사이클의 다양한 지점에서 켜졌다 꺼졌다 한다. 그것은 페인트칠을 하는 노동자들은 정오에 와서 일하고, 좌석을 조립하는 노동자들은 6시에 와서 일하면서 하루 24시간 내내 돌아가는 자동차 공장과 비슷하다. 만약 시간이 섬세하게 조정된 이 사이클을 변화시키는 어떤 일이 일어난다면, 기묘한 일이 일어난다.

몽유병은 '사건 수면'이라 부르는 수면 장애 중에서 가장 잘 알려진 증상이다. 사건 수면은 뇌 일부가 작동하지 말아야 할 때 작동하거나 자신의 교대 시간을 완전히 착각할 때 일어나는 광범위한 문제들을 말한다. 대부분의 경우, 그 결과는 문자 그대로 반쯤 잠든 사람으로 나타난다. 몽유병 증상이 나타나는 사람은 뇌에서 움직임과 공간 지각을 조절하는 부분이 깨어 있는 반면, 의식을 담당하는 부분은 잠든 상태에 있다. 이것은 몽유병자가 의식적 사고나 기억은 전혀 하지 못하는 상태에서 눈을 뜬 채 주변에서 일어나는 사건에 반응할 수 있음을 뜻한다. 사건 수면은 1980년대 초까지도 수면 장애의 한 종류로 완전하게 이해되지 않았지만, 셰익스피어는

맥베스 부인의 몽유병을 놀랍게도 정확하게 묘사했다. 한 장면에서 맥베스 부인은 잠결에 걸어다니면서 두 남자가 이야기를 나누는 방으로 들어간다. 그녀를 보고 한 남자가 "저것 보게, 눈을 뜨고 있네."라고 말한다. 그러자 다른 남자가 "그렇군. 하지만 정신은 닫혀 있는걸." 하고 응답한다.

비록 그 이유는 불분명하지만, 5명 중 1명은 평생 최소한 한 번은 몽유병 증상을 나타낸다. 다만, 대

헨리 푸젤리, 〈몽유병에 걸린 맥베스 부인〉, 1784년

부분의 사람들은 중학교에 들어갈 무렵에는 그 증상에서 졸업한다. 몽유병 증상을 보이는 어린이는 비교적 부드럽고 무기력하게 움직이는 반면, 잠결에 배회하는 어른은 뭔가를 급히 하려는 듯이 빠른 움직임을 보이는 경향이 있다. 과학자들은 아직도 그 차이를 제대로 설명하지 못한다.

우리가 자는 동안에 일어날 수 있는 복잡한 행동은 잠결에 걸어다니는 것뿐만이 아니다. 사건 수면 증상을 보이는 사람들은 잠을 자면서 말하기, 먹기, 운전, 자위, 섹스를 포함해 기본적인 인간 활동을 거의 다 상당히 잘할 수 있다('수면 섹스sexsomnia' 장애가 있는 사람은 깨어 있을 때보다 잠들었을 때 섹스 상대로 훨씬 좋다고 한다. 한 의사는 내게 "이 장애는 그 사람 옆에서 자는 사람이 섹스를 좋아하지 않을 때에만 문제가 됩니다. 아무런 해도 끼치지 않고, 잘못된 행동도 하지 않아요."라고 말했다. 그 의사는 이 수면 장애를 '스노가즘snore-gasm'이라고 부르는 게 더 타당하다고 생각한다고 덧붙였다). 유일한 차이점은 자신이하는 일을 전혀 의식하지 못한다는 점이다. 그것은 마치 그 사람의 몸이 반란을 일으켜 뇌의 입력이 없더라도 자기가 할 일을 하기로 결정한 것과 같다.

1980년대 초에 미니에폴리스의 미네소타지역수면장애센터에서 두 의사가 잠자는 동안에 자신이나 함께 자는 사람을 다치게 한다고 호소하는 환자들을 분류하기 시작했다. 조사 작업의 일환으로 마크 매호월드Mark Mahowald와 카를로스 셍크Carlos Schenck는 병원 연구소에서 최소한 하룻밤 동안 환자가 잠자는 모습을 녹화했다. 여기서 그들이 발견한 것은 기이한 세계를 들여다보는 창을 제공했다. 평소에 성격이 좋던 나이 많은 남자들이 한밤중에 분노한 선원으로 변해 욕설을 퍼붓는가 하면, 옆에 있는 벽을 주먹으로 치는 행동을 반복했다. 어떤 환자는 갑자기 벌떡 일어나 앉더니, 벽을 뚫어질 듯이 노려보다가 침대 옆 탁자를 향해 다이빙을 하듯이 몸을 던졌다. 또 한 남자는 침대 발치에 앉아 깊이 잠든 상태에서 공연이라도 하는 듯이 우렁찬 목소리로 곡조를 뽑았다.

사건 수면은 주로 남성에게 나타나는 특성처럼 보였다. 일부 환자들의 아내는 밤에 자다가 남편이 헤드록을 걸거나 목을 조른다고 호소했다. 당연한 일이지만, 이런 부부는 결국 각방을 쓰는 경우가 많다. 두 의사가 실시한 일련의 면담에서 한 여성은 평소에는 그토록 다정다감하던 남편이 한밤중에 침대에서 일어나 방 구석에 웅크리고 앉아 야생 동물처럼 으르렁거린다고 말했다. 또 다른 여성은 남편이 잠자다가 가구를 부수곤 한다고 말했다. 그녀는 "남편이 침실에 있는 램프를 하도 많이 부숴서 이젠 램프를 사고 싶지 않아요. 사놓아 봤자 금방 남편이 던져서 부수고 말 테니까요."라고 말했다. 사건 수면 환자 중에는 자다가 2층 창문 밖으로 몸을 던진 적이 있다고 이야기한 사람도 있었다. 그런 일은 대개 한 번만 일어난다. 그런 일을 겪고 나면, 환자는 자기도 모르게 자살할까 봐 두려워 밤에 자신의 몸을 침대에 묶어놓고 자기 때문이다. 그 밖에도 환자들은 잠을 자면서 차를 향해 뛰어든다든가, 차를 몰고 16km 이상을 달려 가족의 집으로 간다거나, 짖으면서 뒤따라오는 개들을 달고 거리를 달린다거나, 하마터면 손으로 다른 사람의 목을 부러뜨릴 뻔했던 이야기를 들려주었다. 이 사례들과 그 밖의 사례들을 가지고 매호월드와 셴크는 지금은 폭력적 사건 수면이라 부르는 증상을 최초로 확인하고 분류했다. 몽유병과 마찬가지로 거의 모든 사례는 뇌의 부분적 각성 때문에 일어난다.

금발이나 오목발처럼 사건 수면은 주로 나타나는 가계가 따로 있다. 예를 들면, 나의 몽유병 증상도 누군가에게서 물려받은 특성일 가능성이 높다. 이 책을 쓰기 시작하고 난 뒤에야 나는 아버지가 캔자스 주 농장에서 자랄 때 몽유병을 겪은 이야기를 들었다. 아버지는 옥수수밭 한가운데에서 파자마 차림으로 잠에서 깬 적이 한두 번이 아니었다고 한다.

파크스 집안 사람들에게서는 정상적인 수면 패턴을 찾기가 어려웠다. 또, 축축하게 젖지 않은 시트도 찾기 어려웠다. 파크스 집안 남성들은 십대나 이십대가 될 때까지도 자다가 오줌을 싸는 창피스러운 버릇이 있었는데, 과학자들은 이 증상을 야뇨증이라고 좀더 고상한 말로 부른다. 의사들은 야뇨증이 깊은 잠에 너무 오래 빠져 생긴다고 생각했다. 이들은 모두 어른이 되고 나서 몽유병 증상을 보였다. 켄 파크스의 할아버지는 종종 잠든 상태에서 주방으로 걸어가 달걀과 양파를 프라이한 뒤에 먹지도 않고 침대로 돌아가 다시 잠을 잤다. 켄도 이러한 가족의 이력에서 벗어날 수 없었다. 11세 때에는 잠든 상태에서 6층 창문 밖으로 기어나가려고 하는 그를 할머니가 붙잡은 적도 있었다.

사건 수면, 그중에서도 특히 몽유병은 수면 박탈 때문에 일어날 수 있다. 뇌는 부족한 수면을 보충하려고 애쓰면서 깊은 수면 단계에 더 오래 머무르는데, 그러다가 다음 단계로 넘어가는 일이 항상 부드럽게 일어나진 않는다. 이러한 장애가 기묘한 행동을 낳는다. 켄 파크스는 결혼 생활과 거액의 빚에 대한 불안 때문에 이틀 밤 동안 잠을 제대로 자지 못했는데, 그것은 몽유병 증상이 나타나기에 딱 좋은 조건이었다.

파크스가 장모를 살해했다는 사실은 의심의 여지가 없었다. 유일한 의문은 살해가 일어난 그날 밤에 그가 제정신이었느냐 하는 것이다. 영국과 캐나다 그리고 미국의 법 체계는 모두 영국의 관습법에서 유래했고, 서로 겹치는 부분이 아주 많다. 각국에서 형법은 범죄에 대한 책임을 물으려면, 해당 범죄 행동을 저질렀을 뿐만 아니라, 멘스 레아mens rea, 즉 범의犯意가 있어야 한다는 개념을 바탕으로 한다. 이것은 사고와 범죄를 구분하는 기준이다. 차를 몰다가 갑자기 브레이크가 고장나는 바람에 사람을 치어 죽였다면, 그 사람은 비록 타인의 죽음에 책임이 있긴 해도 살인 혐의로 기소되진 않는다(브레이크가 고장났다는 사실을 미리 알았어야 할 책임이 있다는 주장을 할 수는 있지만, 그것은 또 다른 문제이다). 하지만 고의로 자동차를 무기로 사용했다면, 살인 행동은 살인 의도와 결합된 것이다.

죄를 지은 사람의 정신 상태를 고려하는 전례는 멀리 고대 바빌로니아 시대까지 거슬러 올라간다. 고대 바빌로니아에서는 고의로 법을 어긴 사람은 실수로 법을 어긴 사람보다 더 잔인한 방법으로 사형에 처했다. 그리스 신화에서 헤라클레스는 광란 상태에서 자식들을 죽인 죄를 용서받는데, 제우스의 아내인 헤라가 마법을 걸어 헤라클레스를 미치게 했기 때문이다. 1843년, 정신 장애로 인한 행동에 범죄의 책임을 묻지 않는다는 맥노튼 규칙M'Naghten rule이 성문화되었다. 이 규칙은 편집 망상에 사로잡혀 영국 총리의 비서를 총으로 쏴 살해한 대니얼 맥노튼Daniel M'Naghten의 이름을 딴 것이다. 맥노튼이 무죄로 풀려난 데 대해 대중의 분노가 하늘을 찌르자, 빅토리아 여왕은 상원을 설득해 정신 이상의 항변을 제한하는 법률을 최초로 제정하게 했다. 그 후에 다소 수정되고 현대화하긴 했지만, 이 법의 기본 요지는 원래 제정된 그대로 살아 있다. "정신 이상을 이유로 한 항변이 성립하려면, 해당 행위를 저지를 당시에 피의자가 정신병 때문에 이성에 결함이 있는 상태에서 행동했으며, 자신이 저지르는 행위의 성격과 질을 알지 못했다는 사실을 명확하게 입증해야 한다. 혹은 그것을 알았다 하더라도, 자신이 나쁜 짓을 저지른다는 사실을 몰랐음을 명확하게 입증해야 한다."

파크스 재판을 지켜본 사람들은 만약 켄 파크스가 정말로 몽유병 상태에서 그런 짓을 저질렀다면, 정신 이상의 정의에 따라 무죄 선고를 받을 가능성이 있다고 생각했다. 하지만 단순히 정신 이상을 주장하는 것만으로는 피의자가 무사히 집으로 돌아갈 수 없다. 대신에 많은 사람들은 여생을 정신 병원에 갇혀 지내야 하며, 가석방 기회도 없다. 파크스는 자신이 정신 이상이라고 주장하길 거부했는데, 그러면 자신의 딸을 다시는 볼 수 없게 되기 때문이었다.

변호사는 새로운 항변을 개발해야 했다. 그녀는 몽유병은 정신 장애가 아니며, 뇌에서 의식적인 입력이 없는데도 몸이 독자적으로 행동하는 정상적 상태에 불과하다고 주장했다. 따라서 파크스는 스스로 선택한 적이 없는 행동에 대해 책임을 질 이유가 없으며, 보편적이고 일시적인 상태 때문에 정신 이상자로도 간주할 수 없다고 주장했다. 사실상 변호사는 배심원단에게 비록 파크스의 몸은 범죄 행위를 저질렀지만, 마음은 범죄를 저지를 의도가 없었으며 그와 동시에 완전히 이성적이었다고 설득하려고 했다. 그것은 캐나다 역사에서 피의자가 잠든 상태에서 살인을 저질렀다고 주장한 최초의 사건이었다.

재판 중에 파크스의 변호사는 맥길 대학의 신경학 조교수인 로저 J. 브로턴Roger J. Broughton을 증인으로 불렀다. 몇 년 전에 브로턴은 〈사이언스〉에 영향력 있는 논문을 발표한 적이 있었는데, 거기서 그는 잠자는 동안에 나타나는 움직임은 차단된 감정적 고통을 행동으로 표현하는 것이라는 프로이트의 주장과는 반대로, 잠결에 걸어다니거나 말하는 것과 같은 장애는 정신 상태의 결과로 나타나는 것이 아니라고 주장했다. 몽유병이 감정적 혼란을 반영한 것이라는 개념은 프로이트의 이론보다 훨씬 오래되었다. 셰익스피어는 그 시대의 지식을 반영한 극적 장치를 통해 맥베스 부인이 몽유병 증상을 나타낸 것은 남편의 경쟁자를 살해했다는 죄책감 때문이라고 암시했다.

브로턴은 배심원단에게 파크스는 잠자리에서 일어난 시점부터 경찰서로 걸어간 시점까지 깊은 잠에 빠져 있었을 가능성이 아주 높다고 말했다. 이것은 자신의 행동을 전혀 기억하지 못하는 것이나 살해 동기가 전혀 없는 점을 잘 설명해준다고 했다. 파크스는 꿈을 현실에서 행동으로 옮기면서 처가로 차를 몰고 갔으며, 만약 몽유병이라는 유전적 소질이 없었더라면, 그가 보인 일련의 행동은 정상적으로 기능하는 뇌에서 분비된 호르몬이 억제했을 것이라는 게 브로턴 이론의 요지였다. 처가에 도착했을 때 장모는 그를 깨우려고 애썼는데, 바로 그 시점에서 파크스의 분노가 폭발했다. 브로턴은 그 이유는 아무도 모르지만, 몽유병자는 다른 사람과 맞닥뜨릴 때 종종 공격적 반응을 보인다고 설명했다.

반대 심문에서 검사는 만약 파크스가 몽유병 상태였다면, 어떻게 도중에 신호등이 3개나 있는 22km의 거리를 무사히 운전할 수 있었느냐고 물었다. 브로턴은 파크스가 눈을 뜨고 있었기 때문이라고 대답했다. 몽유병 상태의 어린이가 넘어져 다치는 일 없이 계단을 걸어내려오는 것 같은 복잡한 움직임을 아무 탈 없이 해낼 수 있듯이, 파크스가 그날 밤에 익숙한 도로를 별 문제 없이 달릴 수 있었던 이유는 사실상 자동 운전 상태에 있었기 때문이라고 설명했다.

브로턴의 증언이 큰 영향을 주었기 때문인지 아니면 캐런이 파크스의 편을 든 것이 영향을 미쳤기 때문인지, 배심원단은 단 몇 시간의 숙의 끝에 모든 혐의에 대해 무죄 평결을 내렸다. 비록 파크스가한 사람을 살해하고 또 한 사람을 거의 살해할 뻔했다는 사실은 명백했지만, 배심원단은 파크스가 고의로 그런 행동을 한 것이 아니라고 판단했다. 대신에 파크스의 행위는 그에게 법정 밖에서 자유롭게 걸어다닐 수 있도록 허용하는 새로운 범주(공식적으로는 비정신이상 자동증non—insane automatism이라 부르는)로 분류되었다.

무죄 평결에 좌절을 느낀 검사들은 범행 당시에 잠을 자고 있었다고 주장하는 피의자들이 쏟아져 나올 사태를 방지하려는 노력으로 항소를 제기했다. 공판 동안에 재판부는 파크스의 몽유병이 정신분열증 같은 질병으로 분류할 수 있을 만큼 심각한 것인지, 따라서 정신 이상의 정의에 들어맞는 것이 아닌지 깊이 고민했다. 하지만 몽유병에 정도 차이가 존재한다는 사실을 뒷받침하는 과학적 증거가 없는 상태에서 그 주장은 설 자리가 없었다. 그 다음에 그들은 파크스가 걸어다니는 시한 폭탄일 가능성, 즉 잠자는 동안에 또다시 살인을 저지를 가능성에 대해 논의했다. 하지만 극단적인 몽유병 증상을 한 번 나타낸 사람이 다음에 또다시 같은 행동을 반복한다고 시사하는 의료 기록이 전혀 없었기 때문에, 이것 역시 확실한 결론을 내릴 수 없었다. 다소 짜증이 묻어난 판결문에서 재판부는 "이 사건은 매우 골치 아픈 사건이다. 관련 사실들이 너무 극단적이어서, 겉으로 보기에 고의적으로 보이는 그 모든 행동을 의지나 의식 없는 상태에서 그렇게 오랜 시간 동안 계속할 수 있다는 사실은 믿기가 매우 어렵다. 하지만 배심원단이 내린 평결의 타당성은 이 법정에서 검토 대상이 아니다."라고 밝혔다. 그리고 이렇게 덧붙였다. "잠이 들었을 때 사람은 논리적으로 사고하거나 기억하거나 이해하지 못한다. 의학 전문가들은 잠들었을 때 그러한 능력들이 왜 기능하지 않는지 정확하게 알지 못하지만, 어쨌든 기능하지 않는 것으로 받아들여진다……. 만약 피고의 행위가 고의적인 것이었다고 입증할 수 없다면, 그는 죄가 없다."

파크스가 자유의 몸이 되어 법정 밖으로 걸어나간 지 약 20년이 지났을 때, 미셸 크레이머 본면Michel Cramer Bornemann이 뉴저지 주 중부의 한 호텔 연회장 연단에 나타났다. 검은 머리와 흰 피부에 검은색 와이셔츠와 빨간색 넥타이를 착용한 그는 조니 캐시Johnny Cash(20세기의 영향력 있는 음악가 가운데 한 사람으로 미국의 작곡가이자 배우, 작가 — 옮긴이) 비슷한 사람들이 가득 찬 방 안에서도 아주 편안하게 행동할 사람처럼 보였다. 10월의 쌀쌀한 오전에 수백 명의 의사들과 의학 연구자들은 뉴저지주수면학회가 개최한 연례교육심포지엄에서 본면의 기조 연설을 듣기 위해 그곳에 모였다. 미네소타 대학의 조교수인 본먼은 영향력 있는 연구를 여러 가지 발표했지만, 그것은 그렇게 많은 사람들이 그의 연설을 들으러 온 이유 중 하나에 지나지 않았다. 세계 각지의 변호사와 법 집행 공무원이 전화를 걸어오고, 과학 학술지에 글을 실어달라는 요청이 수많이 쇄도하고, 케임브리지 대학에서 그를 기념하는 심포지엄이 열린 이유는 바로 그가 부업으로 하는 일 때문이다.

본먼이 이토록 큰 관심을 받는 이유는 잠든 상태에서 범죄를 저지르는 인간의 기묘한 버릇을 전문으로 연구하는 의사로서 세계적으로 거의 유일무이하기 때문이다. 어떤 면에서 그는 켄 파크스가 만들어낸 법조계와 의학계의 화신이라 할 수 있다. 본먼은 몽유병과 수면 박탈, 수면 섹스 사례들을 연구하면서 평생을 보냈는데, 이 연구들이 의식이 있는 상태가 무엇을 의미하는지 완전히 이해하는 데 필요한 다음 단계라고 보았기 때문이다. 그는 사람들의 마음을 조사하는 탐정으로, 그 사람들이 사는 세계에서 파크스가 한 행동은 기묘함 면에서 정도의 차이만 있을 뿐이라고 본다. 그는 청중에게 "본질적으로 우리가 하는 일은 수면 법의학이라는 새로운 분야를 개발하고 정의하는 것입니다."라고 말한다.

이 분야는 여러분이 생각하는 것보다 수요가 아주 많다. 켄 파크스 이전에도 폭력 범죄로 기소된 피의자 중 몽유병 상태에서 그런 짓을 저질렀다고 주장한 사람이 많이 있었다. 그중에는 운 나쁘게도 도끼에 머리가 쪼개진 사람이 등장하는 사건도 최소한 두 건(서로 관련은 없지만)이 있다. 하지만 그중에서 성공을 거둔 사람은 거의 없었다. 몽유병을 내세워 항변함으로써 최초로 재판에서 이긴 사람은 보스턴의 부유한 신발 제조업자의 아들인 앨버트 티렐Albert Tirrell로 알려져 있다. 티렐의 변호사는 자신의 고객이 악몽의 고통 속에서 매춘부의 목을 베고 그녀의 사창가를 불태웠다고 배심원단을 설득하는 데 성공했다. 하지만 그는 고객을 간통 혐의에서 벗어나게 하는 재주까지는 없어서 티렐은 교도소에서 3년 동안 중노동을 해야 했다. 30년 뒤, 한 스코틀랜드인 남성은 잠자다가 어린 아들을 살해한 뒤 무죄로 풀려났다. 하지만 다시는 다른 사람과 같은 방에서 자지 않겠다고 약속한 뒤에야 풀려났다. 그 후 수십 년 동안 몽유병 상태에서 저지른 사건들이 여기저기서 일어났다.

그러고 나서 켄 파크스 판결이 나왔다. 파크스가 풀려난 뒤 7년 동안 피의자가 몽유병 상태에서 범죄를 저질렀다고 주장한 사건은 캐나다에서 잘 알려진 것만도 다섯 건이나 발생했다. 전 세계적으로도 법정에서 다루는 수면 폭력 사건이 점점 증가했다. 2009년, 59세의 웨일스인 남성은 휴가지의 차량 주택에서 40세의 아내를 목 졸라 죽인 혐의로 기소되었다가 잠든 상태에서 범행을 저질렀다고 주장하여 무죄 판결을 받았다. 파크스와 마찬가지로 그의 변호사도 그가 정신 이상이 아니므로 정신 병원에 수감해서도 안 된다고 주장했다. 재판관과 배심원단도 그 주장에 동의했다. 재판관은 "피고는 품위 있는 사람이고 헌신적인 남편입니다. 나는 피고가 그날 밤에 일어난 일에 대해 죄책감을 깊이 느낀다고 믿습니다. 법의 관점에서는 피고에게 아무 책임이 없습니다."라고 말했다.

물론 몽유병을 항변 이유로 주장하는 사람 중에는 거짓말을 하는 사람도 있다. 하지만 그렇지 않은 사람도 있다. 본먼이 찾는 사례들이 바로 그런 것들이다. 그는 잠든 상태에서 범행을 저질렀다고 주장함으로써 빠져나가려는 거짓말쟁이를 검사들이 확인하는 일을 돕길 좋아하지만, 진실을 말함으로써 잠든 신체의 기묘한 능력을 기록할 기회를 주는 사람들에게 더 큰 관심을 보인다.

잠이 얼마나 자주 범죄 행위로 이어지는지 확실히 아는 사람은 아무도 없는데, 한 가지 이유는 몽유병자들이 행동에 옮기는 일의 성격 때문이다. 뇌는 깨어 있을 때 어떤 계획을 세웠다가 잠들었을 때 그것을 실행에 옮길 수 없다. 이것은 수면 범죄의 기록에 버니 매도프Bernie Madoff(역사상 최대 규모의 폰지 사기 주동자. 폰지 사기는 아무런 이윤 창출 없이 투자자들이 투자한 돈을 이용해 투자자들에게 수익을 지급하는 방식이다. 폰지 사기는 대부분 신규 투자자들을 끌어들이기 위해 정상적인 투자로는 보장할 수 없는 고수익을 단기간에 안정적으로 보장해준다고 광고한다. 사기로 벌어들인 돈을 포함하여 고객 계좌의 손실 총액은 650억 달러에 이르렀는데, 2009년에 매도프는 최고 150년 형을 선고받았다.—옮긴이)나 존 딜린저John Dillinger(20세기 전반에 활동한 미국의 전설적인 은행 강도—옮긴이) 같은 사람은 등장할 수 없다는 것을 뜻한다.

다른 사람에게 손상을 입히는 몽유병 사례는 양 극단(그 어느 쪽
도 결코 유쾌하지 않은) 사이에 위치하는 경향이 있다. 대부분의 경
우, 잠든 상태에서 폭력적으로 행동하는 사람은 함께 자는 사람
을 위협한다. 만약 어떤 여성이 팔꿈치를 휘둘러 남자 친구의 코뼈
를 부러뜨렸다면, 그 사건에 관여하는 유일한 권위자는 남자 친구
를 치료하는 의사가 될 가능성이 높다. 경찰 보고서나 그 밖의 공
식 기록이 전혀 없기 때문에, 법정까지 가지 않는 한, 이러한 수면
폭행 사건이 얼마나 자주 일어나는지 알 방법이 없다. 〈외상 저널:
부상, 감염, 중환자 치료Journal of Trauma: Injury, Infection, and Critical Care〉
에 실린 한 연구는 몽유병자 자신이나 그 옆에서 잔 사람에게 부상
을 초래한 몽유병 사례 29건을 인용했다. 논문 저자들은 당황스럽
다는 어투로 "가족과 심지어 의학계도 몽유병 사례에 대해 대체로
관용적 태도를 보이며, 사람들은 생명을 위협하는 몽유병의 잠재적
위험을 잘 알지 못하는 것으로 보인다."라고 언급했다. 아주 드물게
발생하는 렘 수면 행동 장애에서 바로 이런 일이 일어난다. 렘 수면
행동 장애는 주로 노인에게 나타나는데, 렘 수면 동안에 뇌가 신체
를 마비시켜야 하는데도 어떤 이유로 그러지 못할 때 일어난다. 그
결과, 잠자는 사람의 몸은 꿈 속에서 하는 행동을 그대로 실행에
옮긴다. 이 장애가 있는 환자의 아내들은 의사에게 남편에게 얻어
맞을 때가 많다고 이야기하는데, 심지어 잠자고 있을 때에도 얻어
맞는다고 이야기한다.

본먼은 전체 몽유병 사례들 중에서 그 반대편 극단 쪽을 조사한다. 아동 학대에서부터 살인에 이르기까지 폭력적 행동을 저지른 사람이 정말로 잠든 상태에서 그랬는지 아닌지 어느 쪽으로 결정되느냐에 따라 그 사람의 운명(자유냐 사형이냐)이 정해진다. 그뿐만이 아니다. 본먼은 〈법의학 저널 *Journal of Forensic Science*〉에 발표한 연구에서 호텔 옥상에서 뛰어내리거나, 차도로 뛰어들어 차에 치이거나, 장전된 총을 집어들어 자신에게 발사한(모두 잠든 상태에서) 사례들을 자세히 소개했다. 이 상태를 가리키는 공식 용어는 사건 수면 유사 자살이다. 이 사례들이 자살자 자신이 의도한 것이 아니라 사고라고 결론을 내리면, 살아남은 가족은 정서적으로 아주 큰 충격을 받을 수 있다. 그리고 몽유병을 자살 사고의 원인으로 인정한다면, 보험 회사들은 자살을 보상 범위에 포함시키려 하지 않을 수 있다.

본먼이 처음부터 수면 범죄 분야의 콜롬보가 되려고 했던 것은 아니다. 의학대학원을 졸업하고 나서 얼마 후 그는 미네소타 대학에서 미국국립보건원이 위탁한 조사 계획의 일부로 루게릭병이라고도 부르는 근육위축가쪽경화증 환자들을 연구했다. 그의 연구팀은 임상 시험에서 비렘 수면 non-REM sleep의 나중 단계들에서 그 병과 관련된 호흡기 문제의 첫 번째 징후 하나가 나타나는 것을 발견했다. 환자들은 가장 깊은 수면 단계에 들어갈 때 숨을 쉬려면 더 많은 애를 써야 했다. 처음에 얻은 이 단서를 바탕으로 의사들은 환자들에게 더 심각한 증상이 나타나기 전에 호흡 보조 치료를 제공할 수 있었다. 그는 내게 "거기서 나는 잠에 큰 매력을 느낀 나머지 순전히 잠을 집중적으로 연구하기 위해 경력을 바꾸었지요."라고 말했다.

그리고 그 연구를 하기에 가장 좋은 장소를 선택했다. 사건 수면을 확인함으로써 미네소타 대학을 세계에서 가장 앞서 나가는 수면 연구소로 만든 마크 매호월드와 카를로스 셍크의 사무실에서 불과 몇 층 떨어진 곳에 본먼의 사무실이 있다. 잠든 상태에서 범행을 했다고 주장하는 피의자를 상대하기 위해 검사들이 수면 연구소로 꾸준히 전화를 걸었고, 이를 바탕으로 본먼은 폭력적 사건 수면이 처음에 생각했던 것보다 훨씬 자주 일어난다는 사실을 알게 되었다. 설사 자신이 조사한 사람들이 모두 다 거짓말을 한다 하더라도, 속임수를 찾아내는 데 소중한 통찰을 얻을 수 있을 것이라고 생각했다. 그는 병원 이사들을 설득하는 데 성공했고, 얼마 후 수면법의학연구소는 신경학과의 정식 부서로 인정되었다. 그 후로 본먼은 130건 이상의 사건을 검토했다. 거의 모든 사건에서 본먼은 파크스 사건을 통해 확립된 것과 똑같은 기준에 따라 어떤 행동이 고의적이었음을 시사하는 뇌 활동 증거를 찾으려고 애썼다.

이렇게 말하면 지문을 찾기 위해 베개를 봉지에 담는 형사들이 하는 조사와 비슷하게 들릴지 모르지만, 수면법의학은 물리적 증거보다는 증인의 증언에 더 많이 의존한다. 본먼은 피의자가 한 일과 대답한 진술을 바탕으로 특정 시간에 뇌에서 어느 부분이 가장 많이 활동했는지 추측할 수 있다. 이것은 당사자가 몽유병이나 다른 사건 수면 상태에 있었는지 결정하는 데 도움을 준다. 본면의 목적은 당사자의 뇌가 우리가 각성 상태라고 생각하는 것에 얼마나 가까이 다가갔는지 결정하는 것이다. 그는 내게 "우리는 이제 각성 상태에서 수면 상태로 전환할 때, 의식의 다양한 구성 요소를 세분하고 확인할 수 있다는 사실을 알아내기 시작했습니다."라고 말했다.

여러 가지 단서는 특정 순간에 잠자는 사람의 뇌에서 어느 부분이 의식의 통제를 받는지 알려준다. 맨눈으로 이것을 확인하기에 가장 쉬운 것은 근육 긴장인데, 렘 수면 상태에서는 근육 긴장이 사실상 존재하지 않는다(렘 수면 장애가 있는 환자는 이 규칙에서 예외이지만, 이 상태도 대개 15분 정도면 끝난다. 한편, 몽유병자는 그냥 내버려둘 경우, 한 시간 이상 돌아다닐 수 있다). 본면이 뇌에서 가장 큰 관심을 기울이는 두 지역은 머리와 척수가 만나는 곳에 위치한 망상활성계와 이마엽앞겉질(이마 뒤에 위치하고, 사려 깊은 의사 결정 과정에 아주 중요한 역할을 담당하는)이다. 깊은 수면 중 일부 단계에서 이 두 지역은 완전히 기능이 정지된다. 그와 함께 충동을 억제하는 능력도 사라지고, 통증을

에드바르 뭉크, 〈그 다음 날〉, 1894~1895년
깊은 수면에 빠지면 의식의 중추인 망상활성계와 이마엽앞겉질은 기능이 완전히 정지될 수 있다. 충동을 억제하는 능력도 사라지고, 통증을 느끼는 능력까지 사라질 수 있다.

느끼는 능력까지 사라진다.

이것은 기묘한 형태의 불행을 낳을 수 있다. 어느 한겨울 밤, 미니애폴리스에서 한 남성은 자다가 갑자기 시트가 축축한 느낌이 들어 눈을 떴다. 어른이 되고 나서 처음으로 이부자리에 실례를 했나 하고 창피한 생각에 이불을 들춰본 그는 동상으로 검게 변한 발을 보았다. 그는 즉각 아내를 깨웠고, 아내는 구급차를 불렀다. 응급 구조 요원들이 그를 들것에 실어 구급차로 데려갈 때, 아내는 현관에서 눈밭까지 발자국이 찍혀 있는 걸 보았다. 발자국을 따라가 보았더니 집 주위로 세 블록에 걸쳐 원을 그리고 있었다. −7℃까지 내려간 추운 날씨인데도 불구하고, 남편은 잠결에 평소에 개와 함께 산책을 다니던 길을 따라 맨발로 산책했던 것이다. 개는 따뜻한 집 안에 그냥 머물러 있었다.

본면은 잠든 상태에서 일어나는 의식의 단계들을 분할하는 방법인 '과정 분할process fractionalization'의 예를 들고자 할 때 이 이야기를 들려준다. 몽유병자가 눈밭에서 맨발로 걸으면서도 추위를 견딜 수 있다는 사실은 그의 뇌가 감각 입력(뇌의 망상활성계가 담당하는 한 가지 기능)을 처리하지 않는다는 것을 시사한다. 몽유병자가 침대로 돌아가 발에 묻은 눈이 녹으면서 축축함을 느낄 때까지는 그런 일이 일어나지 않았다. 그리고 그 무렵에는 그 남자의 뇌가 다른 의식 상태로 넘어가 축축함을 느끼고 잠에서 깨어날 수 있었다.

이 이야기는 범죄와 무슨 관계가 있을까? 증인이 어떤 남자가 야구 방망이를 들고 맨발로 자신을 쫓아오다가 깨진 유리 조각을 밟았는데도 아무 반응을 보이지 않았다고 증언했다고 하자. 혹은 켄 파크스 같은 남자가 자신의 손을 칼로 심하게 베고도 경찰관의 책상에 그 피를 뚝뚝 흘릴 때까지 자신이 다친 걸 알아채지 못했다고 하자. 두 사람 다 통증을 전혀 느끼지 못한 것처럼 보이기 때문에, 공격 행위가 일어났을 때 의식을 제어하는 뇌 부분들이 제대로 기능했을 가능성이 낮다. 신체는 마음과 독립적으로 행동한 게 분명하고, 따라서 이 사건들은 범죄 행동이라기보다 비고의적 행동 영역에 속한다고 볼 수 있다.

수면 범죄라는 새로운 세계에서조차 파크스 사건의 경우처럼 몽유병 상태가 오랫동안 지속되는 경우는 드물다. 본면은 성폭행 사건, 특히 술 때문에 일어난 성폭행 사건을 자주 들여다본다. 그가 조사한 전체 사건 중 약 절반은 밤에 폭음한 남성이 여성이나 어린이를 성폭행한 사건이었다. 본면은 폭음은 무분별한 행동과 흐릿한 사고를 낳을 수 있기 때문에, 술을 마신 경우에는 그 사람에게 정말로 몽유병 증상이 나타난 것인지 분간하기가 불가능하다고 주장한다. 이런 종류의 사건에 휘말린 피의자들은 과학의 도움을 전혀 받을 수 없기 때문에, 대부분 가능하면 더 가벼운 혐의에 유죄를 인정한다.

비록 과학이 자신의 편에 있긴 하지만, 본면은 법 체계에 대해서도 항상 똑같이 말할 수는 없다. 대부분의 판사와 변호사는 제정신인 사람이 잠든 상태에서 무의식적으로 복잡하고 폭력적인 행동을 할 수 있다는 개념을 비웃는다. 샌디에이고에서 한 어부는 잠든 상태에서 상어 배를 가르는 꿈을 꾸다가 여자 친구를 칼로 찔러 죽였다고 주장했지만, 살인 혐의에 대해 유죄 판결을 받았다. 게리 페라리Gary Ferrari라는 재판관은 선고를 하면서 "몽유병 상태에서 살인을 저질렀다는 이 모든 이야기에 대해…… 내게 떠오르는 최선의 말은 궤변이라는 것이다."라고 말하며 피고의 항변을 완전히 무시했다.

본먼은 이 문제는 단순히 판사들이 몽유병을 최신판 트윙키 항변Twinkie defense(터무니없는 항변을 조롱하는 뜻으로 일컫는 말. 두 사람을 살해한 댄 화이트Dan White는 우울증 때문에 사리 분별 능력이 떨어졌다고 주장했다. 그리고 평소에는 건강식을 먹었는데, 트윙키와 설탕이 많이 든 식품을 좋아하게 된 이유는 바로 우울증 증상이라고 내세웠다. 트윙키는 겉은 노랗고 속은 흰 크림으로 채워진 스낵 케이크를 말한다. 널리 알려진 사실과는 반대로, 화이트의 변호사들은 트윙키가 살인 행동의 원인이라고 주장하진 않았으며, 그걸 즐겨 먹는 것이 우울증의 증상이라고 주장했을 뿐이다. 화이트는 고의적 살인 혐의에 대해 유죄 판결을 받았다.─옮긴이)으로 간주하는 것보다 훨씬 복잡하다고 생각한다. 어느 날, 한 사건을 살펴보다가 잠깐 쉬는 시간에 그는 내게 "우리는 분명히 법 체계와 맞서싸우고 있습니다."라고 말했다. 그는 쌍방이 각자 자신에게 유리한 의견을 제시하는 전문가들을 내세워 대결하는 재판의 대립적 성격에 대해 깊은 의구심을 품었다. 그는 법이 과학만큼 충분하지 않다고 보았다.

"검사 측도 의학 전문가를 내세우고, 피고 측도 의학 전문가를 내세웁니다. 양측은 배심원단에게 똑같은 권위를 지니지요. 과학계와 의학계에는 이러한 양당제 절차 같은 게 없어요. 과학계와 의학계에서는 의견 일치를 바탕으로 하는 동료 심사 과정을 따르지요. 만약 어떤 사람에게 수술을 해야 하느냐 말아야 하느냐 하는 문제가 생겼을 때, 그리고 그 절차가 아주 위험할 때, 우리는 어떻게 해야 할까요? 의학계에서는 두 외과 의사를 앉혀 놓고 토론을 하게 하지 않아요. 대신에 우리는 강당에 모여 이환율(병에 걸리는 정도를 표시하는 통계적 지표. 즉, 감염이나 방사선 등에 노출되었을 때, 병에 걸리거나 손상을 입게 될 정도를 말한다)과 사망률에 대한 회의를 열지요. 우리는 병원에서 가장 뛰어나고 똑똑한 사람들을 모아 당면 문제의 모든 측면에 대해 논의하고 비판합니다. 과학은 반드시 절대적 진리를 다루는 것은 아니에요. 그보다는 가능성과 확률을 다루지요."

절대적 진리들이 서로 경쟁하는 법 체계에서 본먼은 회색 음영이 들어설 자리를 원한다. 그럼에도 불구하고, 본먼은 가끔 검사 측이나 피고 측을 지지하는 전문가로 나서서 증언하는데(그 대가로 받은 돈은 대학 병원에 기부한다), 법 체계에서 잠과 의식을 바라보는 방식을 표준화하는 데 어떤 역할을 하길 원하기 때문이다.

"이 사건들은 형법 체계가 의식에 관한 이러한 정의들을 처리해야 하는 최초의 사례일지 모릅니다. 그리고 반드시 제대로 처리해야 합니다. 그러지 않는다면, 이렇게 변덕스럽고 예측 불가능한 결과들에 맞닥뜨리게 될 수밖에 없어요. 파크스 사건은 획기적인 사건이었지만, 법정에서 몽유병 사건을 다루는 방식은 아직도 균일하지 않고 들쭉날쭉합니다. 완전한 무죄 선고가 나오는 경우도 있지만, 때로는 일부 재판 관할권에서는 변호사가 '아무래도 완전한 무죄를 추구하는 것은 좀 무리인 것 같아요.'라고 말하면서 더 가벼운 혐의를 인정하거나 사법 거래를 노리는 쪽으로 노력을 기울이지요."

이런 일은 아동이 관련된 폭력 사건의 경우에 자주 일어난다. 우리가 대화를 나누기 몇 달 전에 본먼은 알래스카에 있는 국선 변호인 사무실과 협력 관계로 일하는 변호사에게서 전화를 받았다. 그 변호사의 고객은 이동 주택 주차장에서 아내와 함께 살던 남성이었다(본먼도 그 이유를 잘 모르지만, 수면 범죄에 연루된 피의자는 거의 대부분 남성이다). 부부는 배앓이를 하는 아기가 쉴 새 없이 울어대는 바람에 잠을 제대로 잘 수 없었다. 몇 주일 동안 잠을 제대로 자지 못한 부부는 타협책을 내놓았다. 한 사람이 밤새도록 거실에서 아기와 함께 지내는 대신에 다른 사람은 침실에서 비교적 편안하게 잠을 자기로 한 것이다. 이렇게 두 사람은 매일 교대로 잠자리를 바꾸어가며 잠을 잤다.

그것은 나쁜 생각이 아니었다. 하지만 남편에게는 몽유병 전력이 있었다. 어느 날 밤, 거실에서 밤을 새워야 할 차례가 되었을 때, 그는 아기를 가슴 위에 올려놓은 채 깜빡 잠이 들었다. 그날 밤, 그는 야생 동물이 자신을 공격하는 꿈을 꾸었다. 짐승을 물리치는 방법은 그 머리를 물어뜯으면서 패대기치는 수밖에 없다고 생각했다. 잠에서 깬 그는 커피 테이블 밑에서 아기를 발견했는데, 얼핏 보기에는 아무 이상이 없어 보였다. 그는 아기를 들어올려 아기 침대에 눕힌 뒤에 출근했다. 몇 시간 뒤, 잠을 깬 아내는 아기 몸에 멍이 나 있고 머리에는 물린 자국까지 있는 걸 보고는 급히 아기를 응급실로 데려갔다. 아기의 상처가 정상적인 것이 아니라고 생각한 간호사는 경찰을 불렀다. 그리고 몇 시간 뒤, 그 남성은 체포되어 아동 학대 혐의로 기소되었다.

본먼은 국선 변호인 사무실을 위해 그 사건을 검토하기로 했다. 그는 아기의 상처와 부모의 진술을 살펴본 뒤, 아버지가 폭력적 수면 동안에 우발적으로 아기를 다치게 했을 것이라고 결론 내렸다. 하지만 본먼은 자신의 의견이 법 체계에서 진지하게 받아들여질 가능성이 거의 없다는 사실도 잘 알았다.

"검찰 쪽의 입장은 아동 학대나 성폭행 사건은 어떤 것이건 무조건 기소한다는 방침으로 크게 기울어져 있거든요. '몽유병이라고요? 네, 충분히 일리가 있는 설명이군요.'라고 말하는 검사는 거의 없을 것입니다."

그 사건에서 피의자는 재판을 받기 전에 더 가벼운 혐의에 유죄를 인정하는 쪽으로 합의를 보았다.

본먼은 뇌의 작용 중 바깥쪽 한계에 해당하는 지점에 초점을 맞취 연구하고 있기 때문에, 아직까지는 자신의 연구에 확실성을 보장하기 어렵다는 사실을 인정한다.

"나는 그날 밤에 무슨 일이 일어났는지 정확한 것은 결코 알 수 없어요. 나는 다른 유형의 법의학 조사관들과는 다릅니다. 내겐 DNA도 조직도 없어요. 확증을 제공할 공식적인 물질 증거가 전혀 없는 거지요. 내가 가진 거라곤 행동 패턴밖에 없는데, 이 행동 패턴을 바탕으로 특정 시간에 일어난 뇌의 상태를 평가할 수 있고, 사람들이 정직하다고 가정함으로써 어떤 일이 일어났을 가능성을 평가할 수 있어요. 법정에서 우리는 진술이 정직하다고 가정합니다. 정직하지 않다면 위증죄가 되지요. 우리가 가진 건 이게 다예요."

그렇다 하더라도, 결과는 불만족스러울 수 있다. 1997년 1월, 모터롤라에서 소프트웨어 공학자로 일하면서 교회 활동도 열심히 하던 43세의 스콧 팔레이터Scott Falater는 저녁을 먹고 나서 스트레스가 심한 프로젝트 일을 계속하기 위해 본사로 갔다. 만약 이 프로젝트가 실패한다면, 회사 내에 한바탕 해고 바람이 불 것이 뻔했다. 소프트웨어 공학을 전공한 다른 사람들과 마찬가지로 팔레이터는 사회적 교류보다는 숫자에 더 편안함을 느꼈다. 훗날 딸은 "아빠는 자기 분야 외에는 세상 물정을 잘 모르는 외골수 전문가였어요."라고 말했다. 일에는 희생이 따랐다. 팔레이터는 일주일 동안 하루에 4시간도 채 자지 못했고, 일할 때 말짱한 정신을 유지하기 위해 카페인 정제(잠 안 오는 약)에 의존했다. 팔레이터가 피닉스 교외에 있는 집으로 돌아와 잠자러 가기 전에 아내 야밀라_{Yarmila}가 뒤뜰에 있는 수영장의 필터를 고쳐달라고 말했다. 밤 9시 30분경에 그는 가족에게 잘 자라고 말하고 침대로 갔다.

한 시간쯤 지났을 때, 옆집에 사는 이웃이 팔레이터 집에서 나는 비명 소리를 들었다. 창문을 내다봤더니 여성 시체처럼 보이는 것이 뒤뜰에 놓여 있었다. 그리고 팔레이터가 캔버스 장갑을 끼고서 그 시체를 향해 다가가는 모습도 보였다. 팔레이터는 시체를 수영장으로 끌고 가더니 물 속으로 밀어넣었다. 이웃은 전화기로 달려가 경찰을 불렀다. 그때, 팔레이터는 피 묻은 옷을 벗어서 비닐 봉지에 집어넣었다. 그리고 나서 비닐 봉지를 볼보 자동차 바퀴집에 숨기고 손에 붕대를 감은 뒤, 파자마로 갈아입었다. 잠시 후, 경찰이 총을 뽑아들고 집 앞에 도착했을 때, 팔레이터는 그 상태에 있었다. 팔레이터는 즉각 수갑이 채워져 체포되었고, 일급 살인 혐의로 기소되었다. 나중에 검시관은 팔레이터가 사냥용 칼로 아내를 44번이나 찌른 뒤에 머리를 물 속에 처박았다고 결론 내렸다.

여러분은 이제 이 일이 그 뒤에 어떻게 흘러갈지 쉽게 짐작할 것이다. 팔레이터는 살인을 저지를 당시에 몽유병 상태에 있었다고 주장했다. 변호사는 여러 증인을 불러 그가 살인을 할 동기가 전혀 없었다고 증언하게 했다. 스콧과 야밀라는 싸운 적도 거의 없었고, 경제적 문제도 전혀 없었으며, 어느 한쪽이 바람을 피웠다는 증거도 없었다. 여러 수면 연구자도 팔레이터를 옹호하는 증언을 했는데, 그중에는 켄 파크스 재판 때 증언한 사람도 두 명 포함돼 있었다(그 당시 수면범죄연구소를 만드느라 바빴던 본면은 두 재판에 관여하지 않았다). 변호사는 그 사건은 사고가 명백하기 때문에 살인죄로 기소하려면 팔레이터가 몽유병 상태가 아니었음을 입증할 필요가 있다고 주장했다. 검찰 측은 그것을 입증할 증거가 전혀 없었다. 한 검사는 배심원단에게 이렇게 말했다. "피고 측은 이 사건을 세상의 이목을 끄는 사건으로 만들고 싶어합니다. 저는 여러분에게 [피고 측이 내세운 수면 연구자들의 신임장은] 방종의 전당으로 올라가는 계단에 불과하다는 사실을 말씀드리고 싶습니다."

배심원단은 8시간 동안 숙의를 한 끝에 유죄 평결을 내렸다. 팔레이터는 사형을 받을 위기에 처했지만, 종신 징역형을 받았다. 2010년 현재 그는 멕시코 국경에서 몇 km밖에 떨어지지 않은 투손 남쪽 교도소에서 수인 번호 148979번을 달고 복역하고 있다. 교도소에서 그는 모범적인 생활로 좋은 점수를 받았고, 자신의 결백을 계속 주장했다.

그런데 파크스와 팔레이터 둘 다 진실을 말했다고 상상해보자. 의식의 유무를 이것 아니면 저것을 결정짓는 핵심 요소로 보는 현재의 법 체계에서 이들은 몽유병 상태에서 저지른 행동의 결과로 정신 병원에 갇힐 수도 있고, 사형수가 될 수도 있고, 완전한 자유를 얻을 수도 있다. 뉴욕 시의 포덤 대학에서 법학 교수로 일하는 데버라 데노Deborah Denno는 이 극단적인 갈림길에 흥미를 느꼈다.

데노는 펜실베이니아 대학에서 범죄학 법학 박사 학위J. D.와 일반 박사 학위Ph. D.를 모두 딴 보기 드문 이력을 지녔다. 법학자로서 데노는 로 리뷰law-review(로스쿨의 학생들이 발간하는 법률 간행물)에 영향력 있는 논문을 여러 편 썼는데, 거기서 특정 종류의 범죄에 대한 처벌이 너무 가혹하다고 주장했다. 연방 대법원 판사 네 사람은 판결문에서 그녀의 연구를 인용했다. 최근에 데노는 심리학과 사회학 분야의 발견이 형사 사법 제도에 도움을 줄 수 있는가 하는 문제로 관심을 돌렸다. 데노는 〈행동과학과 법Behavioral Sciences and the Law〉에 발표한 논문에서 법정이 잠을 바라보는 방식이 시대에 뒤떨어졌으며 개선이 필요하다고 주장했다.

어느 봄날, 나는 데노를 만나러 맨해튼의 사무실로 찾아갔다. 거리 건너편은 링컨 센터에서 〈남태평양South Pacific〉 공연을 보려고 모여든 관광객들로 북적댔다. 얼마 전에 데노는 일본의 유명한 로스쿨을 방문해 미국 법 체계에서 의식과 유책성 문제에 대해 강연을 하고 돌아왔다. 우리가 대화를 나누는 동안 그녀는 의자 끝에 걸터앉은 자세를 계속 유지했다. 의자의 나머지 공간은 열두 살 먹은 시추가 차지했다. 데노는 "법은 의식 문제를 다룰 때 시야가 너무 좁은 동시에 너무 넓기도 해요."라고 말했다.

법 체계는 균일성 개념을 바탕으로 한다. 어떤 행위가 한 관할권에서 범죄로 간주된다면, 다른 관할권에서도 불법일 가능성이 높다. 하지만 본면이 지적했듯이, 수면 범죄의 경우에는 그렇지 않다.

데노는 어떤 법정은 몽유병을 고의적 행동으로 간주한다는 사실을 발견했다. 즉, 몽유병의 결과로 인한 행동을 범죄로 간주하여 피의자를 처벌한다는 뜻이다. 하지만 어떤 법정에서는 사건 수면을 비고의적 행동으로 간주하여 피의자를 풀어주었는데, 재판은 고사하고 심리조차 하지 않은 경우도 있었다. 감금과 자유 사이의 중간 지대는 없었으며, 경찰이 몽유병 가능성이 있는 사건을 얼마나 자주 다루었는지에 대한 기록도 없었다. 데노는 그 이유 중 일부는 의식에 대한 프로이트 해석이 여전히 큰 영향력을 발휘하고, 잠에 대한 과학의 이해가 아직 걸음마 단계이던 1950년대 이후로 형법이 전면 개정된 적이 없기 때문이라고 말한다. 지금도 법은 모든 행동을 고의적이거나 비고의적인 행동으로 본다. 일본의 법학과 학생들에게 한 강연에서 데노는 이것은 "피의자에게 진정한 불의가 일어나는 곳"이라고 주장했다. 그녀는 형법에 '준고의적'이라는 제3의 선택이 필요하다고 생각한다.

"처벌 수준을 낮춰야 한다고 주장하는 내가 이런 주장을 하면 이상하게 보일 수도 있어요. 하지만 더 많은 사람을 법 체계 안으로 끌어들일 수 있는 선택지가 있어야 해요."

데노는 그 예로서 켄 파크스의 사례를 거론했다.

"나는 그를 무죄 방면해야 한다고 생각하지 않아요. 그가 살아온 배경을 살펴보면, 그를 형사 사법 제도 안에 붙잡아둘 선택과 방법이 있어야 한다고 시사하는 측면들이 있어요. 파크스 같은 사람에게는 '만약 앞으로 일 년 동안 처방된 약을 복용하고 문제를 일으키지 않는다면, 이번 범죄에 대해서는 기소를 하지 않겠다.'라는 식으로 이야기할 수 있겠지요."

데노의 체계에서는 몽유병이 폭력적으로 변한 사건들의 기록이 모두 남아 있을 것이다. 데노는 당사자가 자신의 상태를 억제하기 위한 조처—나이 많은 렘 수면 행동 장애 남성에게 도움을 주는 근육 이완제 클로나제팜을 복용한다든가 하는—를 취하지 않는다면, 잠자는 동안에 일어난 모든 일에 대해 책임을 물어야 한다고 주장한다. 이 체계에서는 몽유병자는 장전된 무기와 비슷한 것으로 간주된다. 자신을 책임 있게 다루지 않는 사람은 태만죄로 처벌받을 수 있다. 데노는 이러한 변화는 몽유병 사건을 비정상적인 사건으로 취급하던 데에서 정상적인 사건으로 취급하는 길로 나아가고, 공정하고 믿을 만한 기준을 만드는 데 도움이 될 것이라고 말한다. 또한, 몽유병자가 저지르는 폭력 사건들을 어둠 속에서 끄집어내 연구자들에게 수면 범죄 세계에서 간절히 필요한 것, 즉 데이터를 제공할 것이다.

"만약 누가 형사 사법 체계에서 다룬 몽유병자가 얼마나 많으냐고 묻는다면, 대답할 수 있는 사람은 아무도 없을 것입니다. 살인 사건이 일어날 경우에만 법정이 들여다보기 때문이지요. 그 밖의 경우에는 대부분 형사 사법 체계에서 빠져나가고 맙니다."

몽유병자가 범죄를 얼마나 자주 저지르는지 추적하는 체계가 정립되기 전에는 우리는 그런 사례가 과학자나 변호사가 알고 있는 것보다 더 많을 것이라고 그저 짐작만 할 뿐이다. 만약 여러분이 내기를 좋아하는 부류라면, 여러분 집에서 몽유병 증세가 있는 사람이 한밤중에 벽에 충돌하는 것보다 더 위험한 일은 하지 않는다는 쪽에 내기를 거는 편이 승산이 훨씬 높을 것이다. 하지만 아무리 확률이 낮은 일이라도, 언젠가는 일어나게 마련이다.

켄 파크스의 경우 그 후로는 법정까지 갈 만한 사건을 일으키지 않고 살았다. 하지만 그 후 그의 인생은 순탄하지 않았다. 무죄로 풀려난 지 얼마 지나지 않아 그는 캐런과 이혼했다. 그 후로 그는 대체로 대중의 시선에서 벗어나 살아갔고, 아마도 언론에 오르내리는 데 진저리가 났던지 내가 토론토에서 그를 만나려고 그렇게 애를 썼는데도 번번이 내게 좌절을 안겨주었다. 하지만 그는 아직도 그곳에서 살고 있으며, 현지 신문의 보도를 믿는다면 자녀도 다섯이나 두었다. 2006년에 그는 지역 교육 위원회 후보로 출마했다. 하지만 결과는 좋지 않았다. 한 주민은 기자에게 왜 자신이 파크스를 찍지 않는지 그 이유를 이렇게 설명했다. "몽유병은 어쩌면 [용서받을 수도 있겠죠] 의학적인 문제이지만, 횡령은 문제가 다르죠."

파크스는 인생에는 결코 만회할 수 없는 일들이 있다는 사실을 입증하면서 전체 후보 중 꼴찌를 차지했다.

9

승패를
좌우하는 것

● 지금 여러분이 라스베이거스의 카지노에 있다고 상상해보라. 이곳에서 며칠 머무는 동안 돈은 너무 많이 쓰고 잠은 너무 적게 잤는데, 값비싼 수업료를 치른 뒤에야 자신이 생각했던 것보다 포커 실력이 별로라는 사실을 깨닫는다. 그러니 이젠 조금이라도 자신한테 유리한 내기를 찾는 게 낫다는 생각이 든다.

유용한 정보를 하나 준다면, 스포츠 도박장을 찾아가보라고 하고 싶다. 그곳을 찾아가면, 대개 어두운 동굴 같은 방 안에 많은 사람들이 작은 모니터를 뚫어져라 쳐다보고 있다. 그 태도가 하도 진지해서 우주 왕복선 발사를 지시하거나 악당 독재자에 대한 지상 공격이라도 계획하고 있는 게 아닌가 하는 생각이 들 정도이다. 하지만 이들이 실제로 하는 일은 운동 선수들이 경기를 하는 모습을 지켜보면서 술에 취한 채 자신이 돈을 따는 경기 결과가 나오길 기대하는 것뿐이다.

스포츠 경기 결과에 내기를 거는 것이 인기를 끄는 이유는 경기가 잔인한 확률 영역을 벗어나 벌어지기 때문이다. 예를 들어 블랙잭에서 딜러가 여러분에게 10 카드를 주었다면, 이것은 다음 번 카드가 10이 아닐 확률이 높아졌음을 의미한다. 하지만 농구에서는 르브론 제임스LeBron James가 상대 팀 센터 머리 위에서 덩크 슛을 꽂아넣었다 하더라도, 그것이 다음 번에 그의 팀이 공을 가졌을 때 일어날 일이나 최종 경기 결과에 어떤 영향을 미치지는 않는다. 르브론은 3분 뒤에 발목을 삘 수도 있고, 나머지 슛이 모두 불발로 그

칠 수도 있고, 타임아웃 동안에 동료를 화나게 하여 다시는 패스를 받지 못할 수도 있다.

스포츠 경기 결과에 내기를 걸 수 있게 하는 비결은 포인트 스프레드point spread에 있다. 이것은 경기 결과의 무작위성에 질서를 부여하기 위한 방법으로, 어느 팀이 승리하든 상관없이 두 팀 모두에 거는 금액이 서로 균형을 이루도록 하기 위해 만들어낸 방법이다. 예를 들어 알려진 정보를 전부 종합했을 때, A 팀이 B 팀에게 어떤 점수 차이로 이길 것으로 예상된다고 하자. 내기를 거는 사람들은 그 예상이 어느 정도로 틀릴지 추측한다. 만약 A 팀이 예상보다 더 큰 점수 차로 이기는 쪽에 돈을 걸었는데 실제로 결과가 그렇게 나온다면, 여러분은 돈을 조금 따게 된다. 만약 예상을 깨고 B 팀이 이긴다는 쪽에 돈을 걸어 실제로 결과가 그렇게 나온다면, 여러분은 돈을 훨씬 많이 따게 된다. 만약 여러분이 운이 좋다면, 다음 번 〈먼데이 나이트 풋볼Monday Night Football〉(ABC 방송에서 월요일 밤에 방영하는 미식축구 경기─옮긴이)에서 중계할 경기가 서해안 지역 팀과 동해안 지역 팀 간의 경기로 잡힐 수 있다. 대부분의 도박사는 연고 팀에 대한 충성심, 지난 몇 경기의 추세, 경기를 위한 장거리 이동 등을 바탕으로 내기를 걸 팀을 결정한다. 하지만 훨씬 간단하게 확률을 이길 수 있는 비결이 있다. 무조건 서해안 지역 팀에게 돈을 걸면 된다.

잠을 다루는 책에서 도박 비결을 언급하는 것은 적절하지 않을 수도 있다. 하지만 잠은 내셔널 풋볼 리그NFL의 쿼터백에서부터 라커룸 샤워기의 세균에 이르기까지 모든 생물에 영향을 미치는 순환 중 가장 명백한 부분이다. 살아 있는 생물은 선천적으로 하루의 길이에 대한 감각을 갖고 있는데, 지구 상에서 살아온 생명의 긴 역사 동안 태양이 주도적 역할을 담당했다는 사실을 감안하면 그다지 놀라운 일은 아니다. 식물은 햇빛에서 에너지를 얻고, 동물은 깨어서 활동하기에 최적이라고 여긴 시간 간격을 바탕으로 각자의 생태적 지위에 자리를 잡았다. 그 결과, 살아 있는 생물은 대부분 세포 내부 어딘가에 아주 정확한 24시간 시계에 해당하는 것이 들어 있다. 일주기日週期 리듬이라 부르는 이 생체 시계는 생물에게 어떤 중요한 활동을 할 시간이 언제이고 잠자야 할 시간이 언제인지 알려준다.

이 리듬을 최초로 알아챈 사람은 18세기에 프랑스에서 천문학자로 활동한 장-자크 도르투 드 메랑Jean-Jacques d'Ortous de Mairan이다. 드 메랑은 1729년에 자신의 정원을 관찰하다가 식물들이 낮에는 잎을 활짝 펼쳤다가 밤에는 거둬들인다는 사실을 발견했다. 필시 햇빛 때문에 그럴 것이라고 짐작한 그는 그 가설을 검증하기 위해 간단한 실험을 해보기로 했다. 다수의 식물을 지하 와인 저장실로 옮긴 뒤, 그는 밤이나 낮이나 빛과 온도 변화가 전혀 없는 그곳에서 잎의 움직임을 관찰하면서 기록했다. 그랬더니 자극을 주는 햇빛이 전혀 없는데도 불구하고, 식물들은 여전히 아침에는 잎을 활짝 펼

장 프랑수아 밀레, 〈일하러 가는 길〉, 1851~1853년

장 프랑수아 밀레, 〈한낮의 휴식〉, 1866년

장 프랑수아 밀레, 〈겨울 저녁〉, 1867년

일주기 리듬은 생물에게 어떤 중요한 활동을 할 시간이 언제이고 잠자야 할 시간이 언제인지 알려주는 생체 시계이다. 일주기 리듬은 태양의 일정에 맞춘 반응으로 나타난다.

쳤다가 저녁이 되면 거둬들였다. 드 메랑은 식물들이 햇빛에 반응을 하는 것이 아니라, 햇빛이 비치는 시간을 예상하고 그런 행동을 한다는 사실을 깨달았다. 식물들은 낮이 언제 시작하는지에 대한 시간 감각이 몸속에 뿌리박혀 있기 때문에 햇빛의 자극이 없더라도 그런 반응을 보인 것이다.

인체 역시 여러분이 생각하는 것보다 드 메랑의 식물에 더 가깝다. 일주기 리듬은 낮 동안의 시간을 바탕으로 체온과 전반적인 각성 수준을 변화시킨다. 그래서 설사 우리 몸이 와인 저장실 같은 곳에 갇힌다 하더라도, 태양의 일정에 맞춘 반응이 나타난다. 카페인의 도움이 없다면, 대부분의 사람들은 오전 9시경에 기운이 나며, 오후 2시경까지 대체로 그 상태를 유지하다가 낮잠을 잘까 말까 생각하기 시작한다. 오후 6시쯤에는 몸에 다시 활기가 넘치면서 밤 10시경까지 활동을 계속할 수 있는 힘이 생긴다. 그 다음에는 체온이 급격히 떨어지기 시작하며, 커피나 다른 형태의 카페인을 섭취하지 않는 한 잠이 온다. 진화생물학자들은 왜 우리 몸이 이런 종류의 분할 리듬에 따라 작동하는지 정확한 이유를 모르지만, 초저녁에 기운이 솟아오르는 것은 식량을 구하느라 긴 하루를 보낸 뒤에 불을 피우거나 집으로 돌아가는 길을 찾는 데 에너지가 필요했던 초기 인류에게 도움이 되었을 것이라고 추측할 수 있다.

그러면 다시 미식축구 경기에 대한 내기 이야기로 돌아가보자. 1990년대 중엽에 스탠퍼드 대학의 일부 수면 연구자들은 한 가설을 검증해보기로 결정했다. 여러 연구에서 일주기 리듬이 점심 시간 이후의 하강 곡선에서 벗어나는 초저녁에 힘과 유연성과 반응 시간이 솟아오른다는 결과가 나왔다. 운동 선수의 능력에 미치는 미묘한 효과를 감안한다면, 이 각성 주기의 정점에 있는 사람은 생체 시계가 잠자야 할 시간이라고 판단한 사람보다 보이지 않는 이점이 있으리라고 생각하는 것은 당연하다. 이 개념을 검증하기 위해 연구자들에게 필요한 것은, 비슷한 능력을 가졌지만 일주기 리듬이 서로 다른 사람들끼리 대결하는 시합뿐만 아니라, 신뢰할 수 있는 패턴을 보여줄 만큼 충분히 오랜 기간에 걸쳐 축적된 데이터였다.

그들은 월요일 밤에 열리는 미식축구 경기(NFL의 최고 경기들)에서 그것을 발견했다. 월요일 밤의 미식축구 경기는 어느 팀들이 경기를 하건 혹은 어느 팀이 멀리 여행을 해야 하건 간에 상관없이 항상 동부 표준시로 오후 8시 30분에 열린다. 리그로서는 이것이 시청자 수를 최대한 확보할 수 있는 방법이다. 동해안 지역의 열성 미식축구 팬은 필요하다면 자정을 넘어서까지 깨어 있어야 하겠지만, 서해안 지역의 팬은 직장에서 돌아와 저녁을 먹으면서 텔레비전으로 경기를 볼 수 있다.

〈먼데이 나이트 풋볼〉 경기 일정은 독특한 일주기 리듬 문제를 제기하는데, 특히 서해안 지역 팀이 동해안 지역 팀과 맞붙을 때 이 문제가 두드러지게 나타난다. 서해안 지역 팀 선수들은 경기가 시애틀에서 열리건 마이애미에서 열리건, 오후 5시 30분에 해당하는 시간에 경기를 한다. 반면에 동해안 지역 팀 선수들은 자신들의 일주기 리듬보다 세 시간이나 더 앞서간 시간에 경기를 한다. 원래 이런 종류의 부적절한 경기는 일어날 수 없었다. 사람들이 생체 시계가 더 이상 햇빛과 일치하지 않을 만큼 빨리 시간대를 지나갈 수 있는 여행 방법을 발명해 사용하기 시작한 것은 60여 년밖에 되지 않았다. 짧은 시간에 먼 거리를 이동함으로써 몸의 생체 리듬이 그 시간 차이를 따라잡지 못해 생기는 증상을 시차 증후군이라 부른다.

동해안 지역 팀 선수들은 이 사실을 까마득히 모른 채 불리한 조건에서 경기를 한다. 이들은 스스로 조절할 수 없는 일주기 리듬 때문에, 1쿼터가 끝나기 전에 신체의 자연적 수행 능력이 정점을 지나게 된다. 4쿼터에 접어들 때쯤이면 동해안 지역 팀 선수들은 생체 시계가 자정에 가까운 조건에서 경기를 하게 된다. 그들의 몸은 눈에 띄지 않게 체온을 낮추고 반응 시간을 늦추고 혈액 속에 분비되는 멜라토닌의 양을 늘리는 것과 같은 단계를 밟으면서 잠잘 준비를 한다. 반면에 서해안 지역 팀 선수들은 여전히 일주기 리듬에서 최상의 시간에 경기를 한다.

프로 운동 선수에서부터 교외에 사는 아버지에 이르기까지 모든 사람의 몸은 일주기 리듬과 더 오래 맞서 싸울수록 신체적 능력과 정신적 민첩성이 약간 감소한다. 오늘날의 NFL에서 이것은 중요한 영향을 미치는데, NFL에 속한 팀들은 다른 주요 스포츠 팀들보다 더 균등한 조건에서 시합을 하므로 한 선수의 능력에 변화를 주는 요소는 어떤 것이라도 경기 결과에 큰 효과를 발휘할 수 있기 때문이다. 게다가 동해안 지역 팀이 일주기 리듬의 불리한 점에 대해 할 수 있는 일이라곤 거의 없다. 빡빡한 경기 일정 때문에 감독도 선수들을 시차에 적응시킬 방법이 거의 없다. 멀리서 이동하는 팀은 대개 경기 전날 밤에 비행기를 타고 경기 장소에 도착하는데, 홈 경기를 하는 동해안 지역 팀들은 자신의 생체 시계를 태평양 표준시에 맞추려는 노력을 거의 하지 않는다. 대신에 감독들은 선수들에게 시차에 적응하려고 애쓰지 말라고 말하는데, 일관성을 위해 정상적인 수면 패턴을 고수해주길 더 선호한다.

스탠퍼드 대학 연구자들은 25년 동안 월요일 밤에 열린 NFL 경기를 조사하면서 서해안 지역 팀과 동해안 지역 팀이 맞붙은 경기들을 모두 뽑아냈다. 그런 다음, 각 경기의 최종 점수를 라스베이거스의 카지노들이 개발한 포인트 스프레드와 비교해보았다. 그 결과는 놀라웠다. 경기 장소가 어디건 상관없이 서해안 지역 팀의 승률이 동해안 지역 팀보다 월등히 높았다. 서해안 지역 팀의 전체 승률은 63%였고, 평균적으로 터치다운 2번에 해당하는 점수 차로 이겼다. 동해안 지역 팀이 이겼을 경우에는 점수 차가 더 적었는데, 평균 9점 차로 이겼다. 매번 서해안 지역 팀 쪽에 돈을 걸 경우, 포인트 스프레드 베팅에서 돈을 딸 확률은 70%나 되었다. 라스베이거스의 도박사들에게 그런 경기는 돈을 그저 줍는 거나 다름없다.

이것이 단순히 그 기간에 서해안 지역 팀들이 동해안 지역 팀들 보다 전력이 우수해서 나온 결과가 아님을 확실히 하기 위해 연구 자들은 조사 범위를 확대해 그 25년 동안에 벌어진 〈먼데이 나이 트 풋볼〉 경기를 모두 살펴보았다. 그 결과, 서해안 지역 팀과 동해 안 지역 팀이 서로 맞붙지 않을 때에는 서해안 지역 팀들과 동해안 지역 팀들의 전반적인 승률이 엇비슷하다는 사실을 발견했다. 그 결과는 홈 경기의 이점이 반영된 것도 아니었다. 동해안 팀이 같은 시간대에 있는 지역으로 여행을 해 경기를 했을 때에는 전체 경기 중에서 승리한 비율은 45%였다. 하지만 동해안 팀이 태평양 시간대 에 있는 경기장으로 이동해 경기를 했을 때에는 승률은 29%로 곤 두박질쳤다.

그 후의 연구들에서 일주기 패턴이 다른 스포츠 경기 결과에 도 영향을 준다는 사실이 밝혀졌다. 1990년대 후반에 레너드 캐스 Leonard Kass는 메인 대학 여자 농구팀이 전미대학경기협회NCAA 대 회에서 이길 것으로 예상되던 경기에서 패하는 장면을 지켜보았다. 그 팀은 경기를 위해 서해안으로 여행을 했다. 그는 "그들은 손발이 제대로 맞지 않는 것처럼 보였습니다."라고 말했다.

메인 대학 여자 농구팀의 열렬한 팬인 캐스가 그 패배에 주목한 것은 단순히 일시적인 관심에 그치지 않았다. 메인 대학에서 일주 기 리듬을 연구하는 신경과학자인 그는 일주기 스케줄이 서로 다 른 대학 팀들끼리 경기를 했을 때 예상을 뒤엎는 결과가 얼마나 자주 나오는지 조사해보기로 했다. 그는 몇 년간에 걸친 전미 남자 농구 대회의 자료를 조사한 결과, 순위가 더 높은 팀이 대륙을 횡단하는 여행을 해야 할 때 분명히 불리해진다는 사실을 발견했다. 그는 "죽음의 키스는 세 시간대 사이를 옮겨다닙니다."라고 말했다. 반대편 해안으로 여행한 팀은 대회 1라운드에서 순위가 더 낮은 팀에게 질 가능성이 두 배나 높았다. 일주기 스케줄은 자연적 능력보다 더 큰 위력을 발휘했다.

일주기의 이점—혹은 관점에 따라 불리한 점—은 피겨스케이트, 조정, 골프, 야구, 수영, 다이빙 선수들을 연구한 결과에서도 나타났다. 들여다보는 모든 곳에서 숨어 있는 신체 리듬이 작용한다는 증거가 나타났다. 한 연구는 육상, 역도, 수영을 비롯해 다양한 스포츠에서 일주기 리듬 중 두 번째 에너지가 분출하는 순간에 경기를 한 선수들이 세계 신기록을 세울 가능성이 더 높다는 사실을 발견했다. 예를 들면, 멀리뛰기 선수들은 신체가 일주기 리듬에서 정점에 있을 때 약 4%나 더 멀리 뛰었다. 하지만 일주기 리듬은 양방향으로 작용한다. 일주기 리듬이 소위 수면 관문sleep gate—대부분의 사람들이 몸이 나른해지며 졸리는 시간인 이른 오후나 늦은 밤 시간—에 해당하는 때에 경기를 하는 선수는 자신은 그것을 분명하게 느끼지 못한다 하더라도, 일관되게 정상 상태보다 약간 나쁜 성적을 얻었다.

기술과 의학의 도움 덕분에 대학이나 그 이상의 수준에 있는 운동 선수들은 발휘할 수 있는 신체적 능력의 한계에 이미 도달해 있다. 이렇게 최상의 기량끼리 맞부딪치는 경기에서는 아주 작은 이점이 승패를 좌우할 수 있다. 체조나 피겨스케이트처럼 예선 통과가 필요한 스포츠에서는 예선 경기 시간이 일주기와 어긋나는 불리함 때문에 결선 진출에 실패할 수도 있다. 이 연구들이 발표되자마자 운동 트레이너들은 일정과 잠이 신체적 수행 능력에 미치는 효과에 관심을 갖게 되었다. 그리고 스포츠 분야에서 얼마 남지 않은 이점 중 하나를 활용할 여지가 바로 여기에 있다는 사실을 깨달았다. 수면과 일주기 리듬을 조작하는 방법은 아직 제대로 개발되지 않았지만 경쟁자보다 앞서 나갈 수 있는 마지막 방법이 될 수 있다.

찰스 새뮤얼스Charles Samuels는 모든 것을 거리낌없이 이야기하는 캐나다 의사로, 작은 사무실에서 컴퓨터 앞에 앉아 있기보다는 하키 경기장에서 고함을 지르는 걸 더 즐길 것처럼 보인다. 2005년까지 그가 한 연구는 캐나다의 댈러스라는 별명이 딱 어울리는 도시인 캘거리에서 경찰관들의 야간 근무가 건강에 미치는 효과에 초점을 맞춰 진행되었다. 하지만 그 해에 그는 경찰관에게 영향을 미친 수행 능력 사이클이 예컨대 스피드 스케이트 선수의 신체에는 어떤 영향을 미칠까 생각하기 시작했다. 그는 내게 이렇게 말했다.

"나는 고도의 수행 능력을 발휘하는 개인에게 수면이 어떤 영향을 미치는가 하는 문제에 관심이 있어요. 스포츠 연구는 처음에 취미 삼아 시작했지요. 그것이 정말로 아주 힘든 일이 되리라고는 전혀 짐작하지 못했어요."

마침 때를 잘 만났다. 그 무렵 캐나다는 스포츠 분야에서 별 볼일 없는 나라로 취급받는 현실을 더 참을 수 없다고 생각했다. 몇년 뒤인 2010년에 동계 올림픽이 밴쿠버에서 열릴 예정이었는데, 캐나다 정부는 어떤 국가보다도 더 많은 메달을 따는 것을 최우선 목표로 내걸었다. '시상대의 주인이 되자Own the Podium'라는 이름을 내건 연구 개발 기금으로 600만 달러를 마련해, 풍동風洞에서 봅슬레이의 공기역학을 연구하는 것과 같은 일에 자금을 지원했다. 새뮤얼스는 일주기 리듬을 이용하는 방법에 대한 연구 신청서를 제출했다. 그는 두 방향에서 이 문제에 접근했다. 하나는 여러 시간대를 지나는 여행을 한 운동 선수가 시차 증후군을 빨리 극복하는 방법을 찾는 게 필요했다. 그 다음에는 경기가 언제 어디서 열리건 상관없이 선수의 수행 능력에 영향을 미치는 일주기 리듬의 하락을 조절하는 방법을 찾아야 했다. 그러려면 예컨대 오후 2시 30분에 베이징에서 경기를 하는 캐나다 단거리 육상 선수의 신체는 자신의 생체 시계가 실제로는 오후 6시라고 생각함으로써 낮잠 대신에 힘이 솟아나는 방식으로 시간과 공간을 모두 극복하는 방법이 필요했다. 제대로 하기만 한다면, 캐나다 선수는 신체의 리듬을 지배함으로써 경쟁자들에 비해 약간 유리한 위치에 설 수 있을 것이다.

이를 위해 새뮤얼스는 멀리 1662년까지 거슬러 올라가는 연구를 참고했다. 그때, 프랑스 철학자 르네 데카르트René Descartes는 뇌에서 솔방울샘(송과체)이라는 작은 내분비 기관이 눈에 들어오는 빛에 반응한다는 사실을 정확하게 지적했다. 그는 솔방울샘을 "영혼이 머무는 장소"라고 불렀는데, 이곳이 사고와 신체의 움직임을 담당한다고 믿었기 때문이다. 1950년대에 예일 대학 연구자들은 솔방울샘의 주요 기능 중 하나가 멜라토닌이라는 호르몬을 생산하는 일임을 알아냈다. 솔방울샘은 밤이 되면 멜라토닌을 혈액 속으로 분비한다. 멜라토닌은 아기에게 자장가를 불러주는 부모처럼 신체를 구슬려 잠들게 한다. 혈중 멜라토닌 농도는 아침이 될 때까지 높은 상태로 유지된다. 이 호르몬의 발견은 과학자들에게 생체 시계 뒤에 숨어 있는 톱니바퀴들을 확인하는 데 도움을 주었다. 눈 뒤쪽 깊숙한 곳에 모여 있는 세포들의 집단인 시교차상핵SCN이 그것이다. 이 세포들은 눈에 밝은 빛이 들어오는 때를 솔방울샘에 알려준다. 잠시 동안 어두워지면, 솔방울샘은 잠잘 시간이 되었다고 생각하고 멜라토닌을 온몸으로 보냄으로써 기관들에게 하던 일을 중단해야 할 시간이 되었음을 알린다.

그런데 중요한 사실이 하나 있는데, 솔방울샘은 아주 쉽게 속아넘어간다. 그 모든 경이로움에도 불구하고, 인체는 밝은 빛의 원천이 태양뿐이던 시절의 세계를 여전히 기억하고 있다. 풍부한 백색광—특히 맑은 날의 하늘과 비슷하게 파란색 색조가 약간 포함된 백색광—은 솔방울샘을 속여 아직 해가 중천에 떠 있다고 생각하게 만들 수 있다. 밤늦게 텔레비전을 보거나 노트북 컴퓨터로 일을 할 경우 잠들기 어려운 이유는 이 때문이다. 텔레비전에서 나오는 빛을 받은 시교차상핵은 솔방울샘에 그것이 약한 햇빛이라고 알려주는데, 원래 뇌가 그렇게 이해하도록 만들어져 있기 때문이다. 적절한 시간 동안 충분히 밝은 빛이 들어오면, 솔방울샘은 스누즈 버튼snooze button(알람을 꺼도 잠시 후 미리 설정해놓은 시간에 알람이 다시 울리도록 한 타이머 버튼—옮긴이)과 정반대의 것으로 변한다. 그래서 아직도 한낮이라고 생각하여 멜라토닌 분비를 억제한다.

시차 증후군을 겪는 사람은 심한 피로를 느끼는데, 빛에 반응하는 신체는 무슨 일이 일어나는지 전혀 모르기 때문이다. 시간대를 지나는 여행을 하면, 이것을 직접 느낄 수 있다. 밤에 비행기를 타고 뉴욕에서 파리로 여행을 한다고 하자. 현지 시간으로 오전 8시에 파리에 도착했을 때, 여러분의 몸은 뉴욕 시간인 오전 2시라고 생각한다. 아침 햇살을 받으며 파리 거리를 거닐면, 여러분의 몸은 더욱 큰 혼란을 느낀다. 뇌에서 생각을 하는 부분은 시차 개념을 이해하지만, 솔방울샘은 오직 빛만 이해한다. 인체는 하룻밤 사이에 대양을 건너가도록 설계돼 있지 않기 때문에, 솔방울샘은 한밤중이라고 생각한 때에 쏟아져오는 햇빛에 반응하면서 낮이 비정상적으로 길게 지속된다고 생각한다. 그래서 여러분의 몸은 어제 오후가 아직도 계속되고 있다고 확신하여 일주기 리듬을 뒤로 한두 시간 되감는 단계를 밟는다. 이제 여러분은 더 큰 문제에 봉착한다. 여러분의 몸은 파리 현지 시간과 단지 6시간만 어긋난 게 아니라 8

시간이나 어긋나게 된다. 시간대를 동쪽으로 가로지르는 여행을 떠나기 전에 며칠 밤 동안 일찍 잠을 자보려고 시도해본 사람이라면 알겠지만, 시간 변화에 대비해 몸을 훈련시키려는 시도는 대개 실패로 끝난다. 낮에 아무리 몸을 혹사하더라도 저녁 7시에 잠들기는 어려운데, 일주기 리듬에 따라 초저녁은 에너지가 솟아오르는 시간이기 때문이다.

캐나다 올림픽 선수들을 위해 새뮤얼스가 세운 계획은 빛에 대한 과잉 인식과 그것이 잠에 미치는 효과로 요약할 수 있다. 그는 선수들이 경기 장소로 여행을 떠나기 전에 빛에 대한 노출을 바꾸는 계획을 세웠는데, 경기 장소를 향해 하루에 한 시간대씩만 이동하게 했다. 이렇게 하면 경기 장소에 도착했을 때 현지 시간대에 금방 적응할 수 있다. 그리고 이에 못지않게 중요한 사실은 경기 전날 밤에 수면의 질을 크게 향상시킬 수 있다는 점이다. 만약 제대로 하기만 한다면, 캐나다 선수는 경쟁자들보다 유리한 위치에 서게 될 것이다.

"수면 연구는 많이 이루어졌지만, 거기에 관심을 기울이는 사람은 아무도 없어요. 미국에서는 관심이 더 적어요. 미국에서는 이곳 캐나다에서 우리가 관심을 보이는 것만큼 세계적 규모로 잠에 관심을 가진 감독과 트레이너를 구하기가 아주 어려워요."

그는 컴퓨터에 도표를 하나 띄웠다.

"내가 여기서 선생님과 대화를 나누고 있을 때, BMX(바이시클 모터크로스Bicycle Motorcross의 약자. 자전거 타기의 한 형태로, 지름 50cm의 바퀴를 사용하여 특별히 설계된 자전거를 사용한다. 흙으로 된 트랙을 달리는 BMX 경주와 묘기를 보여주는 프리스타일 BMX 경기가 있다. BMX 경주는 2008년 베이징 올림픽에서 최초로 올림픽 종목으로 채택되었다.—옮긴이) 국가 대표팀 주장이 곧 벌어질 세계 대회 일정을 보내 왔군요. 우리는 그녀에게 비행기에 타는 순간부터 경기를 하는 순간까지 해야 할 모든 일들의 세부 일정이 담긴 팀 여행 계획을 보내 줄 겁니다."

새뮤얼스는 경기에 대비한 운동 선수의 일주기 리듬을 변화시키는 것이 결국은 수행 능력과 스포츠 훈련의 새로운 시대를 열 것이라고 믿는다.

"10년 전이라면 나는 빛이 이런저런 일을 한다고 말하길 매우 삼갔겠지만, 이제 우리는 빛이 각성 수준을 높인다는 사실을 알고 있어요. 나는 게토레이가 발명된 1960년대에도 살았는데, 수행 능력에 미치는 영향 면에서 이 방법은 게토레이와 맞먹는 잠재력을 가진 것처럼 보여요."

새뮤얼스의 권고에 따라 캐나다 알파인 스키 팀은 여행을 할 때 라이트박스를 15~20개 가지고 다니는데, 아주 큰 라이트박스는 천연 햇빛과 비슷한 빛을 뿜어낸다. 일단 경기 장소에 도착하면, 운동 선수들은 라이트박스 앞에 앉아 아침 식사를 한다. 빛은 일주기 리듬을 안정시키고 각성 수준을 높인다. 많은 선수는 경주에 나서

기 직전에도 라이트박스 앞에 앉아 10분 정도 보낼 것이다. 특히 일주기 리듬이 하락하는 시간에 경주를 해야 한다면, 더욱 그래야 한다.

이론적으로는 이렇게 하면 수행 능력을 높이는 데 도움이 된다. 나는 새뮤얼스에게 이러한 빛 전략이 현실 세계에서 실제로 효과가 있는지 어떻게 알 수 있느냐고 물어보았다.

"알 수 없어요." 그는 짧게 대답했다.

"단지 팀과 함께 일했다는 이유만으로 여기에 가만히 앉아서 승리에 대한 공로를 인정받는 건 내 일이 아니에요. 나는 절대로 그러지 않아요. 이들은 운동 선수이고, 승패는 순전히 그들 자신에게 달려 있어요."

새뮤얼스는 경기가 언제 어디서 열리건, 빛은 운동 선수가 최고의 기량을 펼칠 확률을 높인다고 말한다. 이것은 체지방 감소를 도표로 그리거나 무거운 중량을 들어올리거나 최신 영양 보조제를 섭취하는 것과는 관계 없는 훈련 방법이다. 대신에 선수가 보이지 않는 핸디캡을 안고 경기장에 나서지 않도록 신체의 미묘한 리듬을 이용하는 데 초점을 둔다. 그것 외에는 무슨 일이 일어날지 알 수 없다. 모든 스포츠에서 최고의 기량을 발휘하는 선수들도 때로는 질 때가 있다.

하지만 빛은 일주기 리듬이 운동 수행 능력에 영향을 미치는 방법 중 일부에 지나지 않는다. 나머지는 선수를 실제로 잠재우는 데

달려 있는데, 이것은 늘 장거리 이동을 하면서 경기를 해야 할 때에는 말처럼 쉬운 일이 아니다. 그리고 프로 야구만큼 장기간에 걸쳐 선수의 수면 일정을 방해하는 스포츠는 찾기 힘들 것이다.

페르난도 몬테스Fernando Montes는 성인이 된 이후로 인체의 한계를 시험하면서 거의 모든 시간을 보냈다. 군에서 일하는 연구자들과 달리 그는 극단적인 더위나 추위 또는 굶주림에 견디는 신체 능력 같은 것에는 관심이 없다. 인체에 대한 몬테스의 관심은 오로지 어떤 사람에게 다른 사람보다 야구공을 더 빠른 속도로 던지게 할 수 있는 방법에 국한돼 있다.

대학을 졸업하고 나서 얼마 후 몬테스는 스탠퍼드 대학 미식축구 팀의 체력 및 컨디션 조절 요원으로 일했다. 스탠퍼드 대학 팀이 1993년 볼 게임bowl game(정규 시즌이 끝난 후 성적이 특히 우수한 대학 팀들을 초청해서 하는 시합—옮긴이)에서 우승을 차지한 후, 몬테스는 메이저 리그의 클리블랜드 인디언스 팀에서 체력 담당 코치로 와달라는 제의를 받았다. 미식축구에서 야구로 종목을 변경하면서 일어난 가장 큰 변화는 한 경기와 다음 경기 사이의 시간 간격이었다. 경기 횟수가 크게 증가하자, 몬테스도 체력과 지구력에 대한 개념을 획기적으로 수정하지 않을 수 없었다. 미식축구에서 몬테스가 맡은 일은 단순히 선수의 체력을 강화하기만 하면 되었다. 상대 선수를 저지하거나 돌파해 나갈 만큼 강한 체력을 가진 선수들로 팀을 만들기만 하면 되었다. 하지만 야구에서는 단순한 신체적 크기는 일관성만큼 중요하지 않았다. 몬테스에게 주어진 새로운 도전 과제는 종종 시속 90마일(144km/h)이 넘는 공을 한 경기에서 100개 이상 던질 수 있도록(그리고 4일 뒤에 다시 그렇게 할 수 있도록) 투수의 몸을 만드는 것이었다. 여기에다 때로는 2주일 연속 전국을 횡단하는 여행을 하면서 6개월에 걸쳐 162게임을 소화해야 하는 어려움까지 있었다. 또, 플레이오프나 월드 시리즈에 진출하면 한 달 반의 일정이 더 늘어난다.

"미식축구에서는 회복 환경이라는 개념은 별로 진지하게 생각하지 않는데, 생각할 필요가 없기 때문입니다. 매일 시합을 하는 것이 아니기 때문에 회복하기까지 시간이 넉넉해요. 이 점에서 야구나 농구, 하키하고는 큰 차이가 있어요. 그중에서도 야구가 최악인데, 거의 매일 밤 경기를 해야 하거든요."

일주일에 여섯 경기를 치르는 일정 때문에 피로는 야구 문화의 일부로 자리잡았다. 선수들은 경기 때 힘을 얻기 위해 오랫동안 암페타민에 의존해왔다. 제2차 세계 대전이 끝난 뒤 약물 의존은 야구의 일부가 되었는데, 전쟁에서 돌아온 선수들이 더블헤더 경기에 임할 때 전쟁터에서 군이 복용하라고 준 바로 그 약에 의존하기 시작했기 때문이다. 2006년 시즌이 시작되기 전에 그러한 약물 사용이 금지되자, 선수들은 그 효과가 즉각 눈에 띄게 나타날 것이라고 말했다. 애틀랜타 브레이브스 팀의 올스타 3루수 치퍼 존스Chipper Jones는 그때 "그것은 스테로이드보다 더 널리 퍼져 있어요…… 앞으로는 근근이 버티는 선수들이 도태될 것으로 보입니다."라고 말했다.

대부분의 감독에게 긴 시즌은 이러지도 저러지도 못하는 딜레마를 안겨준다. 시즌 후반에 활약을 펼칠 수 있도록 최고 기량의 선수를 쉬게 하면, 지금 당장 패배를 감수해야 하는 위기를 맞이한다. 미국의 스포츠 트레이너들은 회복 문제에 대해 선수들에게 얼음 팩이나 마사지를 제공하는 피상적인 수준의 관심만 보였지만, 몬테스는 잠이 대화 주제가 되는 일이 드물다는 사실에 주목했다. 그것은 말도 안 되는 상황처럼 보였다. 투수의 몸은 잠을 푹 자지 못하면 다음 번 출전 때까지 지난 경기의 외상에서 회복할 수 없는데, 그 이유는 여러 가지가 있다. 그중 일부는 신체적인 것이다. 예를 들면, 잠은 몸이 성장 호르몬을 분비해 손상된 근육을 치료하는 시간이다. 하지만 투구는 단지 근육만으로 해결되는 문제가 아니라는 점에서 특별하다. 상대 타자의 성향—높은 커브볼을 적극적으로 치려고 덤비는지, 초구에 스윙을 하는 비율이 얼마나 높은지 등—을 아는 것이 싸움의 절반을 차지한다. 잠을 충분히 자지 못하면, 투수는 이기는 데 꼭 필요한 정보를 학습하고 분석하는 능력을 잃을 수 있다. 잠을 충분히 자지 못한 투수는 마운드에 오를 때마다 싸워야 하는 정신적 싸움에서 이미 지고 만다.

하지만 제대로 실천에 옮기기만 한다면, 잠을 강조하는 스케줄은 일관되게 좋은 경기를 하는 선수를 만들 수 있다. 빨리 회복하는 선수는 유리한 위치에 서게 되며, 그 이득은 시간이 지날수록 기하급수적으로 증가한다. 왜냐하면, 이들은 수많은 경기를 소화하는 동안 늘 좋은 컨디션을 유지하는 반면, 경쟁자들은 갈수록 컨디션이 나빠지는 상태에서 싸워야 하기 때문이다. 만약 빡빡한 일정에도 불구하고, 그리고 금지 약물을 사용하지 않고도 선수들의 신체를 늘 최선의 상태에서 경기를 할 수 있도록 만들 수 있다면, 몬테스는 야구의 성배 중 하나를 발견한 셈이 된다. 하지만 그가 맞닥뜨린 최초의 과제 중 하나는 야구장에 발을 들여놓는 순간부터 자신을 괴롭혔던 문제에 답을 찾는 것이었다.

투수는 다른 선수들과 달리 달리기 속도나 체력, 그 밖의 신체적 능력을 측정하는 표준 검사 결과로 평가받지 않는다. 훌륭한 투수의 요건은 공을 다른 사람보다 빨리 던지는 능력도 아니다. 그것은 바로 타자가 칠 수 없는 스트라이크를 던지는 능력이다. 그 결과는 놀라운 체형의 혼합으로 나타난다. 예를 들면, 양키스 팀의 올스타 투수인 C. C. 사바시아C. C. Sabathia는 메이저 리그에서 매년 선발로 출전하는 경기 수와 완투하는 경기 수 때문에 가장 내구력이 강한 투수 중 한 명으로 꼽힌다. 그는 몸무게가 130kg에 육박하는데도 이러한 위업을 달성했다. 2011년, 그는 스프링 캠프에 몸무게가 10kg이나 줄어든 모습으로 나타나 스포츠 기자들을 깜짝 놀라게 했지만, 더 엄격한 체력 관리 운동을 하고 있다는 소문을 일축했다. 그는 "매일 먹던 캡틴 크런치 시리얼을 끊었습니다……. 평소에는 그걸 한 통씩 먹었지요."라고 말했다. 메이저 리그의 최고 선수 중 한 명인 사바시아는 몸무게가 가장 많이 나가는 선수 중 한 명이 기도 하다. 반면에 다른 일류 투수들은 대부분 키가 크고 호리호리 하다. 나이도 투수의 효율성에 별 영향을 미치지 않는 것처럼 보인 다. 보스턴 레드삭스 팀의 팀 웨이크필드Tim Wakefield는 2011년 시즌 이 시작될 때 45세였고, 그 팀에서 뛴 역대 투수 중 최고령 투수라 는 기록을 이미 보유하고 있었다. 그럼에도 불구하고, 그는 최고 구 속이 시속 70마일(약 112km/h)을 넘지 않는 너클볼이라는 무기로 선발 투수 로테이션에 포함되었다.

몬테스는 보편적인 척도로 투수들을 평가하도록 도움을 주는 측 정 방법이 없는지 알고 싶었다.

"야구에는 통계 자료가 아주 많아요. 내가 맨 먼저 던진 질문 하 나는 어떤 투수가 몸 상태가 좋다는 사실을 어떻게 알 수 있느냐 하는 것이었지요. 지금까지도 그 답은 아직 나오지 않았고, 내가 알 기로는 어느 누구도 연구한 적이 없어요."

그는 옛 소련에서 활동한 스포츠 트레이너들과 나눈 대화를 떠 올렸다. 그들은 자신들이 거둔 성공에서 간과된 한 가지 측면은 경 기와 경기 사이의 회복 시간을 강조하는 전통이라고 말했다. 잠은 분명히 수행 능력에 영향을 미쳤지만, 흔히 휴식을 취하는 것을 약 한 선수임을 드러내는 것으로 간주하는 스포츠계 내부에 잘 받 아들여지지 않았다. 예를 들면, 미식축구에서 소위 '지옥 주간Hell

Week'은 악명이 높다. 일주일에 5일 동안 매일 두 차례씩 전면 접촉 훈련에 참여해야 하며, 잠자거나 회복할 시간이 거의 없다. 이런 식의 측정 방법에 현혹되기 쉽지만, 지옥 주간에서 살아남았다고 해서 그 선수가 시즌 내내 강한 체력을 유지한다는 보장은 없다. 반면에 경기와 경기 사이에 더 빨리 회복하는 선수는 지난 경기의 후유증에서 아직 벗어나지 못한 경쟁자에 비해 분명히 우위에 있다.

클리블랜드에서 텍사스 레인저스 팀의 체력 및 컨디션 조절 담당 수석 코치로 옮겨갈 무렵에 몬테스는 프로 스포츠 트레이너들 사이에서 아주 독특한 훈련 계획을 만들었다. 그는 선수들에게 잠을 재워야 한다고 선언했다. 그것은 말처럼 쉬운 게 아니었다. 여행 일정과 새벽 3시에 호텔에 도착하는 고통스러운 일상은 어떻게 고칠 방법이 없었다. 그래서 몬테스는 자신이 통제할 수 있는 영역을 찾아나섰다. 그는 투수들을 모아놓고 각자에게 잠자리에 드는 시간과 일어나는 시간을 기록하고, 매일 밤 자는 수면의 질을 1~5점 사이의 점수로 매기게 했다. 각 선수의 일주기 리듬을 경기가 열리는 장소의 시간대에 맞춰 빨리 전환하도록 하기 위해 몬테스는 투수들에게 호텔 방에서 잠을 잘 때 커튼을 열어놓으라고 지시했다. 아침에 눈에 햇빛이 가득 비치는 상태에서 일어나도록 하기 위해서였다. 한 구원 투수가 홈 경기 때 매우 졸린 것처럼 보이자, 몬테스는 그를 붙들고 추궁했다. "이보게. 장거리 여행을 떠났을 때 자네가 밤에 외출하길 좋아한다는 사실은 나도 충분히 이해하네. 하지만 홈 경기가 있을 때에는 도대체 무슨 문제가 있는가?" 그 투수는 자신에게는 어린 아이들이 있다고 대답했다. 집에서 잠을 자면, 평소에 혼자서 아이들을 돌보던 아내가 그 일에서 잠깐 해방되길 원해 잠을 제대로 잘 수 없다고 했다.

몬테스는 선수들로부터 24시간의 생활 리듬을 기록한 데이터를 손에 넣었다. 하지만 그것만으로는 충분하지 않았다. 거기서 그는 투수들에게 다른 선수들보다 몇 시간 먼저 경기장에 도착하라는 결정을 내렸다. 경기장에 일찍 도착한 투수들에게는 지난 일주일 동안 잠을 잔 시간과 수면의 질을 바탕으로 정확하게 언제 그리고 얼마 동안 낮잠을 자라고 지시했다. 역도처럼 잠도 최대한의 효과를 얻기 위해 정밀함이 요구되는 훈련의 일부가 되었다.

"우리는 그들에게 낮잠을 제대로 자는 방법을 가르쳐야 했어요."

적절한 낮잠 시간은 20분이었는데, 각 선수에게는 잠들기까지의 시간을 감안해 30분을 주었다. 낮잠을 쉽게 자도록 돕기 위해 몬테스는 어두운 방에서 아이팟으로 '긴장을 풀어주는 명상 음악'을 들려주었다. 또, 선수의 손발을 담요로 덮게 했고, 선수들에게 잠잘 때 몸을 따뜻하게 하는 것이 중요함을 강조하는 강연도 했다. 만약 수석 코치가 야간 경기가 시작되기 전의 오후에 투수 한 사람을 찾는다면, 몬테스는 낮잠 시간이 끝날 때까지 기다리라고 말했다. 그 당시에는 그것을 알아챈 사람이 거의 없었지만, 그 시즌에 텍사스 레인저스의 선발 투수들은 경기장 깊숙한 곳에 있는 어두운 방에서 경기를 준비한 때가 많았다. 그곳에서 낮잠을 잠으로써 일주기 리듬이 하강하는 국면에서 벗어나려고 한 것이다.

야구 선수들은 자신의 훈련 패턴을 실험하는 것에 대해 대체로 의심스러운 태도를 보인다. 하지만 새로운 낮잠 규칙을 도입한 지 일주일쯤 지나자, 선수들은 몬테스에게 경기를 하는 동안 힘이 더 넘치는 걸 느꼈다고 말했다. 몬테스는 낮잠이 선수를 더 강하게 만들 수 있다는 개념을 비웃는 다른 코치들과 마찰을 일으키고 싶지 않았기 때문에, 투수들에게 새로운 훈련 일정에 대해 입을 다물라고 말했다. 하지만 그래도 소문이 금방 퍼져나갔다.

"야구의 특징 중 한 가지는—투수이건 야수이건 그건 중요하지 않아요—만약 어떤 방법이 성공을 거둔다면, 모두가 그것을 따라 하려고 한다는 겁니다."

밤늦게까지 이어진 연장전 경기를 한 차례 치른 후, 레인저스 팀은 캔자스시티의 원정팀 라커룸에서 짐을 싸고 있었다. 그날 밤, 그들은 비행기를 타고 미니애폴리스로 이동하기로 돼 있었다. 따라서 새벽 5시 전에는 호텔 방에 들어가지 못할 형편이었다. 그리고 호텔에서 채 10시간도 머물지 못한 채 미네소타 트윈스 팀과 야간 경기를 위해 버스를 타고 메트로돔으로 이동해야 했다. 몬테스는 선수들을 한 명씩 일일이 붙잡고 호텔 방에서 블라인드를 걷은 채 잠을 자라고 지시하고, 다음 날 경기장에 일찍 도착해 낮잠을 자도록 일정 계획을 짜라고 했다. 그것은 자신의 방법이 소수의 투수들 외에 다른 선수들에게서도 의미 있는 차이를 빚어내는지 알아볼 수 있는 실험이었다.

그날 밤, 트윈스 팀을 상대한 레인저스 팀은 사실상 두 팀을 내보냈다. 낮잠을 자지 않은 선수들은 컨디션 난조를 보였다. 평소에는 쉽게 처리할 수 있는 수비 플레이에서 실수를 저지르는가 하면, 타석에서 안타를 치는 데에도 애를 먹었다. 반면에 경기장에 일찍 도착해 낮잠을 잔 선수들은 다른 날과 다름없이 좋은 컨디션을 보였으며, 긴 야간 여행과 누적된 장거리 여행으로 인한 수면 박탈의 부작용도 거의 나타나지 않았다. 회복 계획은 경기 결과를 뒤집기에는 역부족이었지만(그날 밤 시합은 레인저스 팀이 졌다), 점수 차는 회복 계획을 따르지 않았을 경우에 비해 훨씬 좁혀진 것으로 보였다. 일주기 리듬을 정복하지는 못했지만, 길들이는 데에는 성공했다. 나머지 시즌 동안 몬테스의 수면실은 이용하려는 선수들로 넘쳐났다.

여러분은 일주기 리듬을 조절한 결과로 운동 선수들이 야구공을 더 빨리 던지고 산에서 더 빨리 내려올 수 있는 거야 그럴 수 있겠지라고 생각할지 모르겠다. 하지만 이런 연구 결과가 경기장이나 코치와는 상관없는 삶을 살아가는 사람들에게 무슨 의미가 있을까? 늘 수면이 부족한 시차 증후군 상태에 있는 집단이 그 답을 제시한다. 그들은 여러분과 같은 고장에 살고 있으며, 심지어 여러분의 건너편 방에서 잠을 잘지도 모른다. 이들 집단은 그 단어가 만들어진지 채 80년도 안 된 틴에이저teenager, 즉 십대 청소년으로 불린다.

에디나는 미니애폴리스에서 16km도 채 떨어지지 않은 부유한 교외 지역이다. 기업 중역들과 화이트칼라 노동자들이 이곳에서 살기로 선택하는 주요 이유는 공립학교의 질이 높기 때문이다. 이곳은 어느 모로 보나 미국 전역의 교육구들에서 지금도 큰 반향을 일으키고 있는 급진적인 교육 변화를 촉발할 장소로는 전혀 보이지 않았다. 1990년대 초에 에디나의 한 교육위원회 위원이 어느 의학 학회에 참석했다. 거기서 그는 한 수면 연구자가 십대의 일주기 리듬이 부모와 형제의 그것과 어떻게 다른지 설명하는 이야기를 경청했다.

생물학의 잔인한 농담이랄까, 십대 청소년의 신체는 사춘기를 겪을 때 갑자기 일주기 리듬이 사실상 세 시간 뒤쳐진다. 갑자기 밤 9시나 10시에 잠자리에 드는 것이 단지 하기 싫은 일이 아니라, 생물학적으로 불가능한 일에 가까워진다. 전 세계의 십대 청소년을 조사한 결과, 청소년의 뇌는 밤 11시가 될 때까지 멜라토닌 분비를 시작하지 않는 반면, 해가 뜬 이후에도 멜라토닌을 계속 분비하는 것으로 나타났다. 이에 반해 어른은 깨어났을 때 체내에 멜라토닌이 거의 남아 있지 않다. 십대 청소년은 혈액 속에 멜라토닌이 여전히 돌아다니기 때문에 아침 8시 이전에 억지로 일어나더라도 정신을 제대로 차리지 못하며, 신체의 요구에 못 이겨 도로 잠들고 싶은 생각밖에 들지 않는다. 일주기 리듬의 변화 때문에 십대 청소년에게 이른 아침에 교실에서 공부에 집중하라고 요구하는 것은 비행기를 타고 대륙 건너편으로 날아가 즉각 새로운 시간대에 적응하라고(그리고 매일 밤 같은 일을 몇 년 동안 반복하라고) 하는 것과 같다. 만약 프로 미식축구 선수들에게 그렇게 하라고 했을 때, 한 경기라도 이긴다면 행운일 것이다.

십대 청소년의 일주기 리듬이 문제가 된 것은 겨우 100여 년밖에 안 되었다. 그 전에는 십대 청소년은 대개 어린 어른으로 대접받으면서 농장에서 일하건 도시에서 도제로 일하건 가족을 부양하기 위해 일을 했고, 자신의 일정을 스스로 관리했다. 1900년 당시 미국에서 18세 청소년 중 고등학교를 졸업한 사람은 겨우 8%밖에 되지 않았다. 그랬던 것이 1940년 무렵에는 그 비율이 30%로 치솟았고, 1960년 무렵에는 미국의 십대 청소년 중 70%가 고등학교를 졸업했다. 그동안 공공 교육의 질은 크게 나아졌지만, 학교들은 십대 청소년의 신체를 그다지 배려하지 않았다. 과거에 십대 청소년은 하루 중 일부를 교실에서 보내고, 학교가 끝난 뒤에는 파트타임으로 일을 하거나 농장에서 잡다한 일을 거들어야 했다. 이 두 가지 일을 다 해낼 수 있도록 시간을 맞추기 위해 학교 수업은 빠르면 오전 7시에 시작했다. 그 후 수십 년이 지나는 동안 학교가 끝난 뒤에 일을 하러 가야 하는 어린 어른의 비율이 급감한 것을 비롯해 일상 생활과 문화에 큰 변화가 일어났는데도 불구하고, 이른 등교 시간은 그대로 유지되었다. 많은 십대 청소년의 경우, 밴드 연습, 스포츠, 연극반 활동을 비롯해 그 밖의 활동이 유급 노동 시간을 대체 했다.

십대 청소년의 신체는 가중되는 요구에 제대로 대응하지 못했다. 켄터키 대학 연구자들이 한 연구에 따르면, 평균적인 고등학교 졸업반 학생들은 매일 밤 6시간 30분을 자는데, 이것은 수면 연구자들이 청소년에게 필요하다고 생각하는 수면 시간의 4분의 3에 불과하다. 많은 학생들은 전날 밤에 아무리 일찍 잠자리에 들었더라도 오전 7시 수업 시간에는 꾸벅꾸벅 존다. 이른 등교 시간이 얼마나 큰 영향을 미치는지 생생하게 보여주는 연구 사례가 있다. 한 연구자는 등교 시간을 늦추면 대다수 학생의 성적이 높아진다는 사실을 발견했는데, 전체 수업 시간 내내 정신이 맑은 상태로 깨어 있었다는 단순한 이유 때문이었다.

수면 부족이 십대 청소년의 뇌에 영향을 미치는 방식은 어른의 뇌에 미치는 방식과 비슷하지만, 그 정도가 더 심하다. 청소년에게 만성적인 수면 부족은 새로운 정보를 학습하는 뇌의 능력을 감소시키며, 우울증이나 공격성 같은 감정적 문제를 낳을 수 있다. 오늘날 연구자들은 수면 문제를 십대 청소년 우울증의 부작용이 아니라 원인으로 보고 있다. 컬럼비아 대학 연구자들이 한 연구에서는 밤 10시 혹은 그 이전에 잠을 자는 십대 청소년은 흔히 자정을 넘어서까지 자지 않는 청소년에 비해 우울증이나 자살 생각에 빠질 가능성이 훨씬 적다는 결과가 나왔다.

십대 청소년의 수면 부족은 미국인에게만 해당하는 문제인 것처럼 보인다. 한 보고서는 유럽에서는 평균적인 고등학교의 수업 시작 시간이 오전 9시이며, 수면 부족 때문에 불평하는 학생 수가 훨씬 적다고 지적했다. 하지만 미네소타 주 에디나의 고등학교에서는 수업 시작 벨이 오전 7시 25분에 울렸다.

그때, 에디나의 교육위원회가 단순성 측면에서 아주 획기적인 해결책을 제시했다. 수업 시간에 깨어 있는 학생이 잠든 학생보다 뭔가를 배울 가능성이 더 높으므로, 교육위원회는 고등학교의 수업 시작 시간을 1시간 15분을 늦춰 8시 30분으로 정했다. 이것은 미국 내 교육구 중에서 십대 청소년의 수면 습관을 반영해 수업 시간을 바꾼 최초의 사례였다. 그러자 교육위원회가 전혀 기대하지 않았던 반응들이 터져나왔다. 일부 부모는 바뀐 수업 시간 때문에 방과 후 스포츠 활동이나 과외 활동 시간이 줄어들었다고 불평했다. 어떤 부모는 학생들이 어린 동생들을 돌보러 일찍 귀가하는 게 필요하다고 말했다. 하지만 가장 끈질긴 불만은 수업 시작 시간을 늦춘다고 해도 학생들이 잠을 더 많이 자는 게 아니라 오히려 반대 효과가 나타날 것이라는 주장이었다. 비판자들은 십대 청소년은 이 조처를 더 늦은 시간까지 잠을 자지 않는 데 이용하여 문제를 더 복잡하게 만들고 부모의 삶을 더 힘들게 만들 것이라고 주장했다.

그럼에도 불구하고, 에디나의 십대 청소년들은 수업 시작 시간이 대폭 늦춰진 상태에서 1996~1997학년도를 맞이했다. 같은 해에

카일라 왈스트롬Kyla Wahlstrom은 그 교육구의 고등학교들에서 살다 시피 했다. 초등학교 교장을 지내다가 대학 교수가 된 왈스트롬은 학교 정책과 정책이 학생들에게 어떤 영향을 미치는지 연구했다. 그녀는 이전에 수면 연구를 한 적이 없었지만, 학교들이 수업 시간 을 늦춘 효과를 평가하려면 어떻게 해야 하는지 충분히 많은 것을 알고 있었다. 왈스트롬은 새로운 수업 시작 시간이 의미 있는 변화 를 낳는지, 아니면 일부 사람들의 말처럼 그저 비현실적인 이론에 불과한 것인지 판단하기 위해 부모와 스포츠 코치, 교사, 학생을 면 담하면서 매일을 보냈다.

그리고 일 년 뒤에 그 조사를 통해 발견한 것을 보고했다. 그 결 과는 명백했다. 일부 부모의 우려에도 불구하고, 십대 청소년들은 여분의 시간을 실제로 잠자는 데 썼으며, 학교에서 몸이 편안하고 정신이 맑은 기분이 들었다고 보고했다. 그와 동시에 학교에서 싸 움이 발생하는 일이 줄어들었고, 상담 교사에게 우울증을 호소하 는 학생 수도 감소했으며, 중퇴자 비율도 낮아졌다. 스포츠 코치들 은 운동 시간을 오후 늦은 시간으로 늦췄기 때문에, 스포츠 활동 에 참여하는 시간도 전혀 줄어들지 않았다.

유일하게 약간 손해를 본 시간이 있다면, 바로 십대 청소년이 십 대 청소년으로서 보내는 시간이었다. 왈스트롬은 내게 "나는 학생 수백 명과 대화를 나누었는데, 친구들과 함께 노는 때로 가장 선호 하는 시간은 늘 오후 2~4시였어요. 하지만 등교 시간을 늦추자, 그 시간이 크게 제한되었지요. 어떤 면에서 그들은 친구들과 함께 지내는 시간을 잠과 바꾸었다고 할 수 있어요."

그 효과는 수치로 환산이 가능했다. 수업 시작 시간을 바꾸기 전해에 에디나의 고등학생들 중 상위 10%의 SAT 성적 평균은 1288점(만점은 1600점)이었다. 그런데 다음 해에는 상위 10%의 SAT 성적 평균이 1500점으로 크게 뛰어올랐다. 연구자들은 이러한 성적 향상의 원인을 늘어난 수면 시간 말고는 달리 찾을 수가 없었다. SAT 시험을 주관하는 비영리 시험 전문 회사인 칼리지 보드College Board는 그 결과를 "정말로 소스라치게 놀랄 일"이라고 불렀다.

에디나의 뒤를 이어 미니애폴리스도 고등학교 수업 시작 시간을 7시 15분에서 8시 40분으로 늦추었다. 두 교육구는 본질적으로 아주 대조적이었다. 에디나는 부유한 지역이며, 전체 학생 중 90%가 백인이다. 미니애폴리스에서는 대부분의 학생이 소수 민족이고, 십대 학생 4명 중 3명은 학교 급식을 보조받을 자격이 있을 만큼 소득이 낮은 집안 출신이다.

도시 교육구와 교외 교육구 사이의 이러한 차이점은 왈스트롬에게 잠을 더 자는 것이 좋은 교육구에서 이미 행복하게 살아가는 부유한 학생들의 삶을 개선하는 데 그치지 않고 그 이상의 일을 할 수 있는지 검증할 기회를 제공했다. 전해에 에디나에서 그런 것처럼 왈스트롬은 이번에는 미니애폴리스의 학교들에서 살다시피 하면서 교사와 부모, 학생을 면담하여 아침에 활동을 늦게 시작하는 생활주기의 효과를 보여주는 직접적인 자료를 수집했다. 교외 지역의 학생들과 마찬가지로 미니애폴리스의 학생들도 성적이 향상되었고, 중퇴자가 줄어들었으며, 수업 시작 시간을 늦춘 결과로 1교시에 출석하는 비율도 높아졌다.

"두 교육구는 서로 그렇게 다를 수가 없었지만, 학생들의 수면 습관은 동일했어요. 만약 수면 습관이 문화적으로 연결된 것이 아니라면, 사회적 지위나 경제적 지위 혹은 인종적 지위는 수면 습관과 아무 관계가 없어요. 그 패턴은 그 원인이 생물학에 있다고 볼 때 예상되는 바로 그것이었어요."

왈스트롬의 연구는 학교 수업 시작 시간에 대한 연구에 붐을 일으켰다. 다른 교육구들도 그 뒤를 따랐고, 때로는 학교 울타리를 벗어나는 효과까지 나타났다. 예를 들면, 켄터키 주 렉싱턴에서는 등교 시간을 늦춘 결과, 한 해 동안 십대 청소년의 교통 사고가 주 전체에서는 9% 증가한 데 반해 16%나 줄어들었다. 로드아일랜드 주에서는 수업 시작 시간을 30분 늦추자, 평균적인 학생들의 수면 시간이 45분 늘어났다. 그 연구를 이끈 연구자는 고등학생 딸을 둔 사람이었는데, "우리가 맞이하는 아침이 예전보다 훨씬 좋아졌어요."라고 말했다.

어린이에게 잠을 더 자게 하면, 학교 폭력 문제 해결에도 도움을 줄지 모른다. 2011년에 미시간 대학 연구팀은 초등학생 약 350명을 추적했다. 그중 약 3분의 1은 거의 늘 급우를 괴롭혔다. 연구자들은 행동에 문제가 있는 어린이는 낮 시간에 심하게 졸거나 코를 고는 경향이 두 배나 높다는 사실을 발견했는데, 이것은 지속적인 수면 장애의 두 가지 증상이다. 그 연구팀에 참여한 미시간 대학의 수면의학 조교수 루이즈 오브라이언Louise O'Brien은 "이것을 설명하는 가설은 수면 부족이 뇌 영역들에 영향을 미친다고 말한다. 잠을 제대로 자지 못하면, 감정 조절과 의사 결정 능력이 손상된다."라고 주장했다.

한 교육감은 일주일에 한 번씩 왈스트롬에게 전화를 걸어 그녀의 연구에 대해 물어본다. 내가 왈스트롬과 대화를 나눌 때, 그녀는 질병통제예방센터에서 연구비를 지원받은 연구를 하고 있었다. 이것은 보건 전문가들이 이 문제를 진지하게 받아들이기 시작했다는 신호인데, 이 연구의 목표는 십대 청소년의 수면 부족과 이른 수업 시작 시간이 흡연과 비만만큼 심각한 공중 보건 문제인지 판단하기 위한 것이다.

하지만 전국의 교육구에서 풍부한 데이터가 나왔는데도 불구하고, 많은 사람들은 여전히 왈스트롬에게 전화를 걸어 수업 시작 시간을 바꾸는 것이 정말로 그럴 만한 가치가 있는지 묻는다. 왈스트롬은 그중 많은 사람은 교육위원회 위원이거나 교육감이라고 말하는데, 이들은 같은 결과를 얻길 원하지만 회의적인 부모들을 어떻게 설득해야 할지 몰라서 그 방법을 문의한다.

"많은 우려는 전통을 중시하는 관습과 관계가 있어요. 우리는 일찍 자고 일찍 일어나는 청교도적 노동 윤리를 갖고 있지요. 하지만 십대 청소년은 잠자리에 일찍 누울 수도 있고 몸이 아주 피곤할 수도 있지만, 잠이 오지 않아 밤 11시까지 눈을 멀뚱멀뚱 뜬 채 천장만 바라보고 있을 수도 있어요."

10

잠자다가
숨이 막힐 때

● 이 장에서는 오스트레일리아에서 한 남성이 진공청소기를 가지고 진화의 실수를 바로잡은 이야기를 들려줄 것이다. 그 사건은 1970년대 후반에 일어났다. 콜린 설리번Colin Sullivan은 시드니에 있는 로열프린스앨프레드 병원에서 호흡기내과 의사로 일했다. 여기서 그는 호흡에 곤란을 겪는 환자들을 치료했다. 가장 많은 불만은 단연 코골이였다. 설리번은 코골이가 수면무호흡이라는 심각한 장애의 징후인 경우가 많다는 사실을 같은 분야의 어느 의사보다도 잘 알았다. 이 장애는 불과 10여 년 전에 확인되었다. 수면무호흡이 나타나는 환자는 밤에 신체가 죽음에 아주 가까이 다가가는 기묘한 느낌을 경험한다. 먼저, 밤 내내 목구멍이 시도 때도 없이 닫히면서 공기 공급을 차단한다. 그러면 점점 더 나쁜 부작용들이 줄지어 나타난다. 공기 부족은 마치 시소처럼 혈중 산소 농도를 곤두박질치게 하고, 대신에 혈압을 치솟게 한다. 입술과 피부는 파랗게 변하기 시작한다. 최대 1분까지 폐에 공기가 공급되지 않을 수도 있다. 이런 환자의 경우, 심장도 한 번에 약 10초 동안이나 박동을 멈출 수 있다.

결국 뇌는 몸이 질식 상태에 처했다는 긴급 메시지를 받는다. 뇌는 갑자기 잠을 깨고, 몸은 본능적으로 공기를 마시려고 헐떡댄다. 하지만 기도가 뚫리자마자 뇌는 이내 잠이 든다. 그러고 나서 다시 같은 사이클이 반복된다. 이 모든 것은 아주 빠르게 일어나기 때문에 한 시간에 스무 번 이상 밤새도록 일어날 수도 있지만, 당사자는 다음 날에 깨고 나서 그 사실을 전혀 기억하지 못한다. 하지만 그 사람 옆에서 자는 사람은 이 과정을 들을 수 있다. 리드미컬하게 들리던 코 고는 사람의 호흡이 갑자기 멈추고 거칠게 하악-하악-하악 하는 소리로 변하는데, 이때는 몸이 기도를 뚫기 위해 필사적으로 애쓰고 있을 가능성이 높다.

가벼운 수면무호흡 증후군이 있는 환자는 한 번에 몇 분 이상 자지 못한 결과로 늘 피로하다고 불평한다. 증상이 심한 경우에는 목숨까지 위험할 수 있다. 미국수면장애위원회가 1992년에 발표한 보고서는 수면무호흡 증후군이 미국에서 매년 발생하는 치명적 심장마비와 뇌졸중 3만 8000건의 원인이라고 추정한다.

요제프 클레이턴 클라크, 〈픽윅 페이퍼스 캐릭터〉, 1889년

수면무호흡 증후군은 한 미국 의사 집단이 일부 비만 환자가 극도의 피로를 호소하면서 자기도 모르게 잠에 빠지는 현상에 주목했다가 발견했다. 그들은 문학적 영감을 발휘해 이 증상을 픽윅 증후군 Pickwickian syndrome이라 불렀는데, 찰스 디킨스의 첫 번째 소설『픽윅 페이퍼스 Pickwick Papers』에서 선 채로 잠이 드는 인물의 이름을 딴 것이다. 처음에 의사들은 이 증상이 과체

중과 비정상적으로 높은 혈중 이산화탄소 농도가 결합해 일어난다고 잘못 생각했다. 수면무호흡 증후군이 목에서 혀와 조직의 위치 때문에 일어나는 일반적인 호흡 장애라는 사실은 나중에 가서야 밝혀졌다. 그제야 수면무호흡 증후군sleep apnea syndrome이라는 이름이 붙었는데, apnea는 그리스어로 '무호흡'이라는 뜻의 단어 'apnoia'에서 왔다.

수면무호흡 증후군은 1970년대 후반에 수면의학 분야의 최신 연구 대상이었다. 그 당시 설리번은 토론토에서 잠자는 개들의 호흡 패턴을 3년 동안 연구하다가 막 돌아온 참이었다. 불도그와 퍼그 그리고 그 밖에 얼굴이 납작한 품종의 개들은 인간 외에 유일하게 수면무호흡 증후군을 경험하는 동물이다. 개를 대상으로 그렇게 다년간 연구하던 설리번에게 반짝 하고 영감이 떠올랐다. 시드니로 돌아온 그는 개 주둥이에 딱 들어맞는 마스크를 고안했다. 마스크는 주변에서 계속해서 공기를 주입하여 목 속의 기압을 높임으로써 목구멍이 닫히지 않게 했다. 개를 대상으로 한 실험 결과, 공기를 지속적으로 공급하면, 수면의 질이 극적으로 높아진다는 사실이 밝혀졌다. 이제 설리번에게 필요한 것은 같은 실험을 할 사람이었다.

1980년 6월에 설리번은 한 사람을 발견했다. 아주 심한 수면무호흡 증후군 환자가 병원을 찾아오자, 설리번은 즉각 기관 절개술을 받으라고 권했다. 목에 구멍을 뚫어 코나 입을 사용하지 않고도 숨을 쉽게 해주는 이 수술은 그 당시 수면무호흡 증후군 치료법으로 인정된 극소수 방법 중 하나였다. 하지만 수술을 받고 나면, 환자는 평생 동안 목에 동전 크기의 구멍이 뚫린 채 살아가야 했고, 또 고통도 심했다.

환자는 기관 절개술을 거부했다. 대신 그는 설리번의 기압 장치를 시험하는 환자로 기꺼이 자원했다. 설리번은 그날 오후에 시제품을 만들었다. 그는 진공청소기에서 엔진을 꺼내 여러 플라스틱관과 결합했다. 그리고 잠수용 마스크를 가져와 그 테두리를 실리콘 밀폐재로 코팅해 공기가 전혀 새어나가지 않게 했다. 얼마 후, 그는 마스크를 통해 기압을 조절하면서 공기를 펌프질할 수 있는 장비를 만들었다. 그리고 병원에서 빈 방을 찾아 환자의 호흡과 뇌파(환자가 어떤 수면 단계에 있는지 알려주는)를 측정할 수 있는 장비를 설치했다. 그 장비를 통해 모니터와 연결된 환자는 마스크를 쓰자마자 금방 잠이 들었다. 몇 분 지나지 않아 그는 수면무호흡을 겪기 시작했다. 설리번은 마스크를 통해 환자의 기도로 흘러들어가는 공기의 압력을 높였다. 그러자 수면무호흡이 금방 멈추고, 환자는 정상적으로 숨을 쉬기 시작했다. 설리번이 경이로움에 사로잡혀 지켜보는 가운데 환자는 금방 깊은 렘 수면으로 빠져들었다. 이것은 아주 드문 현상이었는데, 환자의 뇌가 그동안 회복에 필요한 잠에 매우 굶주리고 있었음을 시사한다. 그러고 나서 설리번은 마스크를 통해 흘러들어가는 공기의 기압을 서서히 낮추었다. 그러자 수면무호흡이 다시 나타났다. 설리번은 기압을 높였다 낮췄다 하는 주기를 여러 번 반복했다. 그 결과, 자신이 만든 장비를 조절하는 것만으로 사실상 환자의 수면무호흡을 나타나게 하거나 사라지게 할 수 있다는 사실을 알아냈다.

그 장비는 효과가 있었다. 그 다음의 문제는 과연 그 효과가 밤새도록 지속되는지 알아보는 것이었다. 설리번은 장비를 환자가 수면무호흡 없이 잘 수 있는 단계로 설정해놓고 나서 기다렸다. 환자는 약 7시간 동안 평소와는 달리 깊은 수면 단계에서 푹 잠을 잤다. 다음 날 깨어난 환자는 설리번에게 몇 년 만에 처음으로 개운하고 정신이 말짱한 느낌이 든다고 말했다.

설리번은 기니피그 역할을 해줄 환자들을 더 찾기 시작했다. 모두 다섯 사람을 찾았는데, 이들은 낮 시간의 견디기 힘든 졸음과 시끄러운 코골이 때문에 오랫동안 생활에 큰 지장을 겪은 사람들이었다. 두 사람은 졸음 때문에 일자리를 잃었다고 말했다. 13세 소년은 수업 시간에 맑은 정신으로 깨어 있지 못해 정신지체아로 분류되었다. 설리번은 수면 연구소에서 사흘 밤 동안 이 환자들을 관찰했다. 세 번째 날 밤에는 자신이 만든 마스크를 시험했다. 병원에서 시험했던 환자와 마찬가지로, 기압을 높여 공기를 불어넣어주자 이들 역시 잠자는 동안 기도가 막히지 않았다. 환자들은 잠을 푹 자자 인생이 바뀐 것 같다고 말했다.

하지만 의학계는 처음에는 설리번의 마스크에 시큰둥한 반응을 보였다. 많은 의사들은 수면무호흡 증후군이 그렇게 심각한 장애라고 믿지 않았고, 매일 밤 그 마스크를 쓰고 잠을 자려는 사람은 별로 없을 것이라고 생각했다. 심지어 한 사람은 설리번에게 그의 장비는 그저 돈벌이를 위한 일시적 유행에 불과하다고 말했다. 설리번은 얼굴에 더욱 밀착시키면서도 환자가 불편을 덜 느끼도록 하는 방법을 시험하면서 마스크를 계속 개선해나갔다. 또, 시드니 대학 출신의 한 공학자에게 도움을 받아 마스크의 코 모양을 다양하게 만들었다. 스프레이 페인트 압축기와 다른 진공청소기 모델에서 떼어낸 모터들을 가지고 시험하면서 모터의 소음을 줄이기 위한 노력도 기울였다. 오스트레일리아 전역에서 많은 환자들이 그를 찾아오기 시작했다. 한 트럭 운전사는 설리번이 치료했던 많은 환자와 비슷했다. 설리번과 대화를 나누다가 앉은 채 잠이 드는가 하면, 잠자다가 다리를 허우적거리면서 깨어났다. 그 증상에 대해 묻자, 그는 같은 증상을 20년 이상 겪어왔다고 털어놓았다. 1985년까지 설리번은 100명 이상의 환자에게 자신의 지속 기도 양압 장비를 장기간 사용하게 했다.

그 다음 해에 설리번은 전직 교수이자 오스트레일리아인 친구인 피터 패럴Peter Farrell을 만났다. 그 당시 패럴은 워싱턴 대학에서 신장 장애를 연구하던 일자리를 그만두고, 2011년에 매출 300억 달러를 기록한 보건 의료 기업인 백스터 인터내셔널에 들어가 컨설턴트로 일했다. 그는 새로운 의료 장비를 찾고 있었는데, 설리번은 자신에게 그런 게 하나 있다고 말했다. 두 사람은 환자들이 설리번의 장비들을 사용하기 전과 사용한 후의 모습을 촬영한 영상을 함께 보았다. 한 영상에서는 한 남자가 똑바로 누워서 크게 코를 골았다. 그러다가 갑자기 호흡이 딱 멈추었는데, 그것은 상기도가 막혔다는 신호였다. 화면 속의 모니터들은 환자의 심장 박동과 혈압이 혼란에 빠진 상황을 보여주었다. 40초 뒤, 기도가 다시 뚫리면서 환자는 숨을 크게 내쉬었다. 심장 박동과 혈액은 즉각 치솟았다. 설리번은 패럴을 향해 몸을 돌리고 "이 장비가 저 사람에게 좋다고 생각하지 않습니까?"라고 물었다.

패럴은 그 장비를 사용하는 환자들과 대화를 나눠보겠다고 했다. 그들은 비록 불편한 점이 있긴 하지만, 매일 밤 그 장비를 착용한 채 잠을 잔다고 대답했다. 가장 큰 불편은 소음이었다. 그 장비는 여전히 진공청소기의 엔진으로 돌아갔기 때문에 웅웅거리는 소리가 아주 시끄러웠다. 실험에 참여했던 한 사람은 장비 본체를 옆방에 놓아두기 위해 침실에 구멍을 뚫었다고 말했다. 또 한 사람은 마스크의 흡입력 때문에 얼굴에 타원형 멍이 생겼지만, 그래도 매일 밤 그것을 착용한 채 잠을 잔다고 했다.

패럴은 머릿속으로 재빨리 계산을 해보았다. 백스터는 신장 질환 환자는 1000명당 2명밖에 발생하지 않는데도, 신장 질환 의료 장비 판매로 연간 20억 달러의 매출을 올리고 있었다. 만약 코 고는 사람 100명당 단 1명에게만 수면무호흡 증후군이 나타난다고 해도, 관련 장비 판매액이 100억 달러는 될 것 같았다. 패럴과 설리번은 설리번의 장비를 상용화하기 위해 60만 달러를 투입했다. 이를 위해 새로 세운 회사인 레스메드ResMed는 1989년에 최초의 지속 기도 양압 장비인 CPAPcontinuous positive airway pressure를 시장에 내놓았다. 그리고 5년 안에 이 회사의 연간 매출액은 3억 달러에 이르렀다.

샌디에이고에서 더없이 화창한 어느 여름날, 나는 개인용 활주로 옆에 있는 8층짜리 유리 건물 앞에 차를 세웠다. 심은 지 얼마 안 돼 플라스틱 말뚝의 지지를 받는 나무들이 보도에서 현관까지 죽 늘어서 있었다. 몇 년 전에 이 땅은 시 경계 안에서 개발이 가장 덜 된 곳 중 하나였다. 지금은 레스메드의 국제 사업을 총괄하는 본부가 들어섰다. 오스트레일리아에서 회사를 세운 뒤, 설리번의 CPAP 장비는 수면무호흡 증후군의 표준 치료법으로 자리잡았다. 내가 이 회사를 방문할 무렵, 미국에서는 수면무호흡 증후군 환자 10명 중 4명이 레스메드의 장비를 사용하고 있었다. 매달 새 장비에 대한 주문은 60만 대에 이르렀다. 유럽에서 가장 많이 팔리는 CPAP 장비도 이 회사 제품이었고, 중국과 인도에서도 사업 분야들이 성장하고 있었다.

이 회사의 성장률은 월스트리트의 주목을 받았다. 내가 레스메드 본부를 방문하기 몇 주일 전에 CNBC의 증권 컨설턴트인 짐 크레이머Jim Cramer는 이 회사 주식을 주간 추천 종목 중 하나로 꼽았다. 그는 "잠에 대해 집중 투자하는 기업은 이 회사가 유일무이합니다!"라고 외쳤다. 그날, 이 회사 주식은 몇 % 상승했다. 내가 도착하기 며칠 전에 레스메드는 연간 매출액이 110억 달러로 성장했다고 발표했다. 회사 출범 이후 매 분기 수익과 이익이 15년 연속 성장하면서 달성한 기록이었다. 내가 국제 사업 본부로 걸어들어갔을 때, 직원들은 축하 파티를 막 마친 참이었다. 풍선들과 바비큐 냄새가 로비를 가득 채우고 있었다.

레스메드의 호흡 마스크 제품들이 벽에 줄지어 전시돼 있었다. 전투기 파일럿의 안면 마스크를 닮은 것에서부터 네 살짜리 꼬마의 얼굴에 맞게 디자인한 작은 것에 이르기까지 모양과 크기가 아주 다양했다. 매끈하게 생긴 분홍색 모델은 여성용으로 제작한 것인데, 두께가 아주 얇아서 정원용 호스처럼 보였다. 이렇게 다양한 모델은 코골이와 수면무호흡 증후군이 상식과 달리 비만인 사람들에게만 일어나는 게 아님을 말해주었다. 1994년에 실시한 조사에 따르면, 전체 여성 중 약 10%와 남성 중 25%가 잠잘 때 숨쉬는 데 어려움을 겪는 것으로 드러났다. 나이가 많아질수록 이 비율은 더 높아지기 때문에, 나이 많은 남성은 3명 중 1명꼴로 적어도 가벼운 형태의 수면무호흡 증후군을 경험한다. 그렇다면 약 2000만 명이 이 장애를 갖고 있다는 이야기가 된다.

그 원인은 우리 몸이 복잡한 언어를 말하는 능력을 가지면서 치르는 대가인지도 모른다. 화석들을 살펴보면 이 점이 분명하게 드러난다. 네안데르탈인의 입을 살펴보면, 우리보다 훨씬 크고 튼튼한 턱뼈를 갖고 있어 그 후손들이야말로 끝까지 살아남은 최후의 승자가 되어야 하지 않았을까 하는 생각이 든다. 게다가 네안데르탈인은 입 속의 공간이 훨씬 넓어 매복 사랑니의 고통을 전혀 겪지 않았다. 호모사피엔스는 네안데르탈인과 여러 가지 점에서 차이가 나는데, 얼굴은 더 납작해지고 턱뼈는 더 작아지고 혀는 어떤 포유류보다도 목 속으로 더 깊이 후퇴했다. 이렇게 새로운 하드웨어로 무장한 인간은 단순히 꿀꿀거리는 소리만 내는 것 이상의 소리를 낼 수 있었다. 호모사피엔스가 맨 처음 낸 복잡한 소리들은 곧 언어로 발전했다. UCLA 교수인 재레드 다이아몬드Jared Diamond는 혀가 이곳에 자리잡게 된 것은 우리가 진화에서 얻은 최대의 이득이었다고 말한다. 그는 그것을 다음과 같이 설명했다.

"언어 능력을 낳은 해부 구조의 작은 변화가 어떻게 행동에 큰 변화를 가져왔는지는 쉽게 이해할 수 있다. 언어가 생기고 나면, 불과 몇 초 만에 '네 번째 나무에서 오른쪽으로 돌아 수컷 영양을 불그스름한 바위 쪽으로 몰아. 그러면 내가 거기에 숨어 있다가 창으로 찌를 테니까.'라는 메시지를 전달할 수 있다. 언어가 없다면, 두 원인原人은 더 나은 도구를 고안하는 방법이나 동굴 벽화가 무엇을 의미하는지에 대해 함께 머리를 맞대고 궁리하지 못할 것이다. 언어가 없다면, 심지어 한 원인조차도 혼자서 더 나은 도구를 고안하는 방법을 생각하는 데 어려움을 겪을 것이다."

하지만 호모사피엔스의 입에서 혀가 그렇게 자리를 잡자, 먹고 마시고 숨을 쉬는 행동을 하기가 복잡해졌다. 음식물이 잘못된 관으로 넘어가는 사고가 일어날 수 있는데, 이것은 오직 현생 인류만이 가진 생물학적 문제이다. 다윈은 "우리가 삼키는 모든 음식과 음료 입자가 폐 속으로 떨어질 위험을 얼마간 지닌 채 기관 구멍 위로 지나가야 하는 기묘한 사실"을 언급했다. 목구멍 뒤쪽에 위치한 연구개(물렁입천장)의 긴 조직은 숨을 한 번 내쉰 뒤에 기도를 막을 수 있는데, 여기서 수면무호흡 사이클이 시작될 수 있다. 1990년대 중엽에 일본 연구자들은 목구멍 뒤쪽에 있는 인두의 크기와 위치에 약간의 변화만 있어도 잠자는 동안 호흡 장애가 일어날 가능성이 크게 높아진다는 사실을 발견했다. 목과 턱의 모양도 한 가지 요인이 될 수 있다. 큰 목이나 혀, 편도, 좁은 기도는 수면무호흡 증후군의 원인이 될 수 있는데, 밤에 호흡이 막힐 가능성이 높아지기 때문이다.

하지만 수면무호흡을 맨 처음 발견한 의사들이 이 장애가 비만의 부작용이라고 생각한 것은 절반만 옳다. 수면무호흡 증후군은 인체 설계도에 포함된 결함이며, 과다 지방은 종종 그것을 끄집어낸다. 체중이 늘어날수록 수면무호흡 증후군이 나타날 확률이 높아지는데, 목구멍에 있는 조직이 커지면서 잠잘 때 기도를 막을 가능성이 높아지기 때문이다. 일부 환자의 경우, 체중을 줄이는 것만으로 문제가 해결되기도 한다. 그 밖에도 여러 가지 행동 변화—

술을 덜 마시거나, 흡연을 줄이거나, 똑바로 누워 자는 대신에 옆으로 누워 자거나, 운동을 하거나, 목구멍의 근육을 강화하기 위해 악기를 연주하는 등—도 도움이 된다.

레스메드에서 내놓은 호흡 마스크는 가장 보편적인 수면무호흡 증후군 치료 방법이지만, 모든 사람에게 다 효과가 있는 것은 아니다. 어떤 사람들은 얼굴에 마스크를 쓰고 자는 느낌이 영 어색해 적응하지 못하거나, 밤새도록 입 속으로 계속 펌프질되는 찬 공기로 숨 쉬는 걸 불편해한다. 다양한 연구에 따르면, 장기적으로 봤을 때 가벼운 수면무호흡 증후군 환자들이 마스크를 쓰는 비율은 전체 수면 시간 중 40~80%이다. 사회적 오명도 문제를 복잡하게 한다. 일부 수면무호흡 증후군 환자는 침대를 함께 쓰는 사람에게 덜 매력적으로 보일까 봐 염려하여 CPAP 장비를 사용하지 않으려 한다. 수면무호흡 증후군 환자들을 위한 한 온라인 지원 집단에서 한 남자는 자신이 "그 장비를 쓴다면 다스 베이더가 된 듯한 느낌"이 들 것이라고 썼다. 한 여성은 자신의 남편은 "그것에 저항해 싸우고, 소리를 지르고, 자신은 결함이 있다고 말했으며, 그런 걸 쓰느니 차라리 머리에 총을 쏘겠다고 말했어요."라고 썼다. 또 다른 여성은 "이번 가을에 나는 괴물이 된 것 같다고 남편에게 자주 소리를 질렀어요."라고 썼다.

그 다음으로 선택하는 것은 대개 치과용 장비이다. 이것은 심한 수면무호흡 증후군 환자에게는 CPAP 장비만큼 효과적이진 않지만, 일부 환자에게는 사용하기가 훨씬 편한데, 특히 여행을 자주 다니는 사람들에게 좋다. 가장 인기 있는 제품은 운동 선수들이 사용하는 마우스피스처럼 생겼다. 이것은 아래턱을 앞쪽과 약간 아래쪽으로 밀어줌으로써 기도를 열린 상태로 유지한다. 또 다른 장비는 기도를 막지 않도록 혀를 제자리에 붙들어둔다. 마지막 방법은 수술이다. 목젖입천장인두성형이라 부르는 한 방법은 목구멍 뒤쪽에 지나치게 많이 붙어 있는 연조직을 잘라낸다. 이 방법의 장기적 성공률은 50%에 불과하며, 음식을 삼키기가 어렵거나 후각 기능이 손상되거나 세균 감염 등의 부작용도 생길 수 있다. 또, 수술의 고통도 아주 심하다. 수면무호흡 증후군에 도움을 주는 약품은 거의 없으며, 약품은 오히려 문제를 더 악화시킬 수 있다. 예컨대 수면제와 진정제는 목구멍의 연조직을 축 늘어지게 하여 기도를 더 많이 막을 수 있다.

나는 레스메드 건물에 있는 피터 패럴의 사무실을 향해 걸어갔다. 그는 타원형 안경을 코 위에 걸치고 책상 뒤에 앉아 권투 선수처럼 강렬한 눈빛으로 나를 응시했다. 그는 설리번과 함께 한 사업으로 큰돈을 벌었다. 하지만 그는 아직도 미국에서는 수면무호흡 증후군에 대한 이해가 부족하며 그 심각성을 제대로 인식하지 못하고 있다고 생각한다. 그는 걸쭉한 오스트레일리아 억양으로 이렇게 말했다.

"우리는 아직도 초기 단계의 괴물 지역에 머물러 있어요. 장담하

폴 고갱, 〈지켜보고 있는 망자의 혼〉, 1892년
수면무호흡이 나타나는 환자는 밤에 신체가 죽음에 아주 가까이 다가가는 기묘한 느낌을 경험한다.

건대, 이것은 국내에서 가장 큰 건강 문제이고, 우리는 성인 10명 중 3명은 이 문제를 갖고 있다고 생각해요. 이것에 필적할 만한 문제는 하나도 없어요. 우리 앞에는 가야 할 길이 아주 많이 남아 있는데도 우리는 아직 출발도 하지 않은 것과 같아요."

레스메드의 성장 중 상당 부분은 2000년 이후에 일어났다. 그해에 별도로 진행한 네 건의 연구에서 수면무호흡 증후군이 고혈압 환자 증가와 관련이 있다는 결정적 증거를 발견했다. 수면무호흡 증후군을 치료하지 않고 방치할 경우, 환자는 신장 질환이나 시력 문제, 심장마비, 뇌졸중이 나타날 위험이 커진다. 이 연구들은 메디케어Medicare(미국에서 시행하는, 65세 이상이면서 일정 자격 요건을 갖춘 노인이거나 장애인에게 제공하는 건강 보험—옮긴이), 메디케이드Medicaid(65세 미만의 저소득층과 장애인을 위한 미국의 국민 의료 보조 제도—옮긴이), 영국국민건강보험 같은 정부 건강 보험 제도가 장비 비용(개인이 혼자서 부담하려면 수천 달러나 되는) 중 일부를 부담하는 결정을 내리는 데 도움을 주었다. 이제 미국 전역의 수면 연구소들에서는 수면무호흡 증후군이 있는 것으로 의심되는 환자들을 대상으로 밤 동안에 검사를 실시한다. 환자들의 몸에 붙어 있는 각종 측정 장비는 심장 박동, 호흡 패턴, 뇌 활동, 밤 동안에 잠을 깨는 횟수, 팔다리를 움직이는 횟수 등을 감시한다.

수면무호흡 증후군에 대해 더 자세한 것이 밝혀지자, 과학자들은 이것이 마음에 영향을 미치는 심각한 질환의 원인이 될지 모른다고 생각하게 되었다. UCLA 연구자들은 수면무호흡 증후군을 오랫동안 겪은 환자들의 뇌를 촬영하여 수면 패턴이 정상인 대조군의 뇌 촬영 영상과 비교해보았다. 이 조사는 유두체(뇌 아래쪽에 있는 2개의 구조로, 유방처럼 생겨 이런 이름이 붙었다)에 초점을 맞춰 살펴보았다. 유두체는 기억에 중요한 역할을 담당하는데, 오래전부터 기억상실증과 관련이 있는 것으로 알려져왔다. 수면무호흡 증후군 환자의 경우, 뇌의 이 기억 중추는 그 크기가 20%나 작았다. 환자의 뇌 영상만 보여준다면, 의사는 환자의 심각한 인지 손상을 의심할 것이다. 알츠하이머병 환자나 알코올 중독으로 기억 상실을 경험한 사람들에게서 바로 이와 비슷한 유두체 축소가 나타나기 때문이다. 이것은 수면무호흡 증후군이 졸음 때문에 집중력과 주의력이 떨어지는 일상 생활의 어려움을 넘어서서 항구적인 상처를 남긴다고 시사한 최초의 증거였다. UCLA 데이비드 게펀 의학대학원의 신경생물학 교수로 일하면서 이 연구를 주도한 로널드 하퍼Ronald Harper는 "유두체 크기 축소는 환자가 상당한 세포 손실에서 비롯된 해로운 사건을 겪었음을 시사한다. 수면 장애를 치료한 뒤에도 환자의 기억 문제가 계속된다는 사실은 장기적인 뇌 손상을 의미한다."라고 지적했다.

〈미국의학협회저널Journal of the American Medical Association〉에 발표된 한 연구도 이 결론을 지지한다. 캘리포니아 대학 샌프란시스코 캠퍼스의 정신의학 교수 크리스틴 야프Kristine Yaffe는 그 연구를 위해 정신적으로나 육체적으로 건강하지만 나이가 많은 여성 약 300명을 모집했다. 이 연구에 참여한 사람들의 평균 나이는 82세였다. 여성들은 각자 수면 연구소에서 하룻밤을 보냈는데, 야프는 3명 중 1명이 수면무호흡 증후군 기준에 해당한다는 사실을 발견했다. 야프는 5년 뒤에 이 여성들을 다시 조사했다. 나이가 마음에 미치는 효과는 수면의 질에 달려 있는 것처럼 보였다. 수면무호흡 증후군이 있는 여성 중 약 절반은 경미한 인지 손상이나 치매 징후가 나타난 반면, 잠을 정상적으로 자는 여성 중에서는 3분의 1만이 그런 징후가 나타났다. 나이, 인종, 의약품 사용 같은 변수의 영향을 배제하고 나서 다시 분석한 결과, 수면무호흡 증후군이 있는 여성은 기억상실증의 첫 번째 징후가 나타날 가능성이 85%나 높았다. 잦은 수면 방해와 뇌의 산소 부족은 장기 기억을 생성하고 보호하는 뇌의 능력을 감소시킬 수 있다.

수면무호흡 증후군이 뇌에 미치는 효과는 고속도로에서도 치명적인 결과를 낳을 수 있다. 트럭을 운전하는 일은 어느 모로 보나 아주 힘든 직업이다. 늘 시간을 맞추느라 질주하면서 한 자리에 고정된 채 오랫동안 주의를 유지하는 트럭 운전사들은 심한 스트레스를 받은 징후가 몸에 나타난다. 하버드 의학대학원과 공중보건대학원의 조교수 스테파노스 케일스Stefanos N. Kales는 화물차 운전사의 부실한 영양 섭취, 운동 부족, 수면 부족 같은 생활 방식이 초래하는 결과를 추적하기 시작했다. 비만이 광범위하게 나타났는데, 이것은 일반인에 비해 수면 장애 호흡 비율이 훨씬 높게 나타나는 원인이 되었다. 이전 연구들은 대형 트레일러트럭을 모는 운전사 3명 중 1명이 가볍거나 심한 수면무호흡 증후군을 겪는다고 시사했는데, 이것은 수천 명의 운전사들이 도로에서 잠들지 않으려고 무진 애를 쓰고 있다는 이야기가 된다. 케일스의 추정에 따르면, 수면무호흡 증후군이 있는 운전사는 사고를 일으킬 가능성이 7배나 높다. 게다가 케일스는 상업용 트럭과 관련된 교통 사고 5건 중 1건은 트럭 운전사의 졸음 운전 때문에 발생했다는 사실을 발견했다.

운전사들은 대개 치료하려는 노력은 말할 것도 없고 자신이 수면무호흡 증후군이 있다는 사실조차 인정하려고 들지 않는다. 그랬다간 운전 면허증과 함께 생계 수단을 잃을 가능성이 높기 때문이다. 케일스는 15개월 동안 50개 회사의 트럭 운전사 약 500명을 관찰하는 연구를 했다. 선별 설문조사를 한 결과, 수면무호흡 증후군의 징후를 보이는 트럭 운전사는 6명당 1명꼴로 나타났다. 그중에서 20명만 수면 연구소에서 하룻밤을 보내기로 동의했다. 그들은 모두 수면무호흡 증후군이 있는 것으로 밝혀졌다. 하지만 그중에서

CPAP 장비를 정기적으로 사용하면서 치료를 시작한 사람은 단 한 사람뿐이었다. 케일스와 그의 연구팀은 "연방 차원에서 강제하거나 고용주가 요구하지 않는 한, 트럭 운전사들의 적격 심사는 비효과적일 것이다."라고 지적했다.

연방 정부 산하의 중립적 연구 기관인 미국회계감사원은 사업용 운전사들의 면허증 발급 과정이 운전자의 능력을 손상시킬 수 있는 심각한 건강 문제를 간과하고 있다는 사실을 발견했다. 이 보고서는 사업용 운전자 면허증을 가졌으면서 연방 정부에서 장애 급여를 전액 받을 수 있는 자격이 있는 트럭 운전사가 전국적으로 50만 명 이상이나 된다고 지적했다. 수면무호흡 증후군이 있는 사람은 아주 많지만 치료를 받지 않고 방치했으며, 이것은 치명적인 결과로 이어졌다. 2000년 7월에 대형 트레일러트럭이 고속도로 작업 구역을 보호하고 있던 테네시 고속도로 순찰대 차량과 충돌했다. 순찰차는 충돌하는 순간 폭발했고, 타고 있던 경찰관 1명이 목숨을 잃었다. 트레일러트럭 운전자는 수면무호흡 증후군 진단을 받았지만, 그동안 전혀 치료를 받지 않았다. 그것은 그에게 첫 번째 사고도 아니었다. 3년 전에도 그는 유타 주에서 순찰차와 충돌한 적이 있었다. 5년 뒤, 심한 수면무호흡 증후군이 있던 또 다른 트럭 운전사가 캔자스 주에서 스포츠형 다목적 차량suv과 충돌 사고를 일으켰다. 이 사고로 그 차에 타고 있던 어머니와 생후 10개월 된 아기가 사망했다. 테네시 주에서 일어난 사고와 마찬가지로 이 트레일러

트럭 운전사 역시 이전에 수면무호흡 증후군 진단을 받은 적이 있었다. 하지만 그는 건강상 아무 문제가 없다는 진단을 받으려고 이전에 자신을 진료한 적이 한 번도 없는 의사를 찾아갔으며, 자신의 문제를 털어놓지 않았다. 이 운전사는 나중에 차량에 의한 두 건의 과실치사 혐의에 대해 유죄 판결을 받았다. 연방 정부에서 내놓은 한 가지 방안은 체질량지수가 30(비만 기준선)을 넘는 운전자에 대해 수면무호흡 증후군 선별 검사를 하자고 주장한다. 트럭 운전사들은 그동안 반대의 뜻을 강력하게 표명했다. 상업용 트럭 운전사 약 16만 명을 대표하는 단체 대변인은 "몸무게와 대형 트럭을 모는 능력 사이에는 직접적인 상관관계가 없다. 그것이 당사자의 운전 기록보다 더 나은 예측 지표라는 증거를 보여달라."라고 말했다.

수면무호흡 증후군과 몸무게는 미국에만 국한된 문제가 아니다. 레스메드 같은 회사들은 이 사실을 잘 알고 있었다. 2010년에 내가 방문했을 때 레스메드의 CEO이던 키런 갤러휴Kieran Gallahue는 프록터 앤드 갬블과 제너럴일렉트릭에서 여러 자리를 거친 뒤에 레스메드로 온 사람이었다. 새로운 역할을 맡은 그는 블루칩 회사에서 승승장구하는 중역의 분위기를 물씬 풍겼다. 그는 나를 자기 사무실로 안내했다. 책상 뒤에서 스위치를 누르자, 옆에 있던 책장에서 화이트보드가 솟아올랐다. 그는 회사의 장기 전략을 다이어그램으로 보여주기 시작했는데, 간간이 "우리는 이제 조직 면에서 청소년기를 막 지나고 있습니다."와 같은 말을 중간에 집어넣었다. 하버드 경영대학원 교수들이 이 말을 들었더라면 무척 자랑스럽게 여겼을 것이다. 갤러휴는 레스메드의 호흡 장비가 심각한 질병을 예방하는 능력이 있으며, 그 과정에서 건강 관리 비용을 줄인다고 주장했다. 그는 "우리는 비용 절감 문제에 해답을 제시합니다."라고 말했다.

하지만 그와 동시에 레스메드는 전 세계적인 높은 비만율에 의존해 성장을 계속하고 있다. 중국과 인도 같은 신흥 경제 국가들에서 맥도날드, KFC, 피자헛 같은 서구의 패스트푸드 회사들이 확산되는 추세야말로 레스메드에게는 최대의 성장 엔진일지 모른다. 간단히 말해서, 세계 인구 중 체지방이 많은 사람이 증가할수록 수면무호흡 증후군 환자가 더 늘어나고, 그에 따라 레스메드 제품의 수요도 늘어난다.

"유전학적으로 우리는 아직도 저칼로리, 저지방 식사에 맞춰 설계돼 있어요. 우리 몸은 수천 년 동안 그렇게 최적화되어 왔지요. 거기다 햄버거를 던져주면 우리 몸은 그것을 제대로 처리하지 못해요. 그 결과 중 하나가 수면 장애 호흡을 경험하는 비율이 치솟는 것으로 나타나지요."

레스메드 본부를 둘러본 모든 곳에서 나는 더욱 앞서가려고 노력하는 회사의 분위기를 느낄 수 있었다. 갤러휴의 사무실에서는 레스메드 직원들을 위해 세운 회사 공원처럼 보이는 곳이 내려다보였다. 미식축구 경기장보다 더 넓은 공간에 여기저기 흩어져 있는 많은 벤치 집단 중 한 곳에서 몇몇 직원들이 모여 점심을 먹고 있었다. 그 공간 가장자리는 조깅 코스와 장식용 각광으로 빙 둘러싸여 있었다. 금속 조각상들이 햇빛을 받아 반짝였다. 나는 갤러휴에게 옥외 지역을 이렇게 꾸며놓은 것은 직원들의 삶의 질과 사기를 높이기 위한 것이냐고 물었다. 그는 내 질문이 무슨 뜻인지 파악하느라 잠깐 생각하다가 웃음을 터뜨렸다.

"사실은, 저 땅에는 앞으로 두 번째 건물을 지을 계획입니다. 공원은 임시로 만든 것이에요."

11

불면증의
역설

● 1945년에 제작된 미 해군의 훈련용 영화는 수병들이 모여 만화영화를 보고 있는 방을 보여준다. 수병들은 도널드 덕이 잠자려고 애쓰다가 계속해서 번번이 실패하는 것을 보면서 폭소를 터뜨리고 고함을 지른다. 먼저, 도널드 덕은 베개 위치를 잘못 알고 머리를 철제 침대 프레임에 세게 부딪친다. 그 다음에는 자명종 시계가 재깍거리는 소리가 너무 커 침대 옆 탁자가 흔들린다. 도널드 덕은 화가 나 시계를 벽에다 던져 박살낸다. 마침내 모든 것이 평온한 것처럼 보이자, 도널드 덕은 베개 위에 머리를 누이지만, 그때 머피 침대(접어서 벽장에 넣을 수 있는 침대)가 탁 꺾이면서 도널드 덕은 그 속에 갇히고 만다. 러키Lucky라는 이름의 수병은 도널드 덕의 불행을 보고 너무 웃은 나머지 눈에 손수건을 갖다댔다.

하지만 러키 옆에 앉아 있던 번스Bunce는 뚱한 표정으로 만화영화를 보았다. 주변의 동료들은 웃음을 터뜨리고 서로 농담을 주고받았지만, 번스는 도널드 덕이 잠드는 데 번번이 실패하는 장면들이 전혀 재미있지 않다는 듯이 심각한 표정으로 바라보았다. 만화영화가 끝나자, 러키와 번스는 자리에서 일어섰다. 러키는 번스에게 왜 나머지 사람들처럼 영화를 재미있게 보지 않느냐고 물었다. 그러자 번스는 "뭐가 재미있어? 넌 아기처럼 세상 모르고 콜콜 자는 행운아니까 그렇지."라고 퉁명스럽게 대꾸한다.

우리는 곧 번스가 불면증으로 고생하며, 그래서 잠을 이루지 못하는 도널드 덕의 문제가 번스에게는 결코 웃을 일이 아니라는 사실을 알아챈다. 러키는 그날 밤이 가기 전에 친구의 수면 문제를 치료해주기로 결심한다. 수병들이 양치질을 할 때, 러키는 번스에게 3주일 동안 편지가 오지 않은 여자에 대한 걱정은 그만 하라고 말한다. 샤워를 할 때에는 번스에게 누구나 가끔 잠을 이루지 못한다고 이야기한다. 예컨대 사이판 섬 공격을 준비하는 동안에는 자기 부대원들 중 어느 누구도 잠을 제대로 이루지 못했다. 그리고 침대로 갈 때, 러키는 번스에게 뭔가 마음에 걸리는 일이 있으면 자신에게 이야기하라고 말한다.

하지만 이 모든 노력도 아무 효과가 없다. 러키가 얼굴에 미소를 지은 채 잠들었을 때, 번스는 침대에 누워 손목시계의 초침이 재깍거리며 움직이는 것을 지켜본다. 카메라는 뿌루퉁한 그의 얼굴에 초점을 맞추고, 우리 귀에는 번스가 속으로 애타게 뇌까리는 독백이 들린다.

"자자. 자자! 난 왜 잠이 안 올까? 밤이면 밤마다. 이렇게 살 수는 없어. 차라리 죽는 게 낫겠어. 이러다 죽고 말 거야. 매일 밤 잠을 전혀 자지 않고서 살아남을 사람은 아무도 없지. 매일 밤마다 말이야!"

그때, 화면 밖에서 친절한 의사의 목소리가 들려온다.

"오, 그건 그렇지 않습니다. 당신의 기분이 어떤지는 잘 압니다. 하지만 의학의 역사에서 수면 부족으로 죽은 사람은 아무도 없습니다."

불면증이 치명적인 것이 아니라는 이야기는 불면증으로 괴로워하는 사람들에게 작은 위안이 된다. 미국의 성인 5명 중 2명은 매일 밤 지속 수면 장애와 상관없는 문제로 잠이 잘 오지 않아 고통을 겪는다. 잠자리에 눕는 순간 많은 사람들은 불면증의 역설에 빠져든다. 즉, 잠을 간절히 원하기 때문에 오히려 잠을 이루지 못한다. 불면증을 연구한 뉴욕 대학의 교수 에밀리 마틴Emily Martin은 "잠의 조건은 아주 모순적이다. 잠은 아주 좋은 것이지만…… 다른 좋은 것들하고는 아주 다르다. 그것을 얻으려면 그것을 가지겠다는 강박 관념을 버려야 하기 때문이다."라고 지적했다. 오스트리아 심리학자 빅토르 프랑클Viktor Frankl은 1965년에 "잠은 그 사람의 손 가까이에 내려앉아 그 사람이 관심을 보이지 않는 한 계속 머물러 있는 비둘기[와 같다]. 만약 그것을 잡으려고 시도하면, 금방 날아가 버린다."라고 표현했다.

의사들에게 불면증은 닭이 먼저냐 달걀이 먼저냐 하는 것과 비슷한 문제를 제기한다. 불면증은 우울증 같은 다른 상태의 결과일까, 아니면 불면증이 다른 문제의 근원일까? 미국정신건강연구소가 발표한 한 보고서는 불면증 환자들 사이에서 우울증이

에드바르 뭉크, 〈밤. 멜랑콜리 1〉, 1896년

발생하는 비율은 수면 문제가 없는 사람들에 비해 40배나 높다고 한다. 정신건강 전문가들 사이에서는 우울증이나 불안을 불면증의 원인이라기보다 결과라고 보는 사람들이 갈수록 늘어나고 있다. 따라서 불면증을 치료하면 삶의 다른 측면들까지 개선될 수 있을 것이다.

불면증은 치료하기가 아주 독특하고 어려운 상태인데, 환자 자신이 자초한 상태이기 때문이다. 그 원인은 뇌가 자신에 대해 생각하는 능력을 포기하길 거부하는 데서 비롯되는 경우가 많다. 자신에 대해 생각하는 능력은 하버드 대학의 교수 대니얼 M. 웨그너Daniel M. Wegner가 "아이러니한 정신 제어 과정"이라고 부르는 메타 현상이다. 이 개념을 설명하기 위해 어떤 사람이 여러분에게 얼마나 빨리 긴장을 풀고 마음이 편안한 상태가 되느냐에 따라 여러분의 능력을 평가할 것이라고 말했다고 상상해보라. 그러면 여러분이 보이는 최초의 반응은 긴장하는 것이 될 가능성이 높다. 웨그너는 실험 참여자들에게 같은 과제를 던졌더니, 평균적인 사람은 마음이 그 목표를 향해 나아가는 과정을 계속 감시하면서 매 순간 자신을 평가하는 과정에 휘말려 불안이 커진다는 사실을 발견했다. 마찬가지로 잠을 자야 할 필요가 더 절실할수록 잠을 이루기가 더욱 어려워진다. 이 문제는 매일 밤마다 스스로를 더 악화시켜 만성 불면증으로 이어진다.

웨그너는 마음의 아이러니한 제어 감각이 현실의 수면 세계에서 어떻게 펼쳐지는지 보여주었다. 그는 대학생 110명에게 워크맨과 카세트를 주고 집으로 보내면서 침대에 눕자마자 불을 끄고 테이프를 들으라고 지시했다. 모든 학생은 그때까지 불면증이나 그 밖의 만성 수면 장애를 겪은 적이 없었으며 정상적으로 잠을 잤다. 침대에 누웠을 때 실험 참여자 중 절반은 다음 메시지를 들었다.

"안녕하세요……. 다음 음악을 들으면서 가능하면 빨리 잠이 들도록 노력하세요. 여러분에게 주어진 과제는 가장 빨리 잠드는 기록을 세우는 것입니다. 가능하면 빨리 잠드는 데 집중하세요."

반면에 나머지 절반은 정반대의 메시지를 들었다.

"여러분에게 주어진 과제는 여러분이 원할 때 아무 때나 잠드는 것입니다."

실험 설계에는 두 번째 단계의 불안도 포함시켰다. 그 지시 뒤에는 음악이 90분 동안 이어졌다. 가능하면 빨리 자라는 지시를 들은 실험 참여자 중 절반은 행진하는 밴드가 시끄럽게 연주하는 음악 소리를 들었다. 웨그너가 이 음악을 선택한 이유는 실험 참여자들에게 넘어야 할 정신적 장애물을 추가하기 위해서였다. 그들은 언제까지 잠자야 한다는 마감 시한이 주어졌을 뿐만 아니라, 이제는 과연 잠이 들 수 있을까 하는 의문까지 들었다. 나머지 절반은 연구자가 "새 소리, 귀뚜라미 소리, 졸졸거리며 흐르는 시냇물 소리 같은 평화로운 실외의 소리를 배경으로 포함한…… 뉴에이지 음악"이라고 소개한 음악을 들었다. 원할 때 아무 때나 잠들라는 지시를 받은 실험 참여자들 역시 절반은 행진하는 밴드의 음악을 듣고, 나머지 절반은 귀뚜라미 소리가 섞인 뉴에이지 음악을 들었다.

예상했던 대로, 가능하면 빨리 자라는 지시를 들은 실험 참여자들은 잠드는 데 시간이 더 오래 걸렸다. 이들은 빨리 잠들어야 한다는 데 신경을 쓰다 보니 자신의 진도를 의식적으로 점검했고, 그러다 보니 생각의 끈을 놓지 못해 잠이 들 수 없었다. 그리고 당연한 일이지만, 행진하는 밴드의 부담스러운 음악을 들으면서 빨리 잠들려고 애쓴 사람들이 가장 결과가 좋지 않았다.

그런데 바로 여기서 예상에서 벗어나는 결과가 나타났다. 가능하면 빨리 자라는 지시를 들은 실험 참여자들의 불운은 행진하는 밴드의 음악을 듣는 시간 동안에만 그치지 않았다. 이들은 헤드폰의 음악이 멈춘 뒤에도 밤 내내 더 자주 잠이 깼고, 다시 잠드는 데 다른 집단보다 더 큰 어려움을 겪었다. 다음 날, 이들은 다른 실험 참여자들보다 피로가 풀린 느낌이 덜하다고 보고했다. 음악이 연주되는 가운데 잠들려고 애쓰면서 받은 스트레스는 새벽까지도 남아 있었다. 군인 훈련용 영화에 나온 번스처럼 그들은 침대에 눕자마자 빨리 자야 한다는 생각에 사로잡힌 나머지 밤 내내 마음을 편안하게 진정할 수 없었다. 웨그너는 그들에게 불면증 사이클이 일어나도록 한 것이다.

불면증 치료는 쉽지 않다. 일부 이유는 이 장애가 과연 무엇을 말하는지 과학적 정의조차 대체로 모호하다는 데 있다. 자동차 경보음이 요란하게 울리는 바람에 또는 직장에서 곧 겪게 될 스트레스가 심한 하루 때문에 하룻밤 동안 잠을 제대로 자지 못하는 것은 불면증으로 분류하지 않는다. 대신에 일반적으로 불면증이라고 하면, 잠을 자고 싶어하는데도 잠을 잘 수 없는 밤이 계속 이어지는 상태를 말한다. 미국국립보건원은 이 상태를 "최소한 한 달 동안 잠자거나 수면 상태를 유지하는 데 어려움을 겪거나 개운하게 잠을 자지 못하는" 것으로 정의한다. 고전적 형태의 단기 불면증은 아직 그 원인이 알려지지 않았으며, 비교적 많은 사람이 경험한다. 미국에서는 10명 중 1명이 평생 언젠가 단기 불면증을 겪는다.

어떤 이가 일시적인 불면증이나 더 심각한 수면 장애를 겪는다는 사실을 입증할 수 있는 의학적 검사는 없다. 일부 환자는 수면 연구소로 가 수면무호흡 증후군 같은 조건을 배제하는 검사를 받지만, 자신이 갖지 않은 문제가 무엇인지 안다고 해도 그 문제를 치료하는 데 별 도움이 되진 않는다. 대신에 의사들은 환자의 자기 보고에 의존하는데, 이것은 어느 날 밤에 자신이 정말로 잠잔 시간이 얼마인지 정확하게 파악하는 데 따르는 어려움 때문에 매우 모호할 수 있다. 예를 들면, 수면 연구소에서 하룻밤을 보낸 환자들은 종종 잠드는 데 한 시간 이상이 걸렸다고 불평하지만, 뇌파 기록을 보면 실제로는 10분 안에 잠든 것으로 나온다. 자기 보고의 문제점은 잠드는 데 걸린 시간을 판단하는 것에 국한되지 않는다. 수면 연구소에서 잠을 잔 일부 환자들은 아침에 일어나면서 밤새도록 한숨도 못 잤다고 주장하지만, 비디오나 뇌파 기록은 그 말이 전혀 사실이 아님을 보여준다.

이것은 잠이 의식이 있는 마음에 제기하는 역설 중 하나이다. 우리는 잠든 시간을 쉽게 판단할 수 없는데, 그 순간은 사고와 인식의 요구가 멈추어 그 시간이 존재하지 않은 것처럼 느껴지기 때문이다. 우리가 기억하는 시간은 차라리 기억이 나지 않았으면 좋을 법한 순간들이다. 한밤중에 시계를 응시하거나, 반대편이 더 시원하겠지 하는 생각에서 베개를 뒤집는다거나, 이불을 발로 차거나 위로 끌어올린 순간들이다. 이러한 경험은 설사 단 3분 동안만 지속되었다 하더라도, 마음속에서 종종 과장되어 우리가 평화롭게 잠잔 시간보다 훨씬 긴 것처럼 느껴지는데, 그것은 우리가 잠든 순간은 기억하지 못하고 그런 순간들만 기억하기 때문이다.

불면증이 일상 생활에 지장을 주기 시작하자, 많은 사람들은 의약품에 의존하는 쪽을 선택했다. 사람들을 잠들게 하거나 계속 푹 자도록 돕는 의약품은 2010년에 미국에서만 연간 300억 달러어치나 팔렸는데, 이것은 전 세계 사람들이 영화를 보러 가는 데 쓰는 돈보다 약간 더 많다. 그 수익 중 대부분은 수면제에서 나온다. 이것은 놀라운 반전인 셈인데, 불과 얼마 전까지만 해도 수면제에 대한 일반 대중의 혐오가 아주 심해 〈에스콰이어*Esquire*〉의 자매지인 〈코로넷*Coronet*〉 잡지는 1960년대 중엽까지 수면제를 "죽음에 이르는 문"이라고 불렀기 때문이다.

1903년, 독일 의사 요제프 폰 메링Joseph von Mering과 독일 화학자 헤르만 에밀 피셔Hermann Emil Fischer가 최초의 현대적인 수면제를 개발했다. 폰 메링은 15년 전에 이미 인슐린이 췌장(이자)에서 만들어진다는 사실을 발견해 당뇨병 치료에 큰 진전을 가져옴으로써 이름을 떨쳤다. 췌장이 정확하게 어떤 일을 하는지 알아내기 위해 폰 메링은 기르던 개의 배를 갈라 췌장을 떼어낸 뒤 어떤 일이 일어나는지 살펴보았다. 개는 수술에서 살아남아 나름의 방식으로 보복을 했지만 그것은 오래 가지 못했다. 그 개는 똥오줌을 가리는 훈련을 받았지만, 폰 메링의 연구소 여기저기에 오줌을 싸기 시작했다. 그 일이 너무 자주 일어나자, 폰 메링은 그 오줌을 검사해보기로 했다. 그리고 오줌에 당분 함량이 아주 높다는 사실을 발견했는데, 이것은 당뇨병에 걸렸음을 분명하게 보여주는 증거였다.

폰 메링과 피셔는 자신들이 개발한 수면제의 상표명을 베로날Veronal로 정했는데, 평화롭고 조용한 이탈리아 도시 베로나의 이미지가 도움이 되지 않을까 기대해서였다. 이 신약은 바르비투르산염이라는 의약품 집단으로 분류되는데, 바르비투르산염은 소량 섭취할 경우 도취된 기분이 들 수 있다. 베로날은 일부 환자에게 최소한 일시적으로는 광고에서 "자연스러운 수면"이라고 묘사한 상태에 이르게 해주었지만, 심각한 부작용이 있었다. 가장 큰 부작용은 환자에게 약에 대한 내성이 금방 생겨, 같은 효과를 얻으려면 갈수록 더 많은 양을 복용해야 한다는 점이다.

그렇다 하더라도, 권장량이 치사량에 아주 가깝지만 않다면(특히 알코올과 함께 섞일 때), 이것은 큰 문제가 되진 않았을 것이다. 그 후 60년 동안 수면제는 환자가 잠결에 한두 알을 더 복용하는 바람에 발생한 수많은 과량 투여 사고 때문에 비난을 받았다. 비틀스의 매니저였던 브라이언 엡스타인Brian Epstein은 런던 자택에서 바르비투르산염 약을 치사량만큼 복용한 후 사망했다. 그의 죽음은 공식적으로는 사고사로 결론이 났다. 바르비투르산염 수면제는 쉽게 구할 수 있는 데다가 효과마저 뛰어났기 때문에 유명한 자살 사건에 자주 사용되었다. 존 웨인John Wayne의 영화에 자주 등장한 배우 그랜트 위더스Grant Withers도 1959년에 자살할 때 수면제를 사용했다. 3년 뒤에 자살한 메릴린 먼로Marilyn Monroe의 시체 옆에서도 바르비투르산염 수면제 병이 발견되었다. 할리우드의 유명인들이 죽은 뒤에 수면제의 인기는 곤두박질쳤는데, 의사와 환자 모두 욕실에 있는 약이 아주 쉽게 목숨을 앗아갈 수 있다는 사실을 깨달으면서 두려움에 사로잡혔기 때문이다.

1970년대에는 벤조디아제핀benzodiazepine 계통의 진정제가 인기를 끌었는데, 이전에 나온 약보다 더 안전하다고 여겨졌기 때문이다. 발륨(디아제팜)과 로히프놀(플루니트라제팜) 같은 변형 약품까지 포함하는 이 계통의 약은 사람을 잠에서 깨어나게 하는 뇌의 수용기들에 들러붙어 효과를 나타내는데, 기본적으로 그 사람을 잠에서 깨어나기 더 힘들게 만든다. 이 약들은 과량 투여 위험을 크게 낮췄다는 점에서 바르비투르산염에 비해 상당히 개선된 것이긴 했지만, 복용했을 때 일부 환자가 느끼는 황홀감 때문에 남용의 위험을 높였다. 그뿐만이 아니었다. 1980년대 후반에 할시온(트리아졸람)이란 상표명으로 알려진 벤조디아제핀을 복용한 환자들에게서 기억 상실 증상이 나타나기 시작했다.

할시온의 가장 큰 부작용은 '여행자 기억상실증'이라 부르는 것으로, 국제 여행을 하는 동안에 자주 일어났다. 여행자 기억상실증은 야간 항공편으로 여행을 하는 동안 시차 적응에 도움을 얻기 위해 할시온을 복용한 사람들에게서 주로 나타났다. 하지만 목적지에 도착해서 잠이 깼을 때, 그들의 기억은 백지 상태가 되었다. 환자들은 자신이 누구인지, 도착한 곳이 어디인지, 왜 자신이 거기에 왔는지 알지 못했다. 어떤 환자는 호텔 방에서 깨어난 뒤, 비행기가 어떻게 착륙했는지, 자신이 세관을 어떻게 통과했는지, 그리고 공항에서 택시를 어떻게 탔는지 기억이 하나도 나지 않았다. 영국은 1990년대 초에 이 약을 금지했지만, 여러 나라는 그 사용을 엄격하게 규제했다(미국에서 이 약은 아직도 합법적으로 사용되고 있다).

1993년에 사노피라는 프랑스 회사가 앰비엔(졸피뎀zolpidem이라는 일반명으로 더 잘 알려진)이란 신약을 개발하면서 수면제 시장에 큰 변화가 일어났다. 앰비엔은 사실상 벤조디아제핀과 똑같은 방식으로 작용하지만, 부작용이 훨씬 작다. 실제로 앰비엔은 충분히 안전한 것처럼 보여, 오랫동안 평범한 불면증에 수면제를 처방하길 꺼리던 의사들조차 이 약을 마음놓고 처방하기 시작했다. 앰비엔은 금방 수면제 시장을 지배하면서 연간 매출액이 10억 달러를 넘어섰다. 한때 앰비엔은 미국에서 처방되는 수면제 중 80%를 차지하여 역사상 몇몇 의약품밖에 누리지 못한 독점적 지위를 누렸다.

진정한 경쟁 제품이 나타난 것은 2005년이 되어서였다. 매사추세츠 주 말버러에 있던 작은 생명공학 회사인 세프라코어가 루네스타(에스조피클론)를 시장에 내놓았다. 루네스타는 앰비엔과 같은 계통의 약이긴 하지만, 더 나은 점이 두 가지 있었다. 하나는 FDA가 이 약의 장기 복용을 승인했다는 점이다. 따라서 환자들은 앰비엔을 사용할 때처럼 2~3일에 한 번씩 복용을 중단하라는 권고를 듣지 않아도 되었다. 또 하나는 상표 이미지를 높이기 위해 펼친 광고였는데, 광고에서 미소를 띤 채 잠든 연기를 하는 배우들의 행복한 얼굴 위에서 날갯짓을 하는 작은 초록색 나방을 부각시켰다. 한 브랜드 컨설턴트는 이 광고를 칭찬하면서 "루네스타Lunesta란 이름에는 '둥지nest'란 단어가 숨어 있어서 사람들은 잠들 때 자신의 둥지를 생각하게 된다."라고 말했다. 세프라코어는 제품을 출시한 해에 광고비에 2억 3000만 달러를 쏟아부음으로써 모든 사람이 그들의 나방을 보게 했다. 루네스타는 그 해에 가장 많이 선전된 약이었다.

2005년부터 2006년 사이에 수면제 광고에 쏟아부은 금액은 모두 합쳐 10억 달러가 넘었다. 이렇게 넘쳐나는 광고 때문에 수면제가 치료한 불면증 환자에 못지않게 많은 불면증 환자가 생겨났을지도 모른다. 실험 참여자에게 가능하면 빨리 자라고 한 웨그너의 지시처럼, 숙면을 취하는 방법을 끊임없이 일깨우는 광고는 사람들을 자신의 수면이 광고들이 보여주는 것에 비해 모자란 것이 아닌지 염려하게 만들어 불면증의 악순환으로 몰아넣기에 충분하다. 불과 일 년 만에 미국에서 발행된 수면제 처방전은 2800만 건에서 4300만 건으로 증가했다. 의사에게 수면제를 요구하는 환자는 매주 12만 명씩 늘어났는데, 이것은 페이스북의 확산에 필적하는 증가율이다. 루네스타가 출시된 지 1분기 만에 약 1억 달러의 매출을 올리자, 월스트리트 분석가들은 프로작이 우울증 시장에서 해낸 것과 같은 역할을 루네스타가 수면제 시장에서 해낼 것이라고 선언했다. 〈브랜드위크Brandweek〉는 세프라코어에 올해의 마케팅 상을 수상하면서 세프라코어 덕분에 "불면증은 다시 섹시한 것이 되었다."라고 선언했다. 하지만 엄밀하게 말한다면, 불면증이 이전에 섹시했던 적은 한 번도 없었다. 2010년, 처방받은 수면제를 약장에 보관하는 미국인 성인은 4명 중 1명에 이르렀다.

하지만 여기서 반전이 일어났다. 많은 연구에서 앰비엔과 루네스타 같은 수면제는 수면의 질 자체에 의미 있는 향상을 가져오지 않는 것으로 드러났다. 양적 측면에서도 아주 약간의 증가만 가져올 뿐이다. 미국국립보건원의 지원을 받아 수행한 한 연구에서는 일반적인 수면제를 복용한 환자는 설탕이 든 약을 복용한 환자보다 겨우 20분 먼저 잠들고, 밤 동안 잠을 잔 전체 시간도 겨우 11분 더

긴 것으로 나타났다.

만약 일반적인 수면제가 수면 시간이나 질을 크게 높이지 못한다면, 왜 그토록 많은 사람들이 수면제를 사용할까? 한 가지 설명은 유명한 플라세보placebo(속임약) 효과이다. 설사 설탕이 들어 있는 것이라 하더라도 일단 어떤 약을 복용하면, 환자는 약효가 나타날 것이라는 위안을 얻어 마음이 편안해진다. 하지만 수면제는 플라세보 효과 외에도 어떤 작용을 한다. 앰비엔 같은 약은 전향 기억 상실anterogradeamnesia(기억 상실의 원인이 된 사건 이전에 일어난 일은 기억하지만 이후의 일은 기억하지 못하는 것—옮긴이)이라는 흥미로운 효과를 나타낸다. 다시 말해서, 이 약을 복용하면, 일시적으로 뇌가 새로운 단기 기억을 생성하는 것이 힘들어진다. 수면제를 먹은 사람이 한밤중에 침대에서 엎치락뒤치락했으면서도 다음 날 아침에 일어나서는 잠을 푹 잘 잤다고 이야기하는 이유는 이 때문이다. 이들의 뇌는 밤 동안에 깬 순간들을 전혀 기록하지 않기 때문에, 아침에 일어났을 때에도 뇌가 백지 상태로 남아 지난 6~7시간 동안 일어난 일을 전혀 알지 못한다. 일부 의사는 이것은 그렇게 나쁜 일은 아니라고 주장한다. 제약 회사와 협력해 일하는 한 의사는 〈뉴욕 타임스〉와 한 인터뷰에서 "침대에서 잠을 못 이루고 엎치락뒤치락한 시간을 잊어버릴 수 있다면, 그것은 어떤 면에서 잠을 잔 것과 같은 효과가 있다."라고 말했다. 내가 대화를 나눈 수면 전문 의사들도 대체로 같은 의견이었다.

앰비엔 같은 약을 복용한 사람이 침대에 가만히 누워 자지 않을 때에는 심각한 문제가 일어날 수 있다. 어떤 사람들은 다음 날 아침에 일어났다가 침대에 캔디 포장지가 널려 있다거나 부엌 가스 레인지에 불이 켜져 있다거나 냉장고의 피자에 베어 문 자국이 남아 있다든가 하는 것을 발견한다고 불평을 한다. 또 어떤 사람들은 잠결에 걸어다니다가 넘어져서 손목이 부러지거나 휴대 전화에 통화한 기억이 전혀 없는 통화 기록이 남아 있는 걸 발견하기도 한다. 앰비엔은 타이거 우즈Tiger Woods의 영웅담에서도 변태적인 각주를 장식했다. 그와 바람을 피운 한 여성은 함께 섹스를 하기 전에 어색함을 없애는 효과가 있어 앰비엔을 복용했다고 말했다. 슬립넷Sleepnet이라는 인터넷 포럼을 방문하는 사람들은 수면제를 사용하면서 겪은 문제를 언급했다. 한 사람은 다음과 같이 이야기했다.

"많은 사람들은 내게 앰비엔이 참 좋은 약이라고 설득하려고 애썼습니다. 뭐 효과가 있는 사람도 있겠지만, 나와 가족에게는 아주 끔찍한 악몽이었어요. 나는 앰비엔을 복용하고 나서 아주 위험하고 창피스러운 짓들을 저질렀습니다. 몇 가지 예를 들면, 평소 같으면 절대로 걸지 않았을 사람들에게 전화를 걸어 역시 평소 같으면 절대로 하지 않았을 이야기들을 했습니다. 그 때문에 관계가 매우 불편해졌고, 내가 왜 그런 전화를 걸었는지 설명해야 했습니다. 거의 기억이 나지 않는 성적 접촉도 가졌습니다. 한밤중에 파자마 차림으로 아파트를 나서 쇼핑을 하기도 했습니다. 매니큐어로 아파트 벽에 잔뜩 낙서를 한 적도 있어요. 그건 한마디로 악몽이었습니다."

케네디 가의 한 사람이 자신이 일으킨 자동차 사고가 앰비엔의 효과 때문이었다고 말하고 나서 얼마 후 FDA는 약사들에게 특정 수면제를 복용하면 잠결에 음식을 먹거나 걸어다니거나 운전을 할 위험이 있다고 설명할 의무를 담은 규칙을 발표했다.

그런 경고도 수면제의 인기를 끌어내리는 데에는 별 효과가 없었는데, 가장 인기 있는 수면제 가격이 이전보다 크게 떨어진 게 주요 이유였다. 앰비엔은 FDA가 새로운 규칙을 발표하기 몇 달 전에 특허가 만료되었다. 값싼 일반약generic drug 때문에 수면제 구입 비용이 연간 10억 달러 이상 감소했지만, 수면제 처방전을 받는 환자의 수는 일정한 수준을 계속 유지했다. 수면제를 사용하는 사람들 중에는 약을 먹지 않는 밤에는 수면의 질이 이전의 나쁜 상태로 되돌아가는 걸 경험한 사람들이 많은데, 그래서 단기간 사용을 전제로 승인된 약에 대한 의존성이 커지는 악순환에 빠지게 된다. 수면제 없이 잠을 자야 하는 밤을 맞이하면, 처음에 불면증 사이클을 초래한 것과 같은 형태의 스트레스를 받게 된다.

하지만 처방 약이 다 떨어졌을 때 불안한 기분에 빠지지 않고 불면증을 치료할 수 있는 방법이 있다. 샤를 모랭Charles Morin은 캐나다 퀘벡 주에 있는 라발 대학의 심리학 교수이다. 그는 행동 변화가 불면증 치료에 수면제만큼 효과가 있는지 확인하는 연구를 10년 이상 했다. 그의 연구는 심리학자가 우울증이나 불안장애, 공포증을 잃는 환자들에게 종종 사용하는 인지 행동 요법이라는 상담 방법에 초점을 맞춘다. 이 요법은 두 부분으로 이루어져 있다. 우선, 환자에게 걱정스러운 생각이 떠오를 때 그것을 확인하고 거기에 맞서도록 가르친다. 그와 동시에 자신의 선택이 가져온 결과를 시각화할 수 있도록 하루의 활동을 모두 기록하게 한다.

불면증 치료법으로 사용하는 경우, 이 요법은 환자가 잠을 잘 자지 못하면 다음 날을 망칠 것이라는 두려움을 떨치도록 돕는 데 초점을 맞춘다. 이 요법은 불면증의 또 다른 아이러니에 대처하는 데 도움을 준다: 모랭은 잠을 잘 자지 못하는 사람은 잘 자는 사람보다 잠을 자지 못했다는 사실에 과도한 의미를 부여한다는 사실을 발견했다. 불면증이 있는 사람은 하룻밤 잠을 잘 자지 못하면 당장 건강에 문제가 생기거나 다음 날의 기분에 큰 영향을 미친다고 생각하는 경향이 있다. 그래서 잠을 자지 못하는 매 초가 상처에 뿌리는 소금 알갱이 하나하나가 될 것이라고 생각해 초조해한다. 잠은 불면증 환자에게 매우 중요한 것이기 때문에 그는 잠을 잘 수가 없다.

모랭은 1999년에 한 연구에서 최소한 15년 이상 만성 불면증을 겪어온 55세 이상의 실험 참여자 78명을 모집했다. 그는 실험 참여자들을 네 집단으로 나누었다. 한 집단에게는 단기 불면증에 주로 처방하는 벤조디아제핀 진정제인 레스토릴(테마제판)이라는 수면제를 주었다. 두 번째 집단에게는 잠에 대한 기대와 습관을 개선하는

데 초점을 맞춘 인지 행동 요법을 사용했다. 이 집단에 속한 사람들은 수면 일기를 적고, 다른 행동들을 수행하는 것과 함께 상담자를 만나 수면 패턴에 대해 대화를 나누게 했다. 세 번째 집단은 속임약을 주었고, 네 번째 집단은 레스토릴과 인지 행동 요법을 병행해 치료했다.

실험은 8주일 동안 계속되었다. 그리고 나서 모랭은 모든 실험 참여자를 면담하면서 새로운 수면 습관과 매일 밤 경험한 수면의 질에 대해 물어보았다. 수면제를 복용한 환자들은 처음 며칠 동안에 가장 큰 효과가 있었다고 보고했다. 고독하게 깨어 있는 시간이 조금도 없이 푹 잤다고 했다. 인지 행동 요법을 쓴 환자들도 며칠 뒤부터 수면의 질에 비슷한 결과가 나타났다고 보고했다. 단기적으로는 불면증을 진정시키는 데 수면제가 조금 더 나은 효과를 보였다.

그리고 나서 모랭은 불면증 연구 분야에서 남들이 하지 않은 기묘한 일을 했다. 2년 뒤, 그는 모든 실험 참여자와 연락해 다시 수면 습관에 대해 물어보았다. 그것은 환자가 며칠 동안 정상적으로 잠을 자는 결과가 나타나 종종 해결된 것처럼 보인 장애를 새로운 접근 방법으로 조사하는 셈이었다. 모랭은 수면제나 인지 행동 요법이 지속 불면증의 근본적인 원인을 개선하는 데 도움이 되는지 확인하고 싶었다. 실험 때 수면제를 복용했던 실험 참여자들은 수면제를 끊자마자 불면증이 되돌아왔다고 말했다. 하지만 인지 행동 요법을 받은 사람들은 대부분 실험 때 보고했던 개선 효과가 그대로 유지되었다고 대답했다. 장기적으로는 수면에 대한 기대를 낮추고 불면증의 원인을 인식하도록 돕는 것이 수면제보다 훨씬 효과가 있었다.

모랭은 〈뉴욕 타임스〉와 한 인터뷰에서 이렇게 말했다.

"단기적으로는 약이 도움이 됩니다. 하지만 장기적으로는 실제적인 수면 습관을 바꿀 필요가 있습니다. [인지 행동 요법이] 바로 그렇게 하는 데 도움을 줍니다."

인지 행동 요법은 실제로 존재하는 것이건 상상으로 만들어낸 것이건 수면제에 대한 의존성을 없애는 데에도 도움이 된다. 모랭은 2004년에 한 연구에서 수면제 복용을 점진적으로 줄여나가면서 인지 행동 요법을 병행했더니, 실험 참여자 중 90%가 7주일 후에 수면제에서 완전히 해방되는 결과를 얻었다. 복용량을 줄이는 방법만으로 수면제를 끊으려고 시도한 사람들 중에서는 50%만 성공했다. 추가 조사에서 인지 행동 요법을 사용한 실험 참여자들은 깊은 잠과 렘 수면 시간이 더 길어지면서 수면의 질도 나아진 것으로 드러났다. 같은 해에 이루어진 별도의 연구에서는 인지 행동 요법을 시작한 사람들 중 50%는 더 이상 수면제를 복용할 필요를 느끼지 않는 결과가 나왔다. 이 연구들과 그 밖의 인지 행동 요법 연구들에서 나온 결과는 충분히 설득력이 있어, 미국국립보건원에서부터 〈컨슈머 리포트Consumer Reports〉에 이르기까지 다양한 기관과 조직이 인지 행동 요법을 불면증 치료의 첫 번째 단계로 추천하게 되었다.

잠에 굶주린 수병 번스에게 결국 도움을 준 것은 인지 행동 요법에 가까운 충고였다. 화면 밖의 의사는 번스에게 잠을 자지 못하는 것에 대해 염려하느라 쓰는 에너지를 심신을 편안하게 하는 능력을 개선하는 쪽으로 전환시킬 필요가 있다고 말한다. 의사는 "먼저 이것부터 해보세요. 심신을 편안하게 하는 것은 표적을 맞히는 것처럼 하나의 기술입니다. 능숙해지려면 연습과 집중과 더 많은 연습이 필요해요."라고 말한다. 그러고 나서 번스에게 점진적 이완 요법의 기본 방법을 가르친다. 먼저 발의 긴장을 풀어주라고 말한다. 그러고 나서 다리를 죽 뻗고 침대에 누우라고 한다. 그리고 찡그린 미간을 펴고 꽉 다문 턱을 풀면서 몸의 긴장을 푸는 행동을 계속한다. 이 모든 것은 마음을 잠에 대한 지나친 집착에서 해방시키기 위한 전략의 일환이다.

하지만 일부 불면증 환자는 이것과 같은 요법이 통하지 않는데, 그의 불면증은 마음이 스스로에게 압력을 가한 결과로 나타나는 것이 아니기 때문이다. 대신에 그것은 그저 노화 때문에 나타날 수 있다. 나이가 들면 수면의 구조에 미묘한 변화가 일어난다. 어른이 매일 밤 렘 수면에 쓰는 시간은 40세 무렵부터 줄어들기 시작한다. 그 무렵부터 뇌는 수면 패턴을 재조정하는 과정이 시작되면서 더 가벼운 수면 단계에 시간을 더 많이 쓰게 된다. 그래서 25세 때에는 개 짖는 소리가 들려도 아무 문제 없이 잘 수 있었지만, 이제는 신경이 쓰여 잠을 잘 수 없게 된다. 10여 년에 걸쳐 진행되는 이러한 변화의 효과는 50세가 되면 더욱 두드러지게 나타난다. 65세 무렵이 되면 대개 밤 9시쯤에 잠이 들었다가 새벽 3~4시경에 일어나는 패턴이 고정된다.

많은 노인이 불면증이라 부르는 것은 사실은 아주 오래된 생존 메커니즘일지도 모른다. 애틀랜타에 있는 에머리 대학의 인류학자 캐럴 워스먼Carol Worthman은 현대의 고요함과 푹신한 매트리스, 온도 조절 같은 편안한 환경은 잠이 항상 쉽게 와야 한다는 기대를

조반니 바티스타 피라네시, 〈잠자는 노인〉, 연도 미상
나이가 들면 수면의 구조에 미묘한 변화가 일어난다. 렘 수면에 쓰는 시간은 줄어들고, 더 가벼운 수면 단계에 쓰는 시간은 늘어나는 형태로 뇌는 수면 패턴을 재조정한다.

심어주었다고 주장한다. 하지만 우리 뇌의 설계는 침실의 안락한 환경을 따라잡지 못했다. 포식자를 위협할 날카로운 발톱이나 이빨이 없는 우리 조상은 한밤중에 몇 시간 동안 바닥에 누워 잘 때 가장 취약한 상태에 놓였다.

워스먼은 나이가 들면서 변하는 수면 패턴은 뇌가 우리가 집단을 이루어 살아가고 잠을 자길 기대한다는 것을 보여준다고 말한다. 이 개념을 설명하기 위해 그녀는 성인의 세 가지 기본 단계—십대, 중년, 노년—는 서로 큰 차이가 나는 수면 구조를 갖고 있다고 지적했다. 사춘기를 겪는 십대 청소년은 일찍 잠을 자기가 매우 어려운 반면, 아침에는 그럴 수만 있다면 10시가 넘어서까지 잠을 잔다. 반면에 할아버지와 할머니는 저녁 일찍 잠이 들지만, 한 번에 서너 시간 이상 잠자기가 어렵다. 중년은 대개 이 양 극단 사이의 중간에 해당하는 수면 패턴을 보이는데, 상황이 허락하면 일찍 잠자지만 필요하다면 밤을 새기도 한다. 이렇게 다양한 수면 패턴이 합쳐지면, 가족 중 누군가가 항상 깨어 있어 보초를 설 수 있다. 이러한 원시 시대의 시스템에서 나머지 가족만큼 빨리 움직일 수 없는 노인이 깊은 잠에 오래 빠지지 못하고 초조해하는 것은 일견 일리가 있어 보인다. 그들은 미지의 위험에 가장 취약한 대상이기 때문이다.

하지만 오늘날 보카러톤(미국 플로리다 주 팜비치 카운티에 있는 도시)의 아파트에서 살아가는 사람에게 이러한 생존 본능은 아무 도움이 되지 않는다. 미국국립수면재단이 2003년에 실시한 여론 조사에 따르면, 55~84세의 성인 10명 중 7명은 수면 문제를 자주 겪는다고 한다. 수면제나 수면무호흡 증후군 마스크가 해결책이 되지 않을 때, 남은 방법은 수면의학의 최신 분야뿐일지 모른다. 그것은 자연스럽게 편안한 잠을 자는 방법을 연구하는 과학이다.

12

온전한 잠에
이르는 길

● 그것은 성적을 올리기 위한 방법으로 시작되었다. 2003년 가을, 브라운 대학 2학년이던 제이슨 도나휴Jason Donahue는 거실에 앉아 심리학 강의를 막 듣고 돌아온 친구가 하는 이야기에 귀를 기울이면서 그가 배운 것을 함께 배우려고 노력했다. 그날, 강의실에서 교수는 수면 관성sleep inertia(흔히 수면 무력증으로 번역하지만, 여기서는 원뜻 그대로 번역한 수면 관성이 더 적절하다.—옮긴이)이란 개념에 대해 이야기했다. 대략적으로 설명하면, 특정 수면 단계에 있는 사람을 깨울 경우, 뇌에서 이루어지는 고등 기능에 해당하는 측면들—의사 결정, 중요한 사실 떠올리기, 신체의 움직임 정확하게 지시하기—이 제대로 기능하지 못한다는 것이다. 움직이는 물체에 관한 물리학 법칙과 마찬가지로 뇌는 현재 상태를 변화시키려는 움직임에 저항한다.

이 현상은 깊은 느린 파형 수면에 빠진 뇌를 갑자기 깨워 현실에서 살아가는 복잡한 상황에 맞닥뜨리게 했을 때 가장 두드러지게 나타난다. 논리는 흐릿해지고, 반응은 느려지며, 뇌는 대개 얼른 다시 잠으로 빠져들고 싶은 생각밖에 없다. 이 현상을 처음 발견한 과학자들은 이것을 '잠에 취한 상태sleep drunkenness'라 불렀다. 이것은 밤의 첫 단계에서 깊은 잠에 빠진 사람을 깨웠을 때 가장 극단적인 형태로 나타난다. 연구에 따르면, 이 수면 단계에서 깨어난 실험 참여자들은 주변 환경에 혼란을 느끼고 방향 감각도 잃어 침대 옆에 있던 램프를 집어들고 마치 그것이 전화기인 양 말을 하는 것과 기

헨리 메이닐 림, 〈잠자는 숲 속의 공주〉, 1899년
밤의 첫 단계에서 깊은 잠에 빠져 잠에 취한 상태일 때 갑자기 깨어난 사람은 정신이 흐릿하고 반응이 느리며, 얼른 다시 잠으로 빠져들고 싶은 생각밖에 없다.

묘한 행동을 보인다.

수면 관성은 항공 안전 분야에서 잘 알려진 고려 사항이다. 조종석에서 잠들었다가 갑자기 깨어난 파일럿이 잘못된 판단을 내리면 인명 손실을 초래할 수 있다. 2010년 5월, 인도의 저가 항공사인 에어 인디아 익스프레스의 여객기 기장 즐라트코 글루시카Zlatko Glusica는 승객 166명을 싣고 두바이에서 인도 남해안에 위치한 항구 도시 망갈로르로 비행하고 있었다. 파일럿 사이에서 망갈로르 공항은 짧은 활주로 때문에 착륙이 어려운 곳으로 악명이 높았다. 53세이던 글루시카는 비행 시간이 1만 시간을 넘은 베테랑이었다. 더 중요한 것은 이전에 망갈로르에 19번이나 착륙한 경험이 있다는 사실이었다. 조종석에서 회수한 음성 녹음에 따르면, 아라비아 해를 지나가는 세 시간 동안 거의 내내 글루시카는 코를 골았다. 보잉 737기가 활주로에 접근했을 때, 글루시카는 잠에서 깨어나 부기장에게서 조종간을 넘겨받았다. 글루시카가 그 과제를 안전하게 해낼 수 있는 상태가 아니었다는 사실은 금방 드러났다. 부기장은 진입 각도가 잘못되었으니 재상승하여 착륙을 다시 시도해야 한다고 반복해서 경고했다. 하지만 수면 관성 때문에 정신이 몽롱했던 글루시카는 위험 신호를 제대로 처리하지 못했고, 자신의 비행 경로를 그대로 고수했다. 조종석 녹음 장치에 기록된 마지막 소리는 활주로를 지나쳤다는 부기장의 다급한 목소리였다. 비행기는 착륙 지점을 지난 곳에 내려앉으면서 화염에 휩싸였다. 살아남은 사람은 8명뿐이었다.

한편, 브라운 대학에서 2학년 학생들은 아주 다른 상황에서 수면 관성 문제로 고민하고 있었다. 도나휴는 시험에 대비해 밤늦게까지 잠을 자지 않고 공부하다가 다음 날 아침에 정신이 몽롱한 상태로 일어나는 바람에 몇 시간 동안 제대로 집중을 할 수 없었던 때들을 떠올렸다. 전날 밤에 알았던 것들은 기억이 나지 않고, 시험 점수는 형편없이 나왔다. 거실에서 도나휴는 이상적인 순간에 잠에서 깨어날 수 있도록 수면 사이클을 완벽하게 조절하는 게 가능할까 생각하기 시작했다. 즉, 자신에게 가장 이득을 주는 방향으로 신체 리듬을 개조하는 방법을 찾으려고 한 것이다. 그는 전문 수면 연구소에서 흔히 볼 수 있는 거추장스러운 전선과 장비를 쓰지 않고, 휴대 가능하면서도 값싸게 수면 단계들을 추적하는 방법을 개발할 수 있는 사람을 찾으려고 애쓰면서 브라운 공과대학을 기웃거리기 시작했다. 그러다가 벤 루빈Ben Rubin을 만났다. 같은 2학년인 루빈은 뇌의 보이지 않는 활동을 포착하고, 그 정보를 이용해 삶에 도움을 준다는 개념에 흥미를 느꼈다.

도나휴와 루빈은 한 비즈니스 아이디어 대회에 참가해 받은 상금으로 수면 단계들을 추적하고 수면 사이클 중 최적의 순간에 깨우는 장비를 시제품으로 만드는 데 착수했다. 그들이 개발한 개념은 비교적 간단한 것이었다. 잠자는 동안에 이마 주위에 두른 뇌파 추적 모니터가 30초마다 뇌의 활동을 기록하면서 그 사람이 어떤 수면 단계에 있는지 평가한다. 사용자는 잠자러 가기 전에 다음 날 아침에 일어날 시간을 프로그래밍한다. 만약 일어나기 전에 새로운 하루로 부드럽게 전환하게 해주는 가벼운 수면 단계가 있다면, 정해놓은 시간에서 최대 30분 전에 경보가 울린다. 잠과 기상 사이에 벌어지는 마지막 대결에서 수면 관성을 피할 수 있다면 일찍 일어나는 쪽이 승리를 거둔다.

하지만 그 장비를 처음 사용한 사람들은 사용하고 나서 장비의 기능을 바라보는 시각이 바뀌었다. 그들은 전체 수면 시간과 매분 기록한 수면 사이클을 보자마자, 장비의 자명종 기능에는 더 이상 신경을 쓰지 않았다. 도나휴는 내게 "최초의 실험 참여자들은 우리 친구들이었는데, 몇몇은 밤 사이에 여덟 번이나 잠이 깨었는데도 전혀 기억하지 못한다는 사실에 대해 도저히 믿을 수 없다는 태도를 보였지요."라고 말했다. 잠의 질과 양을 추적하고 분석할 수 있다는 사실이 완벽한 시간에 깨어나는 것보다 훨씬 매력적으로 보였던 것이다. 도나휴와 루빈은 제도판으로 돌아가 데이터 수집에 초점을 맞추도록 장비의 설계를 다시 고쳤다.

6년 뒤, 그들은 그 장비를 상업용 제품으로 출시했다. 제오 개인 수면 코치Zeo Personal Sleep Coach라 부르는 이 장비는 눈썹 바로 위에 딱딱한 정사각형 플라스틱을 밀착시키는, 검은 천으로 된 헤드밴드를 착용하기만 하면 그 사람의 불가사의한 수면 시간을 알려주었다. 정사각형 플라스틱 안에는 뇌의 전기 활동과 눈의 측방 움직임을 포착하는 모니터가 3개 들어 있다. 이 모니터들은 수면의 생물학적 지표를 감시한다. 자명종 시계 역할도 하는 베이스 스테이션에 플러그로 연결시키면, 제오는 전날 밤의 수면을 정확하게 분석한 그래프를 보여준다. 그래프에 나타나는 수면 방추—2~3초 동안 빠르게 상승하고 하강하는 전압 버스트—는 그 사람이 약 90분간의 수면 사이클 중 가장 얕은 수면 단계에 있음을 알려준다. 길고 느린 파동은 가장 깊은 수면을 알려준다. 눈의 빠른 움직임과 함께 깨어 있는 상태와 같은 뇌파 활동은 그 사람이 꿈을 꾸고 있음을 말해준다. 제오 헤드밴드를 밤새도록 착용하고 잔 사용자는 예컨대 1시 45분부터 2시 10분 사이에 꿈을 꾸었거나 3시 30분과 한 시간 뒤에 잠시 잠을 깨었다는 사실을 정확하게 알 수 있다.

하지만 제오의 기능 중에서 혁명적인 것은 두 번째 기능이다. 제오는 깨어난 횟수와 깊은 수면에 쓴 시간, 잠잔 전체 시간을 고려하는 알고리듬을 사용해 매일 밤의 수면을 평가하여 ZQ라는 수치를 제시하는데, ZQ는 상상할 수 있는 최악의 수면에 해당하는 0에서부터 이상적인 수면인 120 사이의 값으로 표시된다. ZQ 평가가 도입되면서 잠은 데이터와 추적의 세계로 들어섰다. 계량화가 가능한 척도의 도입은 그 분야의 개선과 발전을 약속한다. 이제 수면은 콜레스테롤 수치나 몸무게, 혈압처럼 그 경로에 수치를 매겨 번역하는 게 가능해졌는데, 이것은 개인의 수면 개선을 향해 나아가는 데 도움을 주는 이정표를 제공한다. 시간이 지나면 사용자는 직관에 의존하지 않고도 어느 밤의 수면을 다른 밤의 수면과 비교할 수 있다. 루빈은 내게 "측정 자체가 최종 목표는 아닙니다. 달리기를 추적하는 것이건, 수면을 추적하는 것이건, 혹은 체중 감소를 추적하는 것이건 간에, 최종 목표는 개선이에요. 측정은 그것을 새로운 방법으로 할 수 있게 합니다."라고 말했다.

숫자는 거의 모든 사람이 원하지만 쉽사리 이루지 못하는 야망을 이루게 해주는 한 가지 방법이다. 우리는 모두 완전한 잠을 원한다. 하지만 그것을 이루는 것은 말처럼 쉽지 않다. 많은 연구는 사람들은 대체로 어느 날 밤에 잠을 어떻게 잤는지뿐만 아니라, 무엇이 잠을 더 잘 자게 하는지 판단하는 데 매우 서툴다는 사실을 보여주었다. 잠드는 데 걸린 시간을 정확하게 평가하거나 어느 밤의 수면을 다른 밤의 수면과 비교하는 것은 우리의 능력을 넘어서는 두 가지 재주이다. 수면과학은 짧은 역사 중 상당 기간 거의 아무런 지침도 제시하지 못했다. 연구자들이 수면무호흡 증후군이나 사건 수면 같은 장애에 집중함에 따라 수면의학 분야는 왜 어느 날 밤에 잠을 잘 잤는지보다 왜 잠을 잘 자지 못했는지 연구하는 데 더 많은 노력을 기울였다.

최근에 와서야 과학자들은 숙면의 밤을 만드는 요소들이 무엇인지 알아냈다. 잠이 들고 그 상태를 밤새도록 유지하는 것은 두 전선에서 벌어지는 전투와 비슷하다. 하나는 머릿속에서 일어난다. 베개에 머리를 누이는 시간과 첫 번째 수면 방추파를 내보내는 시간(뇌가 잠이 시작되었음을 알리는) 사이에 마음은 주변 환경과 일상사에 대한 관심을 내려놓아야 한다. 이 과정에서는 자신의 생각을 직접 통제하려는 노력을 포기하는 게 필요하다. 그와 동시에 뇌가 자신과 몸이 붙어 있다는 생각을 사실상 잊어버릴 정도로 몸이 편안해야 한다. 이 두 전선에서 뭔가 방해하는 것이 생기면, 그 결과는 불면증으로 나타나기 쉽다.

보통 사람들은 숙면에 이르는 이 두 갈래 길을 잘 알지 못한다. 대신에 많은 사람들은 자신과 숙면 사이에 놓여 있는 유일한 요소가 육체적 안락이라고 생각한다. 이 때문에 매트리스는 소비자들이 구입하는 가장 기본적인 제품이지만, 사람들이 오해하고 있는 게 아주 많은 제품이다. 많은 사람들은 자신이 어떤 것을 좋아하는지에 대해 어렴풋한 개념만 갖고 매트리스 매장으로 들어간다. 그러니 〈컨슈머 리포트〉에 올라오는 질문 중 새 침대를 사는 것에 관한 질문이 새 차를 구입하는 것에 관한 질문 다음으로 많은 것은 전혀 놀라운 일이 아니다.

가장 중요한 질문—침대는 딱딱한 것과 푹신한 것 중 어느 것이 좋은가—은 그 역사가 아주 오래되었고 중간에 혼란도 많았다. 예를 들면, 1833년에 〈더블린 페니 저널Doublin Penny Journal〉이라는 아일랜드 신문에 실린 기사에서 유명한 애버크롬비 박사the Celebrated Doctor Abercrombie라는 사람이 "우리가 눕는 매트리스나 침대는 약간 딱딱한 것이 좋다. 푹신한 침대만큼 건강에 나쁜 것도 없다. 푹신한 침대는 사람을 여성화시키고, 살을 물렁하고 축 늘어지게 만들며, 어떤 궁핍도 견뎌낼 수 없게 만든다."라고 주장했다. 1970년대와 1980년대에 딱딱한 매트리스에 대한 반란이 일어났는데, 물침대가 잠깐 인기를 얻은 것은 그 때문이다. 무겁고 누출 위험이 있는 이 매트리스의 판매량은 1988년에 380만 개를 기록하며 정점을 찍고 나서 그 후로는 급감했다. 그러자 물침대는 이름을 부양 매트리스flotation mattress로 바꾸어 달고 반전을 도모했지만, 판매를 다시 끌어올리기에는 역부족이었다. 2008년, 의학 학술지 〈스파인Spine〉에 실린 연구 결과는 딱딱한 침대 문제에 최종 결론을 내놓은 것처럼 보였다. 그 연구 결과는 딱딱한 매트리스에서 자는 사람이나 푹신한 매트리스에서 자는 사람이나 허리 통증을 느끼는 정도에 별 차이가 없다는 것이었다. 딱딱한 침대를 좋아하느냐 푹신한 침대를 좋아하느냐 하는 것은 어디까지나 개인적 취향일 뿐, 의학적으로 별 의미가 없다는 것이다.

사실, 여러분이 가장 편안하게 느끼는 침대는 여러분이 이미 누워 자고 있는 침대일 가능성이 높다. 일상적인 것을 선호하는 이러한 경향은 1950년대에 실시된 연구 조사에서 처음 확인되었다. 이 연구에서는 실험 참여자들에게 집에 있는 매트리스의 딱딱함 정도와 전반적인 수면의 질을 점수로 평가하게 했다. 그러고 나서 그들에게 사흘 밤 동안 실험실에 있는 세 종류의 매트리스—딱딱한 것과 푹신한 것과 그 중간의 것—에서 잠을 자게 했다. 실험이 끝난 뒤, 연구자들은 각 종류의 매트리스에 대한 만족도를 비교해보았다. 순위 평가에 가장 큰 영향을 미친 요인은 매트리스가 그 사람이 집에서 쓰는 것과 얼마나 비슷한가 하는 것이었다. 50년 뒤, 한 독일 병원 연구자들이 완벽한 매트리스를 찾는 데 나섰다. 그들은 반 세기 동안 축적된 수면 연구를 바탕으로 병원의 모든 환자에게 최대의 안락을 제공하는, 딱딱함의 정도가 이상적인 매트리스를 찾아낼 수 있을 것이라고 기대했다. 하지만 인체는 그들이 생각했던 것처럼 효율적이지 않았다. 그들은 "시험한 어떤 침대에 대해서도 보편적인 선호도 같은 것은 존재하지 않았다."라고 보고했다. 그리고 체념어린 어조로 이렇게 덧붙였다. "사람들은 각자 나름의 수면 패턴을 발전시키는 것으로 보인다. 이것은 실험 결과를 똑같은 사람하고만 비교할 수 있음을 의미한다." 1950년대에 한 연구 결과와 마찬가지로, 사람들은 가장 익숙한 것을 선호했다.

양질의 수면에 항상 편안한 표면이 필요한 것은 아니다. 1960년대 후반에 윌리엄 디멘트—기억하고 있을지 모르겠지만, 수면과학의 초기 역사에 등장했던 그 연구자—는 얼마 전에 최첨단 매트리스 시제품을 만든 회사로부터 연구 의뢰를 받았다. 매트리스 안에서는 아주 작은 세라믹 구슬 수십억 개 사이로 따뜻한 공기가 흘러 다녔다. 최종적인 효과는 가열한 진흙 쿠션 위에 누워 있는 듯한 느낌으로 나타났다. 디멘트는 나중에 "우리 연구소의 모든 사람은 그것이 평생 누워본 침대 중에서 가장 편안한 침대라는 데 의견이 일치했다."라고 언급했다. 그를 고용한 회사는 디멘트에게 수천 달러에 판매될 그 매트리스 위에서 잔 사람들이 이전의 매트리스와 비교해 얼마나 편안하게 잘 잤는지 평가해달라고 요구했다. 최종 결과를 더 극적으로 만들기 위해 디멘트는 자신의 실험에 세 번째 선택을 포함시키기로 결정했다. 세 번째 선택이란, 바로 아무것도 깔지 않은 콘크리트 바닥 위에서 자는 것이었다. 실험에 자원한 사람들은 세 곳 중 한 곳에서 하룻밤을 보냈고, 디멘트 팀은 나중에 그 결과를 평가했다. 디멘트는 "우리는 정말로 깜짝 놀랐다."라고 썼다. 수면의 질이나 전체 수면 시간은 세 표면 사이에 유의미한 차이가 전혀 없었다. 콘크리트 바닥에서 자건 최첨단 매트리스에서 자건,

실험에 참여한 사람들은 대체로 동일한 수면을 경험했다.

편안한 매트리스가 수면의 질에는 별 영향을 끼치지 않을지 몰라도, 침실은 수면의 질에 영향을 끼칠 수 있는 측면이 여러 가지 있다. 이러한 요소들을 모두 합친 전체 환경을 전문가들은 수면 위생이라 부른다. 대부분의 요소는 상식적인 것이다. 커피를 마시면 밤에 잠이 잘 오지 않는 사람이라면, 저녁에 커피를 마시는 건 당연히 좋지 않다. 잠들기 전에 술을 마시는 것 역시 현명한 행동이 아니다. 알코올은 잠이 빨리 드는 데 도움을 줄 수 있지만, 밤의 후반부에 그 대가를 치르게 한다. 몸이 알코올을 분해하는 동안 혈액 속의 알코올은 밤에 잠깐 깨는 횟수를 늘릴 수 있다. 이 과정은 혈중 알코올 농도가 0으로 돌아갈 때까지 계속되며, 따라서 우리 몸이 완전하고 깊은 잠에 빠지는 걸 방해한다.

일주기 리듬을 염두에 둔 습관을 몇 가지 발전시키면 쉽게 잠드는 데 큰 도움을 얻을 수 있다. 예를 들면, 몸을 자연광에 적당히 노출시키면, 몸이 밤낮의 순환 주기와 동조하는 데 도움이 되고, 뇌가 혈액 속에 멜라토닌 분비를 증가시키므로, 매일 밤 10시 무렵에 졸음이 오게 된다. 같은 이유로 밝은 빛—컴퓨터 화면이나 텔레비전에서 나오는 청백색 빛을 포함해—은 뇌를 속여 햇빛으로 인식하게 할 수 있다. 누워서 아이패드로 영화를 보는 것은 편안하고 즐거울지 모르지만, 화면에서 계속 나오는 밝은 빛은 일부 사람에게 그 후에 잠들기 더 어렵게 만들 수 있다. 그 밖에 수면 전문가들의 일반적인 충고 중에는 취침 시간을 일정하게 유지하고, 침실을 섹스나 수면 용도로만 사용하고, 잠자리에 눕기 약 30분 전에는 집 안의 조명을 어둡게 하는 것도 포함돼 있다.

최근의 연구 결과들은 체온도 숙면에 큰 역할을 한다는 것을 보여준다. 수면 방추 같은 뇌파 외에 잠의 시작을 알리는 생물학적 지표 한 가지는 심부 체온이 떨어지는 것이다. 그와 동시에 몸 주변부를 통해 열이 방출되면서 발과 손의 체온은 올라간다. 일부 사람들이 잠잘 때 발을 이불 밖으로 내밀길 좋아하는 이유는 이 때문이다. 우리 몸이 밤중에 열을 방출하는 경향은 일부 매트리스가 불편하다는 이야기를 듣는 한 가지 이유가 된다. 그런 매트리스에서 자면 더운 걸 느끼기 때문이다. 간단하게 설명하면, 일부 침대를 이루는 천과 물질은 몸에서 방출되는 열을 붙든다. 그 결과, 몸의 냉각을 막음으로써 침대가 찜통처럼 느껴질 수 있다. 대부분의 사람들은 밤 10시가 지나면 일주기 리듬 때문에 자연히 심부 체온이 내려간다. 이런 일이 일어나지 않으면 만성 불면증이 나타날 수 있다. 한 오스트레일리아 대학의 연구자들은 불면증 환자들은 잠들려고 할 때 잠을 잘 자는 사람들에 비해 심부 체온이 훨씬 높다는 사실을 발견했다.

몸의 냉각 과정을 돕는 것은 수면의 질을 자연스럽게 개선하는 방법이다. 프랑스 릴의 연구자들은 실험 참여자들이 자기 직전에 찬물로 샤워를 한다든가 하여 몸을 냉각시키면 잠이 더 빨리 들고 전반적인 수면의 질도 높아진다는 사실을 발견했다. 이 연구에서 양질의 수면을 가장 잘 예측하는 인자는 방 안의 온도를 16~19°C의 좁은 범위로 유지하는 것이었다. 이 범위보다 높거나 낮은 온도는 너무 더워서 몸을 뒤척이거나 추워서 몸을 떨게 해 숙면을 방해했다. 물론 이 연구는 실험 참여자들이 파자마 차림에 최소한 시트 한 장을 덮고 자는 조건에서 이루어졌다. 집요한 프랑스 연구자들은 알몸으로 자길 좋아하는 사람들에게 적절한 실내 온도도 조사했다. 그 결과는 30~32°C라는 훨씬 높은 온도 범위로 나타났다.

잠을 잘 자기 위해 육체적으로 할 수 있는 일은 체온을 낮추는 것만 있는 게 아니다. 운동량을 조금만 늘려도 잠드는 데 걸리는 시간과 잠든 상태를 유지하는 시간이 눈에 띄게 향상된다. 이것은 특히 나이가 많은 사람들에게 더 큰 효과가 있다. 임상적으로 우울증이 있는 남녀를 대상으로 한 연구에서 10주 동안 웨이트 트레이닝을 시켰더니 수면의 질이 크게 개선되는 결과가 나왔다. 주로 앉아 지내면서 수면 문제가 있는 성인을 대상으로 한 다른 연구에서는 4개월 동안 운동 요법을 따르게 했더니 잠들기까지 걸리는 시간이 크게 줄어들었다. 또, 한 흥미로운 연구에서 시애틀의 연구자들은 50세 이상의 과체중이나 비만인 여성 200여 명을 1년 동안 추적했다. 조사를 시작할 때, 이들 여성은 일주일 동안 가벼운 운동이나 심한 운동을 하는 시간이 평균 한 시간 미만이었다. 한 집단은 12개월 동안 운동 프로그램을 철저히 따르기로 동의했고, 나머지 사람들은 평소의 생활 방식 그대로 살아갔다. 1년 뒤, 운동을 한 사람들이 주로 앉아 지낸 사람들보다 수면의 질이 더 좋아졌다고 보고한 것은 조금도 놀라운 일이 아니었다. 하지만 운동을 한 여성들 사이에서도 수면의 질에 유의미한 차이가 나타났다. 매주 운동을 3시간 반 이상 한 사람들은 3시간 미만 운동한 사람보다 잠드는 데 어려움을 덜 겪었다.

얼핏 보면, 운동이 잠에 주는 혜택은 단순히 육체적 피로 때문인 것처럼 보인다. 실제로 잠을 가장 잘 잔 여성들은 운동을 가장 많이 한 사람들이었다. 아마도 몸의 에너지가 고갈되어 더 많은 잠이 필요했는지도 모른다. 하지만 잠과 운동 사이의 관계는 뇌가 겉으로 보이는 것처럼 단순하지 않음을 보여주는 또 하나의 사례이다.

뇌가 그 운동을 얼마나 힘들게 생각하느냐 하는 것이 격렬한 신체 활동을 하는 데 쓴 시간의 양보다 더 중요할지 모른다. 스위스 연구자들이 〈미국스포츠의학협회저널 *Journal of American College of Sports Medicine*〉에 발표한 연구는 스위스 대학생 약 900명을 대상으로 실험한 결과를 다루었다. 연구자들은 이 연구에 참여한 사람들이 각자 일주일 동안 운동을 얼마나 많이 했는지 추적했다. 또, 두 가지 설문 조사지도 작성하게 했다. 한 설문 조사에서는 잠을 얼마나 잘 잤는지 1~10점 사이의 점수로 평가하게 했다. 다른 설문 조사에서는 자신의 전반적인 건강 수준을 역시 1~10점 사이의 점수로 평가하게 했다. 그 결과를 분석했더니, 운동에 쓴 시간과 매일 밤 잠을 잘 잔 정도 사이에 아무런 연관 관계도 발견할 수 없었다.

하지만 학생들의 자기 평가는 놀라운 결과를 드러냈다. 자신의 건강이 좋지 않다고 평가한 학생들 중 약 5분의 1은 실제로는 전체 실험 참여자들 중에서 운동을 가장 많이 하는 부류에 속했다. 이들은 늘 운동을 했지만, 스스로는 운동을 충분히 하지 않는다고 생각했다. 이러한 지각은 잠으로 연결되었다. 이들은 다른 학생들보다 운동을 더 많이 했지만, 수면의 질이 평균 미만이라고 보고했다. 이들은 노력을 하면서도 그 보상을 얻지 못하고 있었다.

그 뒤를 이어 운동과 잠 사이의 관계는 단순히 몸의 피로 문제가 아님을 보여주는 다른 연구들이 계속 나왔다. 예를 들면, 한 연구는 석 달 조금 넘게 대학생들을 추적했다. 그 기간이 끝난 뒤, 연구자들은 학생들이 운동을 가장 많이 한 11일 동안과 가장 적게 한 11일 동안을 확인했다. 그런 다음, 육체적으로 녹초가 된 밤과 힘이 남아도는 밤에 수면의 질이 어떠했는지 비교해보았다. 논리적으로는 육체적으로 힘든 밤에 잠을 더 잘 잤을 것으로 여겨진다. 하지만 양자 사이에는 별 차이가 없었다. 연구자들은 개인의 활동 정도와 수면의 질 사이에는 아무 관계가 없음을 발견했는데, 이것은 운동만으로는 숙면이라는 답을 얻을 수 없음을 의미한다.

그런데 같은 연구는 뇌의 기묘한 성질을 한 가지 발견했다. 흥미롭게도, 실제로는 다른 실험 참여자들보다 운동을 적게 하는데도 자신의 건강이 좋다고 생각하는 실험 참여자들은 잠을 잘 잤다. 이

피에르 나르시스 게랭, 〈모르페우스와 이리스〉, 1811년
숙면의 비법은 그 어떤 이완 전략보다도 단순히 마음이
스스로를 방해하지 않도록 하는 데 있는지도 모른다.

들은 실제로 운동에 쓴 시간이 얼마든지 간에, 건강에 대한 염려를 불식시킬 수 있는 심리적 문턱을 넘기에 충분한 것처럼 보였다. 이들은 매일 밤 잠자리에 누울 때마다 자신의 운동 상태에 대한 염려를 하지 않았는데, 이것은 잠을 자는 데 방해가 되는 한 가지 요소를 제거해주었다. 이들은 자신의 몸이 적정 수준을 유지한다고 믿었고, 그에 따른 행동을 했다. 스위스 연구팀을 이끈 연구자는 〈뉴욕 타임스〉에 "사람의 생각이 행동보다 더 중요합니다."라고 말했다.

이 원리는 수면 개선을 위한 다른 전술들, 곧 전체의학holistic medicine이라는 일반적인 범주에 집어넣을 수 있는 전술들에도 적용된다. 요가, 침술, 마사지는 모두 수면 개선에 도움이 된다고 알려져 왔는데, 몸과 마음을 모두 편안하게 한다는 점이 한 가지 이유일 것이다. 각각의 활동에서 정신적 측면을 결코 간과해서는 안 된다. 한 연구에서는 실험 참여자들에게 일종의 호흡 운동을 하게 했다. 이것은 요가 강습에서 시체 자세를 배운 사람에게는 아주 익숙한 동작이다. 실험 참여자들은 매일 밤 눈을 감은 채 등을 바닥에 대고 누울 때, 호흡에 집중하라는 지시를 받았다. 그 상태에서 숨을 들이쉴 때마다 '들이쉬고'라는 단어를, 그리고 숨을 내뱉을 때마다 '내뱉고'라는 단어를 생각하면서 호흡에 집중한다. 이 방법은 불면증 치료를 위한 다른 종류의 이완 전략만큼 효과가 있는 것으로 입증되었다.

제오는 뇌파를 포착하여 그것을 매일 밤 사용자의 수면을 평가하는 숫자로 번역하는 최신 기술에도 불구하고, 그 효과는 이러한 정신적 기술과 동일한 일을 하는 데서 나오는 것인지도 모른다. 이 장비는 쉽게 이해할 수 있는 척도의 형태로 피드백을 제공함으로써 사용자에게 운 좋은 스위스 대학생들이 느꼈던 것과 똑같은 만족감을 주는지도 모른다. 그들은 실제로는 운동을 많이 하지 않았지만, 현실은 중요하지 않았다. 그들의 마음은 자신이 건강하다고 믿었고, 그래서 그에 따른 행동을 했다—그리고 잠을 잤다. 숙면의 비법은 단순히 마음이 스스로를 방해하지 않도록 하는 데 있는지도 모른다.

13

편안한 밤이
되길!

◉ 이 책을 쓰기 시작할 때, 내 마음속에는 이기적인 계획이 있었다. 수면과학의 모든 분야에 종사하는 전문가들을 면담하면서 이 책을 쓰다 보면, 나 자신의 몽유병 문제를 해결할 수 있을 것이라고 기대했다.

그러나 일은 내가 기대한 대로 굴러가지 않았다. 무더운 7월의 어느 날 오후, 내가 샌안토니오에 가서 겪은 일이 이 사실을 명백하게 보여준다. 나는 수면 연구에 평생을 바친 미국 내의 의사들과 연구자들, 학자들이 모이는 최대 규모의 연례 회의에 참석하기 위해 그곳을 방문했다. 미식축구 경기장 4개만 한 크기의 회의장 공간에는 사람의 수면에 영향을 미치는 제품들을 판매하는 부스들이 잔뜩 늘어서 있었는데, 상상 가능한 제품은 다 있는 것 같았다. 어떤 사람들은 뒤쪽에 공기 주머니들을 꿰매 붙인 티셔츠를 팔았는데, 그 티셔츠는 사람을 옆으로 드러누워 자게 함으로써 코골이를 방지하는 기능이 있다고 주장했다. 그 옆에는 발작 수면(기면증이라고도 함)과 그 밖의 장애가 있는 환자를 위한 약을 홍보하는 회사들의 부스가 죽 늘어서 있었다. 한 곳의 전시 공간은 아주 넓었는데, 한가운데에서 기다란 흰색 모자를 쓴 셰프가 따뜻한 땅콩 버터 쿠키를 굽고 있었다. 그리고 내 앞에는 선홍색 와이셔츠를 입은 마이크Mike라는 남자가 서 있었다.

마이크가 판매하는 제품은 전축 위에 커다란 유리병을 올려놓은 것처럼 보였다. 유리병 안에는 실물과 똑같이 생긴 플라스틱 쥐가 있었는데, 그 관자놀이에 전선이 붙어 있었다. 만약 실제 쥐라면, 이런 곳에서 그런 처지에 놓인 것을 분명히 싫어할 것이다. 이 장비의 목적은 사람이 전혀 간섭하지 않더라도, 쥐를 오랫동안 깨어 있게 하는 것이기 때문이다. 쥐를 잠들지 않게 하는 것은 생각보다 훨씬 어렵다. 마이크는 "거기에는 많은 노동이 필요합니다."라고 말했는데, 나는 그의 말을 의심하지 않는다. "대학 연구실에서는 대학원생들에게 쥐를 쿡쿡 쑤시게 하지요. 논문을 마치려면, 그 짓을 하루나 이틀, 어쩌면 사흘 동안 계속해야 해요."

마이크는 캔자스 주에 있는 피너클 테크놀로지라는 회사에서 일한다. 7500달러만 내면 내 앞에 있는 8400-K1-Bio 장비를 살 수 있다고 한다. 이 제품의 장점은 고통스러운 전기 충격(수면 박탈 실험의 데이터를 오염시킬 수 있는)을 사용하지 않고도 생쥐나 쥐를 계속 깨어 있게 하는 것이라고 마이크는 설명했다. 만약 쥐가 잠든다면, 그 머리에 붙어 있는 작은 신경 전달 물질 전선이 그것을 즉각 감지한다. 그러면 장비가 즉각 행동에 들어간다. 1초도 채 안 돼 플라스틱 쥐의 발 위에 있는 무거운 플라스틱 막대가 빙빙 돌기 시작하고, 쥐가 잠에서 깰 때까지 계속 그런다. 사람이 일일이 쥐를 쿡쿡 찌르지 않아도 된다.

그것은 원래의 의도보다 잠에 대해 더 많은 것을 알려주는 제품이었다. 그 장비를 보고 있는 동안 내 머릿속에 어떤 깨달음이 떠올랐다. 그것은 잠에 대해 더 많이 알수록 그 기묘함에 우리는 더 불안해진다는 것이다. 그 순간 이전까지는 나는 순전히 쥐의 수면을 박탈하기 위한 목적으로 만든 제품은 꿈에도 생각하지 않았다. 그리고 내가 이 책을 쓰기 시작하기 전에는 몽유병자가 살인을 할 수 있다거나, 중국인 수백만 명이 패스트푸드를 많이 먹고 비만과 관련된 수면 장애가 생기리라고 예상하는 회사들이 있다거나, 큰 인기를 끈 의약품이 사람에게 기억을 하기 어렵게 만듦으로써 효과를 나타낸다는 생각도 전혀 하지 않았을 것이다. 다양한 분야의 전문가들을 만나 수백 시간을 보내고, 엄청난 양의 연구 보고서를 읽은 뒤에도, 삶에서 아주 기묘한 부분을 차지하는 잠은 여전히 그 중요성 때문에 더욱 불가사의해 보인다. 마이크의 장비는 잠에는 아직도 수수께끼로 남아 있는 측면이 많고, 잠의 목적을 찾기 위해 기묘한 연구를 설계하는 연구자들도 더 많으며, 우리가 가능하리라고 생각하는 것보다 훨씬 많은 결과가 있음을 시사했다.

하지만 이 기묘한 세계에 대해 내가 새로 발견한 지식에는 긍정적인 면도 있다. 이제 잠에 대해 충분히 많은 것을 안 나는 나 자신의 상태를 개선하도록 노력할 수 있었다. 수면 문제가 있는 대부분의 사람들과 달리 나는 불면증 때문에 고민한 적은 없다. 대신에 내게 문제가 되었던 밤, 그리고 지금도 문제가 되고 있는 밤은 잠을 자면서 발로 차거나 이야기를 하거나 혹은 최악의 경우에는 꿈꾸는 상태에서 복도를 걸어다니는 밤이었다.

내가 세운 수면 개선 계획은 비교적 간단한 것이었다. 첫 번째 단계는 뇌파 추적 장비인 제오를 한 달 동안 사용하는 것이었다. 이 제품을 처음 시험한 사람들처럼 나 역시 밤중에 깨어난 시간에서부터 꿈을 꾸는 데 보낸 시간까지 밤에 잠을 잔 기록을 직접 내 눈으로 볼 수 있다는 사실에 끌렸다. 제오를 사용한 첫날 밤에 나의 ZQ 점수는 40점이었다. 완벽한 수면의 점수가 120점이니, 그 3분의 1에 불과한 점수였다. 나는 낮은 점수에 놀라지 않았다. 뇌파 모니터를 머리에 붙인 채 잔다는 사실을 감안하면 당연한 점수였다. 나는 수면 연구소에서 하룻밤을 보냈을 때에도 잠을 제대로 자지 못했다. 다음 날에는 헤드밴드가 조금 더 편안하게 느껴졌다. 아침에 일어났을 때, 나는 정상적인 밤을 보냈다는 사실을 직감했다. ZQ 점수는 68점으로 껑충 뛰었다. 장비는 내가 밤중에 여러 번 잠을 깼다고 알려주었지만, 나는 그런 기억이 전혀 남아 있지 않았다. 하지만 이제 이런 사실은 전혀 놀랍지 않았다. 나는 꿈을 꾸는 수면도 적당한 시간 동안 보냈다. 아침에 아내는 내가 잠결에 이야기를 하는 걸 들었다고 어렴풋하게 기억했지만, 정상에서 벗어나는 행동은 전혀 없었다.

그래도 나는 ZQ 점수를 최소한 100점 이상으로 끌어올리고 싶었다. 그렇게 하려면 숙면의 밤에 대해 내가 갖고 있는 개념을 바꾸어야 할지도 모른다. 나는 몇 달 동안 받은 모든 충고를 따르기 시작했다. 내 몸이 밤낮의 사이클과 동조하도록 돕기 위해 매일 아침 햇빛이 가장 잘 비치는 구석에서 아침을 먹기 시작했다. 그리고 요가 강습에 꼬박꼬박 출석했다. 잠자기 30분 전에는 집 안을 돌아다니면서 불을 껐다. 매일 밤 나는 제오 헤드밴드를 머리에 붙이고 자면서 결과를 추적했다. ZQ 점수는 꾸준히 올라갔는데, 68점에서 74점으로, 그 다음에는 곧장 88점으로 치솟았다.

그리고 94점에서 정점을 찍었다. 스스로 부여한 목표 점수인 100점에는 이르지 못했지만, 어느 모로 보나 수면의 질이 개선되었다는 사실에 만족했다. 아침에는 평소보다 훨씬 상쾌한 기분으로 일어났다. 열쇠를 놓아둔 장소나 치과에 가기로 한 날짜와 시간 같은 것을 기억하는 것도 이전보다 훨씬 쉬워졌다. 또, 맨해튼 도심으로 매일 지하철로 출퇴근하는 것도 이전보다 훨씬 편안하게 느껴졌다. 무엇보다 중요한 것은, 잠을 자는 내 몸을 잘 이해할 수 있게 된 것이다. 직장에서 스트레스를 많이 받은 하루를 보내고 돌아온 날에는 기묘하게도 얼른 자고 싶다는 기분이 든다. 무슨 이유에선지 나는 그런 날 밤은 잠자는 동안 말을 하거나 발로 차리란 걸 직감한다. 나는 이 사실에 맞서려고 하거나 더 나쁘게는 무시하려고 하지 않는다. 대신에 이제 나는 잠에 대해 충분히 많은 것을 알기 때문에, 그것을 막기 위해 내가 할 수 있는 일은 아무것도 없다는 사실을 받아들인다. 나는 소파에서 자기로 결정한다.

얼핏 보기에는 잠을 잘 잔다고 해서 삶에 무슨 변화가 일어날 것 같지는 않다. 무엇보다도 내가 잠결에 복도를 걷다가 벽에 부딪치거나, 더 심하게는 더 고통스러운 충돌을 겪지 않으리란 보장은 없다.

나는 오늘 밤에 잠결에 걸을 수도 있고, 다다음 주 화요일 밤에 잠결에 걸을 수도 있고, 혹은 다시는 그러지 않을 수도 있다. 이것은 잠의 퍼즐을 이루는 또 다른 조각이다. 하지만 비록 그 효과는 미미할지 몰라도, 인간의 가장 기본적인 요구에 여분의 시간과 관심을 쏟은 결과는 내가 낮에 활동하는 모든 순간에 영향을 미쳤다. 수면의 질이 개선되자 삶 자체도 개선되었다. 거기에 필요한 것은 이미 건강의 다른 측면에 기울이던 것과 똑같은 관심을 잠에도 쏟기만 하면 되었다. 매일 칠리치즈 프라이를 먹으면서 허리 사이즈를 그대로 유지하길 기대할 수 없는 것과 마찬가지로, 나는 하루에 몇 시간만 잠을 자고서 정상적으로 기능하길 기대할 수는 없다는 개념을 바탕으로 생활 패턴을 새로 조직했다. 내가 전문가들과 대화하면서 배운 가장 귀한 교훈은 잠을 잘 자려면 노력이 필요하다는 것이다.

빈센트 반 고흐, 〈별이 빛나는 밤〉, 1889년

그리고 그러한 노력은 기울일 만한 가치가 충분히 있다. 건강, 섹스, 대인 관계, 창조성, 기억— 우리를 우리답게 만드는 이 모든 것은 매일 밤 우리가 잠자는 시간에 달려 있다. 모든 동물에게 필요한 것을 무시한다면, 필요 없을지도 모르는 약에 의존하고, 충분히 다스릴 수 있는 건강 문제로 고생하고, 자녀를 수면 부족 상태의 삶으로 몰아넣어 그렇지 않아도 힘든 청소년기를 더욱 힘들게 만드는 상황에 빠질 수 있다. 그럼에도 불구하고, 사람들은 계속 잠을 망각하고, 간과하고, 뒤로 미룬다. 잠의 중요성을 깨닫는 데 도움을 주는 것이라면 그것이 무엇이건(운동이나 요법, 혹은 단순히 이것과 같은 책을 읽는 것 등 어떤 것이건), 필연적으로 우리를 더 개선되고 건강하고 창조적인 삶을 살아가도록 도와준다.

요컨대 잠은 여러분이 되길 원하는 사람이 되도록 도와준다. 여러분이 해야 할 일은 그저 눈을 감기만 하면 된다.

감사의 말

이 책은 내가 잠을 자다가 다치는 바람에 세상에 나오게 되었다. 그 날 밤 이후에 내게 일어난 일들은 모두 몽유병이 인생의 행복한 사건이 될 수도 있음을 보여준다.

나는 부부 에이전트인 래리 와이스먼Larry Weissman과 새샤 앨퍼 Sascha Alper를 필두로 현명하고 헌신적인 사람들과 함께 일을 하는 행운을 누렸다. 두 사람은 그들의 거실에서 함께 술을 마시면서 기획안의 뼈대를 만드는 것에서부터 최종 원고의 수정에 대해 자세한 이야기를 나누는 것에 이르기까지 그 모든 과정에서 나를 차분하게 인도했다. 그 과정에서 이 계획에 대한 신념과 열정이 조금이라도 흔들리는 모습은 전혀 보이지 않았다. 어느 날 밤, 함께 파크 슬로프를 걸을 때, 래리는 책을 처음 내면서 조바심치는 저자에게 꼭 필요한 충고를 했다. "데이브, 책을 내는 것은 마라톤이라는 사실을 기억하세요." 그 충고를 마음에 깊이 새기고 나니, 원고를 쓰는 것이나 자료 조사 문제를 비롯해 모든 일을 충분히 감당할 수 있었다.

노턴 출판사의 담당 편집자인 질 바이앨로스키Jill Bialosky 역시 하늘이 내린 축복이었다. 그녀는 초고를 검토하면서 능숙한 솜씨로 어떤 부분이 좀더 덧붙일 필요가 있고, 어떤 부분이 고칠 필요가 있으며, 어떤 부분을 쳐내야 할지 판단했다. 실력이 뛰어난 시인이자 저자인 질은, 뉴욕으로 가서 책을 출판하겠다는 황당한 생각을 가진 사람이라면 누구나 만나길 꿈꾸는 바로 그런 편집자이다. 그녀의 노력 덕분에 이 책은 헤아릴 수 없을 정도로 크게 개선되었다. 질의 조수인 앨리슨 리스Alison Liss는 두 번째 원고 수정 과정을 맡아 현명한 도움을 주었다. 덕분에 나는 한 명분의 인건비로 두 편집자의 도움을 받는 혜택을 누렸다.

이 프로젝트에 관여해 시간을 내준 노턴 출판사의 나머지 사람들에게도 감사드린다. 엘린 청Eleen Cheung은 아름다운 표지를 만들었고, 교열 담당자인 메리 뱁콕Mary Babcock은 내 글을 우아하게 다듬고, 내가 저지른 창피스러운 실수를 많이 바로잡아 주었다. 그리고도 남은 실수가 있다면, 그것은 온전히 내 책임이다.

이 책을 쓰기 위해 자료 조사를 하면서 많은 문을 두드렸는데, 많은 사람들이 기꺼이 도움을 주려고 한 헌신적인 태도에 항상 놀랐다. 면담한 사람들은 관대하게도 자신의 시간을 내주었고, 신경과학에서부터 가구의 역사에 이르기까지 광범위한 분야에 걸친 개념들을 인내심을 가지고 설명해주었다. 모든 기자가 나만큼 운이 좋다면!

조사 도중에 만난 친구들과 스승들이 없었더라면, 나는 감사의 말을 쓸 수조차 없었을 것이다. 매튜 크래프트Matthew Craft, 조이스 미켁Joyce Macek, 잭 오맬리 그린버그Zack O'Malley Greenburg, 존 브루너 Jon Bruner, 애셔 호킨스Asher Hawkins, 팀 스텔로Tim Stelloh, 앨런 양Alan Yang, 더크 스마일리Dirk Smillie, 조너선 패히Jonathan Fahey, 미셸 콘린 Michelle Conlin, 로리 버킷Laurie Burkitt은 조언을 주고, 아이디어를 제공하고, 보고에 도움을 주고, 그때 내가 작업하는 주제가 무엇이건 내가 주절거리는 이야기를 시간을 내서 들어주었다. 메리 엘런 이건Mary Ellen Egan, 닐 와인버그Neil Weinberg, 래리 레이브스타인Larry Reibstein, 케빈 싱클Kevin Shinkle, 제니퍼 메릿Jennifer Merritt은 내가 일자리를 정상적으로 유지하면서 책을 쓸 수 있도록 비상한 노력을 기울였다.

우리 집안 사람들은 대부분 교육에 종사하고 있기 때문에, 만약 오늘날의 나를 만들어낸 선생님들의 노고에 감사를 표시하지 않는다면, 용서받을 수 없는 죄를 저지르는 셈이다. 고등학교 때 저널리즘을 가르친 로버트 에어스Robert Ayres 선생님은 요구하는 게 많았고 자기 의견을 굽히지 않았으며 퉁명스러웠는데, 그 덕분에 나는 더 훌륭한 작가이자 사상가가 될 수 있었다. 윌리엄 세린William Serrin, 브룩 크로거Brooke Kroeger, 로버트 보인턴Robert Boynton, 크레이그 울프

Craig Wolff, 마이클 노먼Michael Norman은 뉴욕 대학의 저널리즘 과정을 내가 한 투자 중 최고의 투자로 만들었다. 그리고 〈뉴욕 타임스〉의 내 담당 편집자인 디에고 리바데네이라Diego Ribadeneira는 아주 모호한 장소에서 강렬한 이야기를 찾는 법을 가르쳐주었다. 내가 외바퀴자전거를 타는 사람, 개 공원, 박물관에서 잠이 드는 사람들에 대한 글을 쓴 것은 그 덕분이라고 자랑스럽게 말할 수 있다.

마지막으로, 내 가족들에게 큰 고마움을 표시하고 싶다. 앤서니 페트리지오Anthony Petrizio와 메리앤 페트리지오Maryanne Petrizio 부부, 로버트 스콧Robert Scott과 지나 스콧Gina Scott 부부, 라이언 랜들Ryan Randall은 소중한 친절과 격려를 제공했다. 내 부모인 케네스 랜들Kenneth Randall과 다이앤 랜들Diane Randall은 집 안 어디에나 책이 쌓여 있는 환경을 제공함으로써 내가 작가가 되는 길을 열어주었다. 그들의 사랑과 지원에 대해 앞으로도 늘 감사할 것이다.

물론 가장 깊은 감사는 내 아내이자 가장 좋은 친구인 미건Megan에게 돌려야 마땅하다. 미건은 이 책에 실린 모든 단어(그리고 실리지도 않은 수많은 단어들 역시)를 수없이 읽었다. 이 프로젝트가 성공할 수 있었던 것은 늘 변함없는 그녀의 지원과 통찰이 있었기 때문이다. 미건은 밤중에 습관적으로 그녀를 발로 걷어차는 사람 곁에서 늘 함께 자주는 천사 같은 매력을 보이면서 이 모든 일을 해냈다. 내가 간절히 원하지만 감히 청하기 어려운 도움을 기꺼이 제공한 것이다.

참고 문헌

1. 나는 어젯밤에 네가 한 일을 알고 있다

Basner, Mathias, and David F. Dinges. "Dubious Bargain: Trading Sleep for Leno and Letterman." *Sleep*, vol. 32, June, 2009.

Dement, William C., and Christopher Vaughan. *The Promise of Sleep: A Pioneer in Sleep Medicine Explores the Vital Connection between Health, Happiness, and a Good Night's Sleep*. New York: Delacorte Press, 1999.

Dreifus, Claudia. "Eyes Wide Shut: Thoughts on Sleep." *New York Times*, October 23, 2007.

Everson, C. A., B. M. Bergmann, and A. Rechtschaffen. "Sleep Deprivation in the Rat: III. Total Sleep Deprivation." *Sleep*, vol. 12, February, 1989.

Gillin, J. Christian. "How Long Can Humans Stay Awake?" *Scientific American*, March 25, 2002.

Max, D. T. *The Family That Couldn't Sleep*. New York: Random House, 2006.

Palmer, Brian. "Can You Die from a Lack of Sleep?" *Slate*, May 11, 2009.

Pressman, Mark R. "Sleepwalking Déjà Vu." *Sleep*, vol. 32, December, 2009.

Rattenborg, N. C., S. L. Lima, and C. J. Amlaner. "Half-Awake to the Risk of Predation." *Nature*, vol. 397, February 4, 1999.

Stickgold, Robert. "Neuroscience: A Memory Boost While You Sleep." *Nature*, vol. 444, November 30, 2006.

Vyazovskiy, Vladyslav V., Umberto Olcese, Erin C. Hanlon, Yuval Nir, Chiara Cirelli, and Giulio Tononi. "Local Sleep in Awake Rats." *Nature*, vol. 472, April 28, 2011.

2. 사라진 두 번째 잠

Akerstedt, T., and M. Gillberg. "A Dose-Response Study of Sleep Loss and Spontaneous Sleep Termination." *Psychophysiology*, vol. 23, May, 1986.

Arimura, M. "Sleep, Mental Health Status, and Medical Errors among Hospital Nurses in Japan." *Industrial Health*, vol. 48, November, 2010.

Barger, Laura K., Brian E. Cade, Najib T. Ayas, John W. Cronin, Bernard Rosner, Frank E. Speizer, and Charles A. Czeisler. "Extended Work Shifts and the Risk of Motor Vehicle Crashes among Interns." *New England Journal of Medicine*, vol. 352, January 13, 2005.

Chepesiuk, R. "Missing the Dark: Health Effects of Light Pollution." *Environmental Health Perspectives*, vol. 117, January, 2009.

Ekirch, A. Roger. *At Day's Close: Night in Times Past*. New York: W. W. Norton, 2005.

Fox, Karen. "Sleeping the Sleep of Our Ancestors." *Science*, vol. 262, no. 5137, November 19, 1993.

Goodman, Al. "Snoring to Success in Spain's First National Siesta Championship." *CNN World*, October 15, 2010.

Hathaway, Warren E. "Effects of School Lighting on Physical Development and School Performance." *Journal of Educational Research*, vol. 88, March/April, 1995.

McLean, Renwick. "For Many in Spain, Siesta Ends." *New York Times*, January 1, 2006.

Ohayon, M. M., M. H. Smolensky, and T. Roth. "Consequences of Shiftworking on Sleep Duration, Sleepiness, and Sleep Attacks." *Chronobiology International*, vol. 27, May, 2010.

Stross, Randall E. *The Wizard of Menlo Park: How Thomas Alva Edison Invented the Modern World*. New York: Crown, 2007.

U. S. Chemical Safety and Hazard Investigation Board. *Investigation Report: Refinery Explosion and Fire*. Report no. 2005-04-I-TX. March 2007.

Wehr, Thomas A. "In Short Photoperiods, Human Sleep Is Biphasic." *Journal of Sleep Research*, vol. 1, June, 1992.

3. 침대를 따로 쓰는 게 좋을까?

"Bed Sharing 'Bad for Your Health.' " BBC News, September 9, 2009.

Coontz, Stephanie. *Marriage: A History from Obedience to Intimacy, or How Love Conquered Marriage*. New York: Viking Adult, 2005.

Halliday, Stephen. "Death and Miasma in Victorian London: An Obstinate Belief." *British Medical Journal*, vol. 323, December 22, 2001: 1469~1471.

Hinds, Hilary. "Together and Apart: Twin Beds, Domestic Hygiene and Modern Marriage, 1890~1945." *Journal of Design History*, vol. 23, no. 3, 2010.

Meadows, Robert. "The 'Negotiated Night': An Embodied Conceptual Framework for the Sociological Study of Sleep." *Sociological Review*, vol. 53, no. 2, May, 2005: 240~254.

Mondello, Bob. "Remembering Hollywood's Hays Code, 40 Years On." *All Things Considered*, NPR, August 12, 2008.

Rosenblatt, Paul C. *Two in a Bed: The Social System of Couple Bed Sharing*. Albany: State University of New York Press, 2006.

Rozhon, Tracie. "To Have, Hold and Cherish, until Bedtime." *New York Times*, March 11, 2007.

Troxel, W. M. "It's More than Sex: Exploring the Dyadic Nature of Sleep and It's Implications for Health." *Psychosomatic Medicine*, vol. 72, no. 6, July/August, 2010.

Troxel, W. M., D. J. Buysse, M. Hall, and K. A. Matthews. "Marital Happiness and

Sleep Disturbances in a Multi-Ethnic Sample of Middle-Aged Women." *Behavioral Sleep Medicine*, vol. 7, no. 1, 2009.

Troxel, W. M., T. Robles, M. Hall, and D. J. Buysse. "Marital Quality and the Marital Bed: Examining the Covariation between Relationship Quality and Sleep." *Sleep Medicine Reviews*, vol. 11, October, 2007.

Weiner, Stacy. "Estranged Bedfellows." *Washington Post*, January 10, 2006.

4. 아기와 부모가 모두 편하게 잠을 자려면

Blum, David. "When Lullabies Aren't Enough: Richard Ferber." *New York Times Magazine*, October 9, 1994.

Brown, Charity M. "Women Are More Likely Than Men to Give Up Sleep to Care for Children and Others." *Washington Post*, February 14, 2011.

Burgard, Sarah. "The Needs of Others: Gender and Sleep Interruptions for Caregivers." *Social Forces*, vol. 89, no. 4, June, 2011.

Ferber, Richard. *Solve Your Child's Sleep Problems*. New York: Fireside, 1986.

Gomez, Mark. "Debate Rages over Having Babies Sleep with Parents." *San Jose Mercury News*, July 4, 2010.

Huang, Xiao-na. "Co-sleeping and Children's Sleep in China." *Biological Rhythm Research*, vol. 41, no. 3, 2010.

McKenna, James J., Helen L. Ball, and Lee T. Gettler. "Mother–Infant Cosleeping, Breastfeeding and Sudden Infant Death Syndrome: What Biological Anthropology Has Discovered about Normal Infant Sleep and Pediatric Sleep Medicine." *American Journal of Physical Anthropology*, vol. 134, November, 2007.

Meltzer, Lisa J., and Jodi A. Mindell. "Impact of a Child's Chronic Illness on Maternal Sleep and Daytime Functioning." *Archives of Internal Medicine*, vol. 166, September 18, 2006.

Meltzer, Lisa J., and Jodi A. Mindell. "Relationship between Child Sleep Disturbances and Maternal Sleep, Mood, and Parenting Stress: A Pilot Study." *Journal of Family Psychology*, vol. 21, March, 2007.

Mindell, J. A., A. Sadeh, J. Kohyama, and T. H. How. "Parental Behaviors and Sleep Outcomes in Infants and Toddlers: A Cross-Cultural Comparison." *Sleep Medicine*, vol. 11, April, 2010.

Mindell, Jodi A., Lorena S. Telofski, Benjamin Wiegand, and Ellen S. Kurtz. "A Nightly Bedtime Routine: Impact on Sleep in Young Children and Maternal Mood." *Sleep*, vol. 32, May, 2009.

Rudd, Matt. "Move over, Darling—Preferably Right into the Other Bedroom: A Study Says the Best Way for a Couple to Get a Good Night's Rest Is to Sleep Apart."

Sunday Times (London), September 13, 2009.

Seabrook, John. "Sleeping with the Baby." *New Yorker*, November 8, 1999.

Sobralske, Mary C. "Risks and Benefits of Parent/Child Bed Sharing." *Journal of the American Academy of Nurse Practitioners*, vol. 21, September, 2009.

Solter, Aletha. "Crying for Comfort: Distressed Babies Need to Be Held." *Mothering*, no. 122, January/February, 2004.

Stearns, Peter N., Perrin Rowland, and Lori Giarnella. "Children's Sleep: Sketching Historical Change." *Journal of Social History*, vol. 30, Winter, 1996.

Weissbluth, Marc. *Happy Sleep Habits, Happy Child*. New York: Ballantine Books, 1987.

5. 꿈의 의미

Barrett, Deidre, and Patrick McNamara, eds. *The New Science of Dreaming*. Vol. 3: *Cultural and Theoretical Perspectives*. Westport, CT: Praeger, 2007.

Berlin, K. L. "Nightmare Reduction in a Vietnam Veteran Using Imagery Rehearsal Therapy." *Journal of Clinical Sleep Medicine*, vol. 6, October, 2010.

Blagrove, M., J. Henley-Einion, A. Barnett, D. Edwards, and C. Heidi Seage. "A Replication of the 5~7 Day Dream-Lag Effect with Comparison of Dreams to Future Events as Control for Baseline Matching." *Consciousness and Cognition*, vol. 20, no. 2, June, 2010.

Dement, W. C. "Recent Studies on the Biological Role of Rapid Eye Movement Sleep." *American Journal of Psychiatry*, vol. 122, no. 4, October, 1965.

Dement, William C., and Christopher Vaughan. *The Promise of Sleep: A Pioneer in Sleep Medicine Explores the Vital Connection between Health, Happiness, and a Good Night's Sleep*. New York: Delacorte Press, 1999.

Dixit, Jay. "Dreams: Night School." *Psychology Today*, vol. 40, no. 5, November/December 1, 2007.

Empson, Jacob. *Sleep and Dreaming*. New York: Harvester Wheatsheaf, 1993.

Freud, Sigmund. *The Interpretation of Dreams*. Joyce Crick, trans. New York: Oxford University Press, 1999.

Gottesmann, Claude. "Discovery of the Dreaming Sleep Stage: A Recollection." *Sleep*, vol. 32, January, 2009.

Hall, C. S. "A Cognitive Theory of Dream Symbols." *Journal of General Psychology*, vol. 48, 1953.

Jouvet, M. "Paradoxical Sleep: A Study of Its Nature and Mechanisms," in K. B. Akert, C. Bally, J. P. Schadé, eds. *Sleep Mechanisms. Progress in Brain Research*, vol. 18. Amsterdam: Elsevier, 1965.

Mautner, B. "Freud's Irma Dream: A Psychoanalytic Interpretation." *International*

Journal of Psychoanalysis, February, 1991.

Murphy, Kate. "Take a Look inside My Dream." *New York Times,* July 9, 2010.

Nielsen, T. A., D. Kuiken, G. Alain, P. Stenstrom, and R. A. Powell. "Immediate and Delayed Incorporations of Events into Dreams: Further Replication and Implications for Dream Function." *Journal of Sleep Research,* vol. 13, no. 4, December, 2004.

Pick, Daniel, and Lyndal Roper, eds. *Dreams and History: The Interpretation of Dreams from Ancient Greece to Modern Psychoanalysis.* New York: Brunner-Routledge, 2004.

Reed, Charles F., Irving E. Alexander, and Silvan S. Tomkins, eds. *Psychopathology: A Source Book.* Boston: Harvard University Press, 1958.

Rock, Andrea. The Mind at Night: *The New Science of How and Why We Dream.* New York: Basic Books, 2004.

6. 잠은 마음이 문제를 해결하는 시간

Callaway, Ewen. "Dreams of Doom Help Gamers Learn: The Dreams of Video Game Players Suggest That Nocturnal Visions Have a Practical Role: Helping Us to Learn New Skills." *New Scientist,* vol. 15, November, 2009.

Dement, William C. *Some Must Watch while Some Must Sleep.* San Francisco: San Francisco Book Company, 1976.

Durrant, S. J., C. Taylor, S. Cairney, and P. A. Lewis. "Sleep-Dependent Consolidation of Statistical Learning." *Neuropsychologia,* vol. 49, April, 2011.

Galenson, David. "Innovators: Songwriters." *NBER Working Paper* no. 15511. Cambridge, MA: National Bureau of Economic Research, November 2009.

Hoffman, Jascha. "Napping Gets a Nod at the Workplace." *Business Week,* August 26, 2010.

Horne, Jim. *Sleepfaring: A Journey through the Science of Sleep.* Oxford: Oxford University Press, 2006.

Louie, K., and M. A. Wilson. "Temporally Structured REM Sleep Replay of Awake Hippocampal Ensemble Activity." *Neuron,* vol. 29, January, 2001.

Mednick, Sarnoff A. "The Associative Basis of the Creative Process." *Psychological Review,* vol. 69, no. 3, 1962.

Mednick, S. C., S. P. A. Drummond, G. M. Boynton, E. Awh, and J. Serences. "Sleep-Dependent Learning and Practice-Dependent Deterioration on an Orientation Discrimination Task." *Behavioral Neuroscience,* vol. 122, April, 2008.

Mednick, S. C., J. Kanady, D. Cai, and S. P. A. Drummond. "Comparing the Benefits of Caffeine, Naps and Placebo on Verbal, Motor, and Perceptual Memory." *Behavioral Brain Research,* vol. 3, November, 2008.

Mollicone, D. J., H. Van Dongen, and D. F. Dinges. "Optimizing Sleep/Wake Schedules in Space: Sleep during Chronic Nocturnal Sleep Restriction with and without Diurnal Naps." *Acta Astronautica*, vol. 60, February~April, 2007.

Moorcroft, William H. *Sleep, Dreaming and Sleep Disorders: An Introduction*. Laham, MD: University Press of America, 1993.

Pierre, Maquet, and Ruby Perrine. "Insight and the Sleep Committee." *Nature*, vol. 427, January 22, 2004.

Povich, Shirley. "The 1964 U. S. Open: Victory in the Heat of Battle." *Washington Post*, June 11, 1997.

Stickgold, Robert. "A Few Minutes of Shut-Eye at Work Could Be Good for Business." *Harvard Business Review*, vol. 87, no. 10, 2009.

Stickgold, Robert, April Malia, Denise Maguire, David Roddenberry, and Margaret O'Connor. "Replaying the Game: Hypnagogic Images in Normals and Amnesics." *Science*, vol. 13, October 2000.

Tucker, Matthew A., and William Fishbein. "Enhancement of Declarative Memory Performance following a Daytime Nap Is Contingent on Strength of Initial Task Acquisition." *Sleep*, vol. 31, February, 2008.

Tupper, Fred. "Lema Takes British Open Golf with 279, Beating Nicklaus by Five Strokes." *New York Times*, July 11, 1964.

Wagner, U., S. Gais, H. Haider, R. Verleger, and J. Born. "Sleep Inspires Insight." *Nature*, vol. 427, January 2, 2004.

Walker, Matthew P. "Sleep to Remember." *American Scientist*, vol. 94, no. 4, July/August, 2006.

Walker, Matthew P., Tiffany Brakefield, Alexandra Morgan, J. Allan Hobson, and Robert Stickgold. "Practice with Sleep Makes Perfect: Sleep-Dependent Motor Skill Learning." *Neuron*, vol. 35, July 3, 2002.

Wilson, M. A. "Hippocampal Memory Formation, Plasticity, and the Role of Sleep." *Neurobiology of Learning and Memory*, vol. 78, November, 2002.

7. 'Z' 무기

Armstrong, Benjamin. "Are We Driving the Ship Drunk?" *Proceedings* (U. S. Naval Institute), vol. 136, no. 2, February, 2010.

Balkin, Thomas. "Managing Sleep and Alertness to Sustain Performance in the Operational Environment." Presentation notes, NATO, Nevilly-sur-Seine, France, 2005.

Berthoz, Alian. *Emotion and Reason: The Cognitive Neuroscience of Decision Making*. Oxford: Oxford University Press, 2003.

Committee on Military Nutrition Research, Food and Nutrition Board, Institute of Medicine. *Caffeine for the Sustainment of Mental Task Performance: Formulations for Military Operations*. Washington, D. C.: National Academy Press, 2001.

Driskell, James E., and Brian Mullen. "The Efficacy of Naps as a Fatigue Countermeasure: A Meta-Analytic Integration." *Human Factors*, vol. 47, no. 2, Summer, 2005.

Halbfinger, David M. "Hearing Starts in Bombing Error That Killed 4." *New York Times*, January 15, 2003.

Harrison, Yvonne, and James Horne. "The Impact of Sleep Deprivation on Decision Making: A Review." *Journal of Experimental Psychology: Applied*, vol. 6, no. 3, 2000.

"Information Paper: DARPA's Preventing Sleep Deprivation Program." Published on DARPA website (www.dtic.mil/cgi-bin/GetTRD?AD=ADA521349&Location=U2 &doc=GetTRD.doc.pdf), October 2007.

Jaffe, Greg. "Marching Orders: To Keep Recruits, Boot Camp Gets a Gentle Revamp; Army Offers More Support, Sleep, Second Helpings; Drill Sergeants' Worries; 'It Would Look So Much Nicer.' " *Wall Street Journal*, February 15, 2006.

Kennedy, Kelly. "Sleep Starved." *Army Times*, May 19, 2006.

Khatchadourian, Raffi. "The Kill Company." *New Yorker*, July 6, 2009.

Killgore, William D., Arthur Estrada, Tiffany Rouse, Robert M. Wildzunas, and Thomas J. Balkin. *Sleep and Performance Measures in Soldiers Undergoing Military Relevant Training*. Fort Rucker, AL: U. S. Army Aeromedical Research Laboratory, Warfighter Performance and Health Division, June, 2009.

Killgore, William D. S., Sharon A. McBride, Desiree B. Killgore, and Thomas J. Balkin. "The Effects of Caffeine, Dextroamphetamine, and Modafinil on Humor Appreciation During Sleep Deprivation." *Sleep*, vol. 29, June, 2006.

Kushida, Clete A. *Sleep Deprivation: Basic Science, Physiology and Behavior*. New York: Marcel Dekker, 2005.

Laurence, Charles. "Ready for War in 2005: The Soldier Who Never Sleeps." *Daily Telegraph*, January 5, 2003.

Lehrer, Jonah. *How We Decide*. New York: Houghton Mifflin Harcourt, 2009.

Martz, Ron. "War Story: GI Joe." *Atlanta Magazine*, March 2008.

Mestrovic, Stjepan. *The Good Soldier on Trial: A Sociological Study of Misconduct by the U. S. Military Pertaining to Operation Iron Triangle, Iraq*. New York: Algora, 2009.

Miller, N. L., and R. Firehammer. "Avoiding a Second Hollow Force: The Case for Including Crew Endurance Factors in the Afloat Staffing Policies of the U. S. Navy." *Naval Engineers Journal*, vol. 119, no. 1, 2007.

Miller, N. L., P. Matsangas, and L. G. Shattuck. "Fatigue and Its Effect on Performance in Military Environments," in P. A. Hancock and J. L. Szalma, eds., *Performance under Stress*. Burlington, VT: Ashgate, 2007.

Miller, Nita Lewis, and Lt. John Nguyen. "Working the Nightshift on the USS John C. Stennis: Implications for Enhancing Warfighter Effectiveness." Conference paper, Human Systems Integration Symposium, Vienna, VA, May 1, 2003.

Robson, Seth. "In Video, Leahy Tells of Shooting Iraqi Detainees." *Stars and Stripes*, February 20, 2009.

Robson, Seth. "Report: Troops Need More Sleep." *Stars and Stripes*, March 17, 2009.

Scott, William B. "Crew Fatigue Emerging as Critical Safety Issue." *Aviation Week and Space Technology*, April 8, 1996.

Shanker, Thom, with Mary Duenwald. " 'Go Pills' Center-Stage at U. S. Pilots' Hearing: Effect of Amphetamine Use Is Murky." *International Herald Tribune*, January 20, 2003.

Shay, Jonathan. "Ethical Standing for Commander Self-Care: The Need for Sleep," *Parameters* (U. S. Army War College), vol. 28, no. 2, Summer, 1998.

Smith, Elliot Blair. "Fatigue a Formidable Enemy within the Ranks: Sleep Deprivation Taking Toll on Troops, So Weary Warriors Catch Catnaps When and Where They Can." *USA Today*, March 28, 2003.

Squeo, Anne Marie, and Nicholas Kulish. "A Growing Threat to Troops in Iraq: Sleep Deprivation." *Wall Street Journal*, March 27, 2003.

Von Zielbauer, Paul. "Court Papers Describe Killings of Prisoners by Three U. S. Troops in Iraq." *International Herald Tribune*, August 28, 2008.

Von Zielbauer, Paul. "U. S. Soldiers Executed Iraqis, Statements Say." *New York Times*, August 26, 2008.

Wesensten, Nancy J., Gregory Belenky, and Thomas J. Balkin. "Sleep Loss: Implications for Operational Effectiveness and Current Solutions," in Thomas W. Britt, Carl A. Castro, and Amy B. Adler, eds., *Military Life: The Psychology of Serving in Peace and Combat*, vol. 1. Westport, CT: Praeger Security International, 2005.

8. 잠결에 저지른 살인

Bachelder, Vance, and Michel A. Cramer Bornemann. "New Research in Sleep-Disorder Breathing." *RT: For Decision Makers in Respiratory Care,* June, 2003.

Callwood, June. *The Sleepwalker*. Toronto: Lester and Orpen Dennys, 1990.

Cartwright, Rosalind. "Sleepwalking Violence: A Sleep Disorder, a Legal Dilemma, and a Psychological Challenge." *American Journal of Psychiatry*, vol. 161, no. 7, July, 2004.

Cramer Bornemann, Michel A., Mark W. Mahowald, and Carlos H. Schenck.

"Parasomnias: Clinical Features and Forensic Implications." *Chest*, vol. 130, no. 2, August, 2006.

Denno, Deborah W. "Crime and Consciousness: Science and Involuntary Acts." *Minnesota Law Review*, vol. 87, 2002.

Denno, Deborah W. "Criminal Law in a Post-Freudian World." *University of Illinois Law Review*, vol. 601, 2005.

Denno, Deborah W. "A Mind to Blame: New Views on Involuntary Acts." *Behavioral Sciences and the Law*, vol. 21, 2003.

Krasnowski, Matt. "Sleepwalking Defense Is Called 'Sophistry'; Killer Gets 26 Years." *San Diego Union Tribune*, August 20, 2004.

Lauerma, Hannu. "Fear of Suicide during Sleepwalking." *Psychiatry*, vol. 59, no. 2, Summer, 1996.

Mahowald, M. W., C. H. Schenck, M. Goldner, V. Bachelder, and M. Cramer-Bornemann. "Parasomnia Pseudo-Suicide." *Journal of Forensic Sciences*, vol. 48, no. 5, 2003.

Mahowald, Mark W., and Carlos H. Schenck. "Parasomnias: Sleepwalking and the Law." *Sleep Medicine Reviews*, vol. 4, no. 4, 2000.

"Man Acquitted of Sleepwalking Murder Running for School Trustee in Durham." CityNews.ca. October 27, 2006.

McLeod, Keith. "A Decent Man and Devoted Husband; Dad Who Strangled Wife in Sleep Is Cleared." *Daily Record* (Glasgow), November 21, 2009.

Milliet, Nicolaa, and Wolfgang Ummenhofer. "Somnambulism and Trauma: Case Report and Short Review of the Literature." *Journal of Trauma: Injury, Infection, and Critical Care*, vol. 47, August, 1999.

Morse, Stephen J., and Morris B. Hoffman. "The Uneasy Entente between Legal Insanity and Mens Rea: Beyond Clark V. Arizona." *Journal of Criminal Law and Criminology*, vol. 97, no. 4, Summer, 2007.

Schenck, C. H., I. Arnulf, and M. W. Mahowald. "Sleep and Sex: What Can Go Wrong? A Review of the Literature on Sleep Related Disorders and Abnormal Sexual Behaviors and Experiences." *Sleep*, vol. 30, June, 2007.

Schenck, Carlos H., Samuel Adams Lee, Michel A. Cramer Bornemann, and Mark W. Mahowald. "Potentially Lethal Behaviors Associated with Rapid Eye Movement Sleep Behavior Disorder: Review of the Literature and Forensic Implications." *Journal of Forensic Sciences*, vol. 54, no. 6, 2008.

Sleep Runners: The Stories behind Everyday Parasomnias. Brian L. Dehler, dir. Documentary. Slow-Wave Films, 2011.

Stryker, Jeff. "Sleepstabbing: The Strange Science of Sleep Behavior and One Verdict:

Guilty!" *Salon*, July 8, 1999.

Tighe, Janet A., and Francis Wharton. "The Nineteenth-Century Insanity Defense: The Origins of a Reform Tradition." *American Journal of Legal History*, vol. 27, no. 3, July, 1983.

Vienneau, David. "Sleepwalk Murder Acquittal Upheld by Supreme Court." *Toronto Star*, August 27, 1992.

9. 승패를 좌우하는 것

Bronson, Po. "Snooze or Lose." *New York*, October 7, 2007.

Brown, Frederick M., Evan E. Neft, and Cynthia M. LaJambe. "Collegiate Rowing Crew Performance Varies by Morningness-Eveningness." *Journal of Strength and Conditioning Research*, vol. 22, no. 6, November, 2008.

Corbett Dooren, Jennifer. "Later Start to School Boosts Teens' Health." *Wall Street Journal*, July 6, 2010.

Dahl, R. E., and A. G. Harvey. "Sleep in Children and Adolescents with Behavioral and Emotional Disorders." *Sleep Medicine Clinics*, vol. 2, September, 2007.

Doskoch, Peter. "Putting Time on Your Side." *Psychology Today*, vol. 30, no. 2, March/April, 1997.

Frias, Carlos. "Baseball and Amphetamines." *Palm Beach Post*, April 2, 2006.

Gangwisch, James E., Lindsay A. Babiss, Dolore Malaspina, J. Blake Turner, Gary K. Zammit, and Kelly Posner. "Earlier Parental Set Bedtimes as a Protective Factor against Depression and Suicidal Ideation." *Sleep*, vol. 33, January, 2010.

Mah, Cheri. "Extended Sleep and the Effects on Mood and Athletic Performance in Collegiate Swimmers." Presented at the 2008 annual meeting of the Associated Professional Sleep Societies, Baltimore, MD, June 9, 2008.

O'Brien, Louise M., Neali H. Lucas, Barbara T. Felt, Timothy F. Hoban, Deborah L. Ruzicka, Ruth Jordan, Kenneth Guire, and Ronald D. Chervin. "Aggressive Behavior, Bullying, Snoring, and Sleepiness in Schoolchildren." *Sleep Medicine*, vol. 12, no. 7, August, 2011.

Postolache, T. T., T. M. Hung, R. N. Rosenthal, J. J. Soriano, F. Montes, and J. W. Stiller. "Sports Chronobiology Consultation: From the Lab to the Arena." *Clinical Sports Medicine*, vol. 24, April, 2005.

Postolache, Teodor T., and Dan A. Orenc. "Circadian Phase Shifting, Alerting, and Antidepressant Effects of Bright Light Treatment." *Clinical Sports Medicine*, vol. 24, April, 2005.

Reilly, Thomas. "The Body Clock and Athletic Performance." *Biological Rhythm Research*, vol. 40, no. 1, February, 2009.

Rosbash, Michael. "A Biological Clock." *Daedalus*, vol. 132, no. 2, Spring, 2003.

Samuels, Charles. "Sleep, Recovery, and Performance: The New Frontier in High-Performance Athletics." *Neurological Clinics*, vol. 26, February, 2008.

Smith, Roger S., Christian Guilleminault, and Bradley Efron. "Sports, Sleep and Circadian Rhythms: Circadian Rhythms and Enhanced Athletic Performance in the National Football League." *Sleep*, vol. 20, May, 1997.

Stein, Jeannine. "Athletes Who Sleep More May Score More." *Los Angeles Times*, June 18, 2007.

Travis, John. "Does March Madness Need a Time-Out?" *Science News*, vol. 156, no. 19, November, 1999.

Tucker, Jill. "Sleep May Limit Teen's Depression." *San Francisco Chronicle*, November 13, 2009.

Tyack, David, and Larry Cuban. *Tinkering toward Utopia: A Century of Public School Reform*. Cambridge, MA: Harvard University Press, 1995.

Wahlstrom, K. "Accommodating the Sleep Patterns of Adolescents within Current Educational Structures: An Uncharted Path," in M. Carskadon, ed., *Adolescent Sleep Patterns: Biological, Social, and Psychological Influences*. New York: Cambridge University Press, 2002.

Wahlstrom, K. L. "The Prickly Politics of School Starting Times." *Kappan*, vol. 80, no. 5, 1999.

Wahlstrom, Kyla. "Changing Times: Findings from the First Longitudinal Study of Later High School Start Times." *NASSP Bulletin*, vol. 86, no. 633, December, 2002.

10. 잠자다가 숨이 막힐 때

Aleccia, JoNel. "Heavy, Drowsy Truckers Pose Risk on the Road." *MSNBC.com*, June 14, 2009.

American Sleep Apnea Association. "Apnea Support Forum." http://www.apneasupport. org/help-1st-sleep-study-last-night-scared-angry-saddismayed-t26555.html. Accessed August 2011. "A Brief History of OSA." *ResMedica Clinical Newsletter*, no. 14, 2011.

Davidson, Terence M. "The Great Leap Forward: The Anatomic Basis for the Acquisition of Speech and Obstructive Sleep Apnea." *Sleep Medicine*, vol. 4, May, 2003.

Dement, William C., and Christopher Vaughan. *The Promise of Sleep: A Pioneer in Sleep Medicine Explores the Vital Connection between Health, Happiness, and a Good Night's Sleep*. New York: Delacorte Press, 1999.

Diamond, J. *The Third Chimpanzee: The Evolution and Future of the Human Animal*.

New York: HarperCollins, 1992.

Durand, G., and S. N. Kales. "Obstructive Sleep Apnea Screening during Commercial Driver Medical Examinations: A Survey of ACOEM Members." *Journal of Occupational and Environmental Medicine*, vol. 51, October, 2009.

Espie, Colin A., and Niall M. Broomfield. "The Attention–Intention–Effort Pathway in the Development of Psychophysiologic Insomnia: A Theoretical Review." *Sleep Medicine Reviews*, vol. 10, no. 4, August, 2006.

Government Accountability Office. *Commercial Drivers: Certification Process for Drivers with Serious Medical Conditions.* Report no. GAO-08-1030T. Washington, D. C.: Government Accountability Office, July 24, 2008.

Isono, Shiroh, John E. Remmers, Atsuko Tanaka, Yasuhide Sho, Jiro Sato, and Takashi Nishino. "Anatomy of Pharynx in Patients with Obstructive Sleep Apnea and in Normal Subjects." *Journal of Applied Physiology*, vol. 82, no. 4, April, 1997.

Kirby, Tony. "Colin Sullivan: Inventive Pioneer of Sleep Medicine." *Lancet*, vol. 377, April, 2011.

Kumar, R., B. V. Birrer, P. M. Macey, M. A. Woo, R. K. Gupta, F. L. Yan-Go, and R. M. Harper. "Reduced Mammillary Body Volume in Patients with Obstructive Sleep Apnea." *Neuroscience Letters*, vol. 438, June, 2008.

Macey, P. M., R. Kumar, M. A. Woo, E. M. Valladares, F. L. Yan-Go, and R. M. Harper. "Brain Structural Changes in Obstructive Sleep Apnea." *Sleep*, vol. 31, July, 2008.

Maher, Kris. "The New Face of Sleep—As Patients Balk at Bulky Masks, New Efforts to Treat Sleep Apnea." *Wall Street Journal*. February 2, 2010.

National Commission on Sleep Disorders Research. *Report of the National Commission on Sleep Disorders Research.* Washington, D. C.: U. S. Government Printing Office, 1992.

Parks, P. D., G. Durand, A. J. Tsismenakis, A. Vela-Bueno, and S. N. Kales. "Screening for Obstructive Sleep Apnea during Commercial Driver Medical Examinations." *Journal of Occupational and Environmental Medicine*, vol. 51, October, 2009.

"ResMed Inc. Announces Record Financial Results for the Quarter and Twelve Months Ended June 30, 2010." ResMed News Release, August 5, 2010.

Yaffe, Kristine, Alison M. Laffan, Stephanie Litwack Harrison, Susan Redline, Adam P. Spira, Kristine E. Ensrud, Sonia Ancoli-Israel, and Katie L. Stone. "Sleep-Disordered Breathing, Hypoxia, and Risk of Mild Cognitive Impairment and Dementia in Older Women." *JAMA*, vol. 306, August, 2011.

11. 불면증의 역설

Alderman, Lesley. "Cost-Effective Ways to Fight Insomnia." *New York Times*, June 5, 2009.

Ansfield, M. E., D. M. Wegner, and R. Bowser. "Ironic Effects of Sleep Urgency." *Behaviour Research and Therapy*, vol. 34, July, 1996.

Armstrong, David. "Sales of Sleeping Pills Are Seeing a Revival; Lunesta's Big Launch." *Wall Street Journal*, April 19, 2005.

Edwards, Jim. "Lunesta's Hit Marketing May Be a Dying Breed." *Brandweek*, August 22~29, 2005.

Edwards, Jim. "Sleep: Perchance to Dream." *Brandweek*, October 9, 2006.

Fratello, F. "Can an Inert Sleeping Pill Affect Sleep? Effects on Polysomnographic, Behavioral and Subjective Measures." *Psychopharmacology*, vol. 181, October, 2006.

Herzberg, David. *Happy Pills in America: From Miltown to Prozac.* Baltimore: John Hopkins University Press, 2009.

Institute of Medicine. *Sleeping Pills, Insomnia and Medical Practice.* Washington, D. C.: National Academy of Sciences, 1979.

Martin, Emily. "Sleepless in America," in Janis H. Jenkins, ed., *Pharmaceutical Self: The Global Shaping of Experience in an Age of Psychopharamacology.* Santa Fe, NM: SAR Press, 2011.

Morin, Charles. "Sequential Treatment for Chronic Insomnia: A Pilot Study." *Behavioral Sleep Medicine*, vol. 2, no. 2, 2004.

Morin, Charles, Célyne Bastien, Bernard Guay, Monelly Radouco-Thomas, Jacinthe Leblanc, and Annie Vallières. "Cognitive Behavioral Therapy, Singly and Combined with Medication, for Persistent Insomnia." *JAMA*, vol. 301, May, 2009.

Morin, Charles, Célyne Bastien, Bernard Guay, Monelly Radouco-Thomas, Jacinthe Leblanc, and Annie Vallières. "Randomized Clinical Trial of Supervised Tapering and Cognitive Behavior Therapy to Facilitate Benzodiazepine Discontinuation in Older Adults with Chronic Insomnia." *American Journal of Psychiatry*, vol. 161, 2004.

Morin, Charles, Annie Vallières, and Hans Ivers. "Dysfunctional Beliefs and Attitudes about Sleep." *Sleep*, vol. 30, November, 2007.

Morin, Charles M., Cheryl Colecchi, Jackie Stone, Rakesh Sood, and Douglas Brink. "Behavioral and Pharmacological Therapies for Late-Life Insomnia." *JAMA*, vol. 281, March 17, 1999.

Morris, H. H., and M. L. Estes. "Traveler's Amnesia. Transient Global Amnesia Secondary to Triazolam," *JAMA*, vol. 258, August, 1987.

Murphy, Shelley. "Unruly Jet Passenger Pleads Guilty." *Boston Globe*, September 8,

2005.

National Sleep Foundation. "2003 Sleep in America Poll." Prepared by WB&A Market Research. Found at http://www.sleepfoundation.org/sites/default/files/2003SleepPollExecSumm.pdf. Roth, Thomas. "Insomnia: Definition, Prevalence, Etiology, and Consequences." *Journal of Clinical Sleep Medicine*, vol. 3, August 15, 2007.

Saul, Stephanie. "Sleep Drugs Found Only Mildly Effective, but Wildly Popular." *New York Times*, October 23, 2007.

Tsai, M. J., Y. H. Tsai, and Y. B. Huang. "Compulsive Activity and Anterograde Amnesia after Zolpidem Use." *Clinical Toxicology*, vol. 45, no. 2, 2007.

Wegner, D. M., and J. W. Pennebaker, eds. *Handbook of Mental Control*. Englewood Cliffs, NJ: Prentice-Hall, 1993.

Worthman, C. M., and M. Melby. "Toward a Comparative Developmental Ecology of Human Sleep," in M. A. Carskadon, ed., *Adolescent Sleep Patterns: Biological, Social, and Psychological Influences*. New York: Cambridge University Press, 2002.

12. 온전한 잠에 이르는 길

"Air India Plane Crash: 'Sleepy' Pilot Blamed." BBC News, November 17, 2010.

Bader, G. G., and S. Engdal. "The Influence of Bed Firmness on Sleep Quality." *Applied Ergonomics*, vol. 31, October, 2000.

Bergholdt, K. "Better Backs by Better Beds?" *Spine*, vol. 33, April, 2008.

Calamari, Luigi. "Effect of Different Free Stall Surfaces on Behavioural, Productive and Metabolic Parameters in Dairy Cows." *Applied Animal Behaviour Science*, vol. 120, August, 2009.

Dement, William C., and Christopher Vaughan. *The Promise of Sleep: A Pioneer in Sleep Medicine Explores the Vital Connection between Health, Happiness, and a Good Night's Sleep*. New York: Delacorte Press, 1999.

"Directions for the Management of Sleep." *Dublin Penny Journal*, vol. 2, no. 74, 1833.

Gerber, Markus, Serge Brand, and Edith Holsboer-Trachsler. "Fitness and Exercise as Correlates of Sleep Complaints: Is It All in Our Minds?" *Medicine and Science in Sports and Exercise (Journal of the American College of Sports Medicine)*, vol. 42, May, 2010.

Khalsa, Sat Bir S. "Treatment of Chronic Insomnia with Yoga: A Preliminary Study with Sleep–Wake Diaries." *Applied Psychophysiology and Biofeedback*, vol. 29, December, 2004.

Lack, L. C., M. Gradisar, E. J. Van Someren, H. R. Wright, and K. Lushington. "The Relationship between Insomnia and Body Temperatures." *Sleep Medicine Review*, vol. 12, August, 2008.

Leea, Hyunj, and Sejin Park. "Quantitative Effects of Mattress Types (Comfortable vs. Uncomfortable) on Sleep Quality through Polysomnography and Skin Temperature." *International Journal of Industrial Ergonomics*, vol. 36, November, 2006.

Mooallem , Jon. "The Sleep Industrial Complex." *New York Times*, November 18, 2007.

Onen, S. H., F. Onen, D. Bailly, and P. Parquet. "Prevention and Treatment of Sleep Disorders through Regulation of Sleeping Habits." *Presse Med*, vol. 23, March, 1994.

Reid, K. J., K. G. Baron, B. Lu, E. Naylor, L. Wolfe, and P. C. Zee. "Aerobic Exercise Improves Self-Reported Sleep and Quality of Life in Older Adults with Insomnia." *Sleep Medicine*, vol. 11, October, 2010.

Singh, Nalin, Theodora M. Stavrinos, Yvonne Scarbek, Garry Galambos, Cas Liber, and Maria A. Fiatarone Sing. "A Randomized Controlled Trial of High versus Low Intensity Weight Training versus General Practitioner Care for Clinical Depression in Older Adults." *Journal of Gerontology*: Biological Sciences, vol. 60, June, 2005.

Tworoger, Shelley S., Yutaka Yasui, Michael V. Vitiello, and Robert S. Schwartz. "Effects of a Yearlong Moderate-Intensity Exercise and a Stretching Intervention on Sleep Quality in Postmenopausal Women." *Sleep*, vol. 26, November, 2003.

Youngstedt, Shawn, and Christopher Kline. "Epidemiology of Exercise and Sleep." *Sleep and Biological Rhythms*, vol. 4, October, 2006.

찾아보기

옮긴이 **이충호**

서울대학교 사범대학 화학과를 졸업했고, 교양 과학과 인문학 분야의 번역가로 활동하고 있다. 『신은 왜 우리 곁을 떠나지 않았는가』로 제20회 한국과학기술도서 번역상을 수상했다. 옮긴 책으로는 『바이올리니스트의 엄지』, 『사라진 스푼』, 『스티븐 호킹』, 『돈의 물리학』, 『X의 즐거움』, 『건축을 위한 철학』, 『진화심리학』, 『루시퍼 이펙트』, 『도도의 노래』, 『수학 괴물을 죽이는 법』, 『우주의 비밀』 등이 있다.

잠의 사생활

1판 1쇄	2014년 11월 17일
1판 5쇄	2017년 5월 9일

지은이	데이비드 랜들
옮긴이	이충호
펴낸이	김정순
편집	김소희 허영수
디자인	김진영
마케팅	김보미 임정진 전선경

펴낸곳	(주)북하우스 퍼블리셔스
출판등록	1997년 9월 23일 제406-2003-055호
주소	04043 서울시 마포구 양화로 12길 16-9(서교동 북앤드빌딩)

전자우편	henamu@hotmail.com
홈페이지	www.bookhouse.co.kr
전화번호	02-3144-3123
팩스	02-3144-3121

ISBN 978-89-5605-808-5 03100

이 도서의 국립중앙도서관 출판도서목록(CIP)은 서지정보유통지원시스템 홈페이지(http://seoji.nl.go.kr)와 국가자료공동목록시스템(http://www.nl.go.kr/kolisnet)에서 이용하실 수 있습니다. (CIP제어번호 : CIP2014030859)